古代歷史文化 研究輯刊

六 編

王明蓀 主編

第 8 冊

北宋幕職州縣官之研究（上）

彭慧雯 著

國家圖書館出版品預行編目資料

北宋幕職州縣官之研究（上）／彭慧雯 著 — 初版 — 新北市：
花木蘭文化出版社，2011〔民100〕
目 2+184 面；19×26 公分
（古代歷史文化研究輯刊 六編：第 8 冊）
ISBN：978-986-254-602-4（精裝）
1. 官制　2. 北宋
618　　　　　　　　　　　　　　　　　　　100015457

ISBN-978-986-254-602-4

9 789862 546024

古代歷史文化研究輯刊
六 編 第八 冊　　　　　　　　ISBN：978-986-254-602-4

北宋幕職州縣官之研究（上）

作　　者 彭慧雯
主　　編 王明蓀
總 編 輯 杜潔祥
出　　版 花木蘭文化出版社
發 行 所 花木蘭文化出版社
發 行 人 高小娟
聯絡地址 新北市永和區中正路五九五號七樓
　　　　　電話：02-2923-1455／傳真：02-2923-1452
網　　址 http://www.huamulan.tw 信箱 sut81518@gmail.com
印　　刷 普羅文化出版廣告事業
初　　版 2011 年 9 月
定　　價 六編 25 冊（精裝）新台幣 40,000 元

北宋幕職州縣官之研究（上）

彭慧雯　著

作者簡介

作者：彭慧雯

經歷：輔仁大學歷史系，國立台灣師範大學歷史所，目前任職於國立陽明高中。

研究領域：宋代地方制度

興趣：閱讀與音樂欣賞。

隨著 1960 年歷史研究方向改由「下而上」的角度，許多歷史的小人物、物質文明皆逐漸受重視。然對歷史學而言，作者對社會史與生活史最感興趣。碩士班期間，藉由地方制度史的研究，企圖了解宋代地方文官的運作情況；過程裡看到地方行政的運作狀況，與每位小人物的百態故事。企圖藉由歷史上的小人物去還原地方文官的運作及其所扮演的角色與社會意義。

提　　要

　　本論文在探討北宋地方（州縣）層級中，幕職州縣官設置實況。宋代諸多資料顯示將近半數文官曾有該資歷，可見該職官除曾任地方佐官外，更在文官階層轉換裡，具有重要意義。最終希望藉由幕職州縣官之研究，檢視國家權力與基層社會的互動關係，釐清北宋幕職州縣官在地方扮演的角色。

　　本文除緒論與結論外，共分為四章。第一章，相關成果與研究方法討論；第二章，探討幕職州縣官的歷史淵源，與制度演變。大體而言，「幕職州縣官」為一泛稱，包含判官、推官、掌書記、支使、參軍、縣令、縣尉、主簿等職官；縱然學者將此等職官，視為唐末藩鎮制度的調整，但幕職官與州縣官兩者沿革演變，乃不可同日而語。此外，五代十國各政權對幕職州縣官編制，也有所殊異。大抵北宋幕職州縣官稱謂的合流，與相關制度之確立乃奠基於後周。

　　第三章，對北宋幕職州縣官編制作討論。自北宋中後期起，地方制度衍生諸多問題，如：獵官奔競、冗官待闕、改官不實及偏遠地區不赴任等弊病。此外，大環境背景改變，也使得制度有所調整與變異，其中縣尉的選授，曾因地方治安紊亂，改以武人擔任，一反宋初以文官出仕幕職的情形。面對眾多流弊的產生，北宋統治者是有心改革；但隨著主政者，與新舊黨執政之差異，對地方編制出現意見相左的情況。至於，王安石變法，更使北宋黨爭議題加劇，促使幕職州縣官淪為政客左遷之職。

　　第四章，針對幕職州縣官在北宋官僚體制意義做討論，先對工作職能做探討；其次，以該職官之仕途轉遷做研究，最後則探討身為地方文官的自處與為難。由於幕職州縣官的升遷考課，及政策執行，皆掌握於地方首長，故身為佐官如何面對。於諸多政策執行與地方實務，受胥吏與豪強所箝制，致使工作上頗受某種制擎。

　　第五章，在探討彼等官職與北宋政權的統制機能。儘管幕職州縣官來源及背景相當多元。但具進士資料者，爾後較有機會進入主權力核心。然北宋不同時期對人才拔擢與文風盛行區，多隨著外在環境改變而有所不同。此外，利用文官的奏議，去佐證該資歷與出身籍貫，對文官仕途轉遷的影響。最終，藉由北宋宰相階層，剖析幕職州縣官與階層轉換，及探討幕職州縣官的任官經歷，對宰相施政風格之影響。

目次

第一章　緒　論

第一節　研究動機與名詞解釋

　　關於「唐宋變革期」的內容，學界大致同意包括：（一）唐宋之際發生極大的社會變遷，顯著的是門閥貴族的沒落與科舉官僚的代興。（二）土地耕作型態，由部曲制向佃戶制變化移行。（三）唐帝國的崩潰，促成周邊民族的自立。〔註1〕但對於「地方制度」的研究，卻甚少關注。學者多認爲宋廷有鑑於唐末五代藩鎮割據，透過各種政策削弱地方勢力；〔註2〕然北宋的地方基層制度，學界至今僅瞭解地方官員的任用，及迴避措施，〔註3〕但這套制度之推行，

〔註1〕關於唐宋變革期的研究成果，可參閱：（1）漆俠，〈唐宋之際社會經濟關係的變革及其對文化思想所產生的影響〉，《宋學的發展與演變》，頁53～81；（2）內藤湖南，黃約瑟譯，〈概括的唐宋時代觀〉，《日本學者研究中國論著選譯》，第一卷：通論（北京：中華書局，1992年），頁10～18；（3）邱添生，《唐宋變革期的政經與社會》（台北：文津出版社，1999年）；（4）張其凡，〈關於「唐宋變革期」學說的介紹與思考〉，（哲學社會科學版），2000年第1期，頁123～131；（5）《斯文：唐宋思想的轉變》（江蘇：江蘇人民出版社，2001年）。（6）張廣達，〈內藤湖南的唐宋變革說及其影響〉，《唐研究》，第十一卷（北京：北京大學出版社，2005年12月），頁5～71。

〔註2〕宋太祖對於資源的控管可參閱韓桂華，《宋代綱運研究》，中國文化大學史學系博士論文，民國80年。

〔註3〕（宋）李燾，《續資治通鑑長編》（以下簡稱長編），卷二十三，太平興國七年十二月戊寅條：「應見任文武官悉具鄉貫、歷職、年紀，著籍以聞，或貢舉之日解薦於別州，即須兼敍本坐鄉貫，或不實者，許令糾告，當寘其罪。自今入官者皆如之，委有司閱視。內有西蜀、嶺表、荊湖、江、浙之人，不得爲本道知州、通判、轉運使及諸事任。」此外，亦需注意到避嫌的部份，如《長

卻衍生出地方官員不熟悉當地事務等弊病，亦使得胥吏在鄉里有上下其手的空間。〔註4〕

在地方權力運作研究裡，以往多以中央觀點，鮮少就地方權力與中央政策執行等部份做討論。探討職官制度史則偏重於官職設置與沿革、工作職責、選任及監督等層面。〔註5〕多忽略地方實際權力運作，至於這些權力邊陲的地方文官，是否形成自我意識？是否無心治理地方，而熱衷奔競改官？這些層面少見學界探討。

綜觀目前學界對宋代州縣行政制度的研究有限。除通判、縣尉與縣令等職官已有少數文獻論述外，〔註6〕其他地方基層官員，則尚待探討。因此本文將從幕職州縣官的研究，來檢視國家權力與基層社會的互動關係，〔註7〕並釐清北宋幕職州縣官在地方扮演的角色。

全文分別以幕職州縣官的官階，與職務兩部份作討論；縱然宋代地方官階裡，除幕職州縣官外亦含州級的知州，或縣級的知縣與縣丞等官，多由中央委派京朝官來擔任，且不從事地方實務與親民工作。而本文的核心鎖定選人中實際參與地方實務者；但在討論官職遷轉，及制度調整部份，亦包含寄祿格等官階層面。

而所謂「幕職州縣官」，在宋人眼裡視爲一"統稱"，其泛指州級之「幕職佐官」，如判官、〔註8〕推官、〔註9〕節度掌書記、觀察支使；與州衙門之錄

編》，眞宗，卷六十三：「庚寅，以殿中丞王旭同判吏部南曹。旭，旦之弟也。自旦爲政，旭避嫌不復釐事。」及《宋史》，選舉四，銓法上，頁3695：「太祖始削外權，命文臣往蒞之；由是內外所授官，多非本職，惟以差遣爲資歷」

〔註4〕（明）顧炎武，《日知錄》（台北：文史哲出版社，1984年），卷十二，〈選補〉，頁245：「自南北互選之後，赴任之人，動數千里。必須舉債方得到官，而風土不諳，語言難曉，政權所寄，多在猾吏。」相關資料於林煌達，《北宋吏制研究》，國立中興大學歷史學系碩士論文，民國83年；林煌達，《南宋吏制研究》，國立中正大學歷史學系博士論文，民國90年。於兩篇論文中，大量呈現地方胥吏由於熟悉地方事務，上下其手操控地方的實例。

〔註5〕苗書梅，〈宋代地方政治制度史研究述評〉，收錄於包偉民，《宋代制度研究百年》（北京：商務印書館，2004年），頁133。

〔註6〕參閱苗書梅，〈宋代地方政治制度史研究述評〉一文，頁154～158。

〔註7〕中央與地方的互動則可參閱：黃寬重，〈中央與地方關係互動看宋代基層社會演變〉，《歷史研究》，2005年04期，頁100～117。

〔註8〕地方節度「判官」包含：京府判官、三京留守判官、三京巡判官、節度判官、觀察判官、防禦判官、團練判官、軍事判官、軍監判官。

〔註9〕地方節度「推官」包括：三京留守節度推官、觀察推官、軍事推官、防禦推官、團練推官。

事參軍、司理參軍、司法參軍及司戶參軍等曹官。至於縣級，以縣令爲首，下置主簿、縣尉等官，被視爲「州縣官」。這群官僚雖已是國家權力末稍，但由於深處基層，爲地方長吏或僚佐，〔註10〕較有機會接觸地方實務，故其經歷將有助官員對於地方事務的瞭解。有幕職州縣官經驗者，對北宋政治社會結構的變遷與看法，是本文企圖釐清的。

第二節　研究回顧與研究方向

一、研究回顧

探討「幕職州縣官」前，需認清宋代文武官員的升遷管道有所不同。〔註11〕其升遷管道依序爲：幕職州縣官、京官、朝官三層次；京官、朝官常合稱爲“京朝官”，被稱爲京朝官的原因，在於這群文官帶有「中央寄祿官銜」。至於幕職州縣官的位階較低，離政治權力核心較遠，亦屬於政治權力的最底層，通常被稱爲「選人」；〔註12〕透過一定升遷管道，選人方能改官，才能大展仕途。

宋代官制史的研究成果，以往偏重中央京官之研究，對地方制度史的研究，近幾年隨著微觀史學研究才漸被注意。〔註13〕對此議題研究，以西元 1990 年作區分，西元 1990 年前的作品，多偏重文官考銓制度之演變；對於幕職州縣官的研究，只有少許篇幅討論，如：李鐵、〔註14〕林瑞翰、〔註15〕楊樹藩、

〔註10〕〔元〕脫脫等編，《新校本宋史》，職官七，〈幕職官〉，頁3975：「幕職官：簽書判官廳公事、兩使、防、團、軍事推判官、節度掌書記、觀察支使掌贊郡政，總理諸案文移，斟酌可否，以白于其長而罷行之。凡員數多寡，視郡小大及職務之煩簡。」

〔註11〕文官總共分爲三十一階，武官分爲二十九階。文官的地位高於武官，且升遷速度較快，故造成不少武官取得官階後，會以各種方式轉換成文資。相關研究參閱：劉子建，〈略論宋代武官群在統制階級中的地位〉，《兩宋史研究彙編》，頁178～179。

〔註12〕（日）梅原郁，《宋代官僚制度研究》一書中，入流而參加吏部銓選的齋郎、試銜等亦稱爲選人，作者更直接將選人與州縣幕職官劃上等號，但實際上兩者略有不同。

〔註13〕苗書梅，〈宋代州級屬官體制初探〉，《中國史研究》，2002 年 3 月，頁111～126。

〔註14〕李鐵，〈古代職官的選任及考察〉，《中國古代行政管理體制研究》，光明日報出版社，1988 年出版。

〔註15〕林瑞翰（a），《宋代政治史》（臺北：正中書局，1989 年）。
　　　　（b），〈宋代官制探微〉，《宋史研究集第九輯》（臺灣：中華叢書編審委員會，民國 66 年 05 月），頁199～267。

〔註16〕孫文良〔註17〕及黃留珠〔註18〕等著作。這些研究對於宋代複雜官制的釐清有其貢獻。但聶崇岐的研究將幕職官視爲“軍政官員”，州縣諸曹官則統轄地方民政事務，〔註19〕顯然對幕職州縣官職能有所誤解。

　　寧欣《唐代選官研究》一書，針對唐代選人、選官與辟署等部份做討論；〔註20〕八○年代晚期，張國剛〈唐代藩鎮使府辟署制度〉一文，繼嚴耕望對唐代藩鎮僚佐制度，作深入的討論，分別對唐代藩鎮僚佐的來源、藩鎮體系內部的「職」、「官」差異，及士人入幕之因做探論。張文指出以往研究誇大了藩鎮與中央對立部份，卻忽略中央亦利用藩鎮控制地方的用心；而辟署制度在唐代後期各有利弊，利者在於調整唐朝用人政策，彌補科舉制度狹隘取士之不足，弊者即導致唐代後期官員冗濫、爲朋黨的形成提供了有利的條件。〔註21〕

　　外文著作以日人梅原郁《宋代官僚制度研究》一書最負盛名，〔註22〕梅原氏將宋代中央官僚制度，與地方制度做詳盡討論，並針對官僚選遷轉官情況做詳細的分析；但美中不足的是梅原氏誤把選人歸屬於“流外銓”；〔註23〕忽略選人與幕職州縣官兩者間的差異。〔註24〕清木場東〈吳、南唐地方行政の變化と特徵〉一文，主要探討吳、南唐等政權地方行政的特徵，歸結吳與南唐對地方行政的變遷與影響，最終獲知南唐幕職州縣官的官派，爲北宋地方權力收編中央的前身。〔註25〕國內外各大學之碩博士論文，有曹興仁《宋代文官制度之研究》，以政治學的觀點來研究宋代文官，但因史料的掌握與運用尚嫌不足，缺

〔註16〕楊樹藩（a），《宋代文官制度之研究》（影印手稿本，民國 54 年）。
　　　　　　　（b），《宋代中央政治制度》（台北：台灣商務印書館，1977 年）。
　　　　　　　（c），《中國官制通史》（北京：人民大學書版社，1992 年 10 月），第八章，〈宋遼金西夏的官制〉，頁 378～448。
〔註17〕孫文良，《中國官制史》（臺北：文津出版社，民國 82 年），頁 252。
〔註18〕黃留珠，《中國古代選官制度述略》，（陝西，陝西人民出版社，1989 年）。
〔註19〕聶崇岐，〈中國歷代官制簡述〉，《宋史叢考》，上冊。
〔註20〕寧欣，《唐代選官研究》（臺北，文津出版社，民 84 年）。
〔註21〕張國剛，〈唐代藩鎮使府辟署制度〉，收錄於《唐代藩鎮研究》（湖南：湖南教育出版社），頁 181～199。
〔註22〕梅原郁，《宋代官僚制度研究》（京都：同朋社，1985 年）。
〔註23〕關於梅原氏把選人誤認爲流外銓的討論，參見雷家聖，《北宋前期文官考銓之研究》，中興大學歷史所碩士論文，民國 88 年，前言部份。
〔註24〕選人指的是官階，幕職州縣官是職而言，相關討論參見朱瑞熙，〈宋代幕職州縣官的薦舉制度〉，《文史》，第 27 輯，1987 年，頁 67。
〔註25〕清木場東，〈吳、南唐地方行政の變化と特徵〉，《東洋學報》56 卷 2、3、4 合刊，1975 年，頁 176～211。

乏進一步討論；〔註26〕至於謝興周《宋代府州通判制度之研究》，全文以文官升遷與制度本身做討論，〔註27〕未探討到宋代通判制度設置意義與時代變遷，更未對幕職州縣官加以討論；至於張智偉《北宋通判制度之研究》，即對前人研究研究不足，加以補充。〔註28〕

　　單篇論文則有：嚴耕望〈唐代府州僚佐考〉、〈唐代方鎮使府僚佐考〉及〈唐代府州上佐與錄事參軍〉等文，將唐代州縣僚佐名稱、工作職責及轉官方式作詳細考證，〔註29〕藉此可略窺北宋幕職州縣官的雛形。其次，金中樞〈北宋選人七階試釋〉以徽宗崇寧年間，地方幕職州縣官的編制做討論；〔註30〕宋代自立國至徽宗崇寧改制，一直存在著官職不符等的情況，而官制改革問題在北宋一直是棘手的問題，縱然神宗元豐時期，企圖進行全面性的整頓與改革，但仍未解決地方官職不符等現象。〔註31〕直到宋徽宗接受鄧洵武之「選人七階」的建議，才修正官職稱謂配合等難題。惜金氏之文過於簡短，對地方官制改革部份並未論及。

　　八○年代中後期，陳振〈論宋代的縣尉〉一文，直接討論宋代地方官制，陳文主要簡述歷朝「縣級」人員編制，針對縣尉職權變化作介紹，〔註32〕但忽略北宋設縣尉的目的在強化中央集權。〔註33〕朱瑞熙〈宋代幕職州縣官的薦舉制度〉一文，明確點出幕職州縣官與選人間的差別，並針對幕職州縣官的考課升遷做討論，最後更剖析薦舉制度利弊得失。〔註34〕朱文與其他學者研究的

〔註26〕曹興仁，《宋代文官制度之研究》，國立政治大學政治所博士論文，1972年。頁37～50討論幕職州縣官與地方官。其中頁40～41之表（一）至（五）討論到關於幕職官的品階。

〔註27〕謝興周《宋代府州通判制度之研究》，香港：新亞研究所碩士論文，1985年。

〔註28〕張智偉，《北宋通判制度之研究》，國立中正大學歷史學系碩士論文，民92年。

〔註29〕嚴耕望（a），〈唐代府州僚佐考〉，《唐史研究叢稿》，第二章，頁103～176。
　　　　　　　（b），〈唐代方鎮使府僚佐考〉，《唐史研究叢稿》，第三章，頁177～236。
　　　　　　　（c），〈唐代府州上佐與錄事參軍〉，《嚴耕望史學論文選集》，台北：聯經出版公司，民80年，頁521～547。

〔註30〕金中樞，〈北宋選人七階試論〉，宋史研究座談會編，《宋史研究集》第九輯（台北：中華書局，民66年），頁269～276。

〔註31〕張復華，《北宋中期以後之官制改革》（臺北：文史哲出版社，1991年）。

〔註32〕陳振，〈論宋代的縣尉〉，收錄于鄧廣銘主編，《宋史研究論文集》（杭州：杭州人民出版社），1984年，頁309～323。

〔註33〕黃寬重，〈中央與地方關係互動看宋代基層社會演變〉，《歷史研究》，2005年04期，頁100～117，該文探討宋代透過縣尉官派達到集權中央的效果。

〔註34〕朱瑞熙，〈宋代幕職州縣官的薦舉制度〉，《文史》，第27輯，1987年，頁67～88。

差異，在認為幕職州縣官不可與選人劃上等號，釐清了「選人」是指官階而言，「幕職州縣官」是「職」的部份，兩者不完全相同。而齊覺生〈北宋縣令制度之研究〉一文則是迄今為止，研究宋代縣令最仔細的論文，齊文認為宋代奉行集權原則、削弱地方勢力，透過縣令一職，達到上情下達的功能，但制度設立理想與實際是有落差的：縣令的職權被中央派遣之監司（帥、漕、憲、倉）及知州、通判所節制，導致縣令監督權責難明。〔註35〕

　　外國學者研究繼梅原郁之後，日本學者古垣光一，〈宋代の官僚數について－眞宗朝中期以降の人事行政上の新問題〉，一文點出宋眞宗時磨勘制度的確立，卻造成宋代官僚制度的僵化，產生官員待闕時間過長、館職或職缺被高官所佔，及重內官輕外官等三大問題，儘管中央冗官過多，待闕時間過長，但地方幕職州縣官卻不願至偏遠地區赴任，部份偏遠地區甚至出現七年未有幕職州縣官赴任等情況；〔註36〕此外古垣光一有〈宋代の官僚數について－眞宗朝中期以降の獵官運動の激化〉一文，將眞宗（西元 998～1022 年）作為北宋官僚制度史之分期點，大中祥符冗官問題出現，至仁宗（西元 1022～1063 年）則出現文人為了改官，不惜賄賂有權力的舉主與下層胥吏。〔註37〕至於竺沙雅章〈宋代官僚の寄居にいつて〉一文，則提出宋仁宗後期，中央因待闕問題衍生出「寄居官僚」，這群寄居文官多待在地方，利用一己之私與官員們從事不法勾當，影響地方秩序，當然也有些寄居文官從事地方文化、建設工作。〔註38〕

　　對地方文官晉升的討論，有河內久平〈宋初地方官昇進の一過程－候選制度について－〉一文，著重州縣下級地方官、幕職州縣官任用辦法及宋代候選制度的討論，並對宋代地方官員候選，與郊祭蔭補兩者關係加以研究，認為北宋低階文官因蔭補、郊祭，導致官僚體制日趨龐大，造成「三冗」問題。

〔註35〕齊覺生，〈北宋縣令制度之研究〉，《國立政治大學學報》，第 18 期，1968 年，頁 275～314。

〔註36〕古垣光一，〈宋代の官僚數について－眞宗朝中期以降の人事行政上の新問題〉，收錄於宋史研究會主編，《宋代の社會と宗教》（東京：汲古書院，1985 年），頁 121～158。

〔註37〕古桓光一，〈宋代の官僚數について－眞宗朝中期以降の獵官運動の激化〉，《中村治兵衛先生古稀記念東洋史論叢》，刀水書房，1986 年，頁 429～448。

〔註38〕竺沙雅章，〈宋代官僚の寄居にいつて〉，《東洋史研究》，京都大學文學部內東洋史研究會，1982 年。收錄谷川道雄ほか編と《中國士大夫階級との地域社會との關係にいつて綜合的研究》，昭和 57 年度科學研究補助金綜合研究（A）研究成果報告書，1983 年，頁 28～57。

〔註39〕但日本學者對官僚制度的研究，焦點多集中在眞宗、仁宗兩時期，認爲自眞宗開始，地方問題湧出，但實際上宋代早在太宗末期已出現官制改革的聲浪。〔註40〕以往在探討眞宗、仁宗朝的地方官制，似乎仍有不足。

　　九〇年代後期至今，在新史學研究趨勢下，地方制度史的論著大增，〔註41〕九〇年代初期，如鄧小南《宋代文官選任制度諸多層面》及《考績・資格・考察－唐宋文官考核制度側談》兩書，認爲北宋文官考銓制度，乃結合著文官考績、歷任資格與相關監察體系三者，交織而成；然宋代文官選任制度，是相當符合情、理、法現實所需而設計。但隨著眞宗後期「資」與「資序」系統的確立，衍生出相關弊病，進而影響考銓制度之「薦舉」，促成另類關係網絡之建立。總結宋代銓選制度，作者認爲宋代銓選之法，存在著諸多的矛盾。〔註42〕

　　苗書梅《宋代官員選任和管理制度》一書，針對宋朝文官選任制度與管理做討論，內容第三章第四節針對幕職州縣官改官做探討，〔註43〕是目前討論地方文官升遷最詳盡者，可惜篇幅有限未對幕職州縣官制度沿革，詳做考定僅認爲此制度的成立，源於唐末五代藩鎮自行辟署，忽略了制度本身成立的時空差異與背景。至於曾小華、〔註44〕楊志玖〔註45〕與白鋼〔註46〕等人在

〔註39〕内河久平，〈宋初地方官昇進の一過程－候選制度について－〉東洋法史の探求，《島田正郎博士頌壽紀念論文集》（東京：汲古書院，1987 年），頁 227～252。

〔註40〕《長編》，卷四十二，太宗至道三年九月，頁 884～885：「銓選之門，徒有其名，莫責其實。有殿者雖加厚罰，有最者莫見明揚，或驟遇寬恩，則不限其功過，靡逢舉薦，則終困於徒勞。」又曰：「貢舉不嚴，則權勢爭前，而孤寒難進。必欲均之，莫若令皇朝三品及見任文武升朝官子孫、弟侄，薦名於兩監，而未升朝官子弟及白屋之士，薦名於州郡，然後升於禮部，第其可否，亦兩分之。若然，則權勢異途，孤寒自進矣。」

〔註41〕關於宋代地方政治制度史研究，參閱苗書梅，〈宋代地方政治制度史研究述評〉，收錄於包偉民主編，《宋代制度研究百年》（北京：商務印書館，2004 年），頁 133～164。

〔註42〕鄧小南（a），《宋代文官選任制度諸多層面》（河北：河北教育出版社，1993 年）。
　　　　　　（b），《考績・資格・考察－唐宋文官考核制度側談》（河南：大象出版社），1997 年。

〔註43〕苗書梅，《宋代官員選任和管理制度》（河南，河南大學出版社，1996 年 6 月）第四章第三節。

〔註44〕曾小華，《中國古代任官資格制度與官僚制度》（杭州：杭州大學出版，1997 年）。

〔註45〕楊志玖，《中國古代官制講座》，（臺北：萬卷樓），民國 86 年，第十三章，〈雜雜多變的宋朝官制〉，頁 289～361。

探討官僚制度作品時，亦有涉及幕職州縣官考課轉遷部份，唯篇幅不多；相關工具書，以龔延明《宋代官制辭典》，對幕職州縣官職源與沿革、職掌與編制，簡稱與別名分別做了簡略的介紹，〔註47〕龔書的出版，提供了初學者一條研究官制的捷徑，儘管全書部份內容略有訛誤，但不減龔書對宋代官僚制度之貢獻。

近年海峽兩岸碩博士研究生對宋代官制之研究，有：雷家聖，《北宋前期文官考詮制度之研究》探討北宋前期文官考銓制度的變化，書中前言將宋代文官制度的研究，作詳細介紹與討論；第三章則討論到幕職州縣官在北宋文官考銓屬於流內銓，指正梅原郁對於幕職州縣官考銓之訛誤。〔註48〕雷氏的博士論文《宋代監當官體系之研究》則對監當官類別與職掌做探討。〔註49〕大致上監當官是負責課稅監督、礦冶場務，幕職州縣官所擔負的工作較龐雜，頗具多樣性，具身為幕職者，有時亦兼任監當官之職。林煌達的碩博士論文裡論及幕職州縣官，與下級胥吏的相關議題，〔註50〕林氏之研究有助於瞭解宋代胥吏與王朝政權運作情況，塡補了下層胥吏研究的空白。

另外，劉秋根、周國平，〈試論中國古代幕府制度在宋代的轉變〉，著重「幕府的職權」、「宋初的幕府發展概況」，點出宋代為幕府制度轉變的年代；歸結宋代幕府制度的特點：幕府自主權弱化、幕府結構簡化、規模縮小及原有幕職州縣化，新的幕府產生。〔註51〕但筆者認為幕職州縣官不可與幕僚制度同日而語，主要在於北宋幕職州縣官的選授在統治者，而唐代及先前之幕府的人事任命權，則由幕主本身，兩者有所顯著的差別；值得一提的是，此文曾援引片山正毅〈宋代幕職官の形成にいつて〉的觀點，得知宋代幕職州縣官的出現，並非歷史的偶然現象。〔註52〕

〔註46〕 白鋼，《中國政治制度史》（天津：天津人民出版社，2002 年）。

〔註47〕 龔延明，《宋代官制辭典》，第十編之三，〈幕職與諸曹關門〉（北京：中華書局，1997 年版）。

〔註48〕 雷家聖，《北宋前期文官考詮制度之研究》，中興大學歷史學系碩士論文，民國 88 年。

〔註49〕 雷家聖，《宋代監當體系之研究》，國立台灣師範大學歷史學系博士論文，民國 93 年。

〔註50〕 林煌達，《北宋史制研究》，國立中興大學歷史學系碩士論文，民國 83 年。
　　　 林煌達，《南宋史制研究》，國立中正大學歷史學系博士論文，民國 90 年。

〔註51〕 劉秋根、周國平，〈試論中國古代幕府制度在宋代的轉變〉，收錄姜錫東等主編《宋史研究論叢》，第六輯，保定：河北大學出版社，2005 年 04 月，頁 119～150。

〔註52〕 片山正毅，〈宋代幕職州縣官の成立にいつて〉，《東洋史學》，27 卷，1965 年。

對幕職州縣官改官與任用，有祖慧〈宋代的選人世界〉一文，探討宋代選人的構成、選人磨勘改官與選人改官員額等三部分，提出選人處於官僚金字塔底層，位卑而人眾是士大夫入仕的起點，是培養國家高級官員的搖籃；文中探討選人改官的論述，著重官員爲了改官迎合拍馬、索求賄賂，卻忽視了低階文官在基層社會中所扮演的角色，此外把「選人」與「幕職州縣」官兩者合併探討，似乎有待商榷。〔註 53〕王雲海、苗書梅合撰〈宋朝幕職州縣官及其改官制度〉一文，對幕職州縣官的分級問題、改官途徑與磨勘改官之利弊得失，做深入淺出的討論。〔註 54〕

鄧小南〈略談宋代對地方官員政績之考察機制的形成〉主要環繞宋代考課機構、考課標準、升遷懲處等部份進行研究，認爲宋代考績不實的弊病，普遍存於文官考銓體系中；然造成考績不實，是由於相關制度不健全、監督檢查力不週、主管官員敷衍塞責，與考課機構營私舞弊所致。〔註 55〕韓國學者金宗燮，藉由俸祿支給、章服與刑法等三者，釐清之幕職官與朝職位階一般；至於幕職官的任務，一則是負責地方行政，一則爲地方官的僚佐；愈是趨於唐代後期，扮演使職幕僚的任務加重。五代王朝交替時期，負責國家要事、參與國家典章制度的規定，整體制度演變一直影響至宋初，使宋代初期不少文臣官僚多源於五代官僚出身，或幕職官出身。〔註 56〕

總括至本世紀初對地方基層文官的討論，多沿著前人的腳步，繼續對宋代文官考銓、考績磨勘等部份做研究，但對於地方低階文官性質、權力運作狀況，與相關政策的執行較缺乏相關討論。除苗書梅〈宋代州級屬官體制初探〉一文，對幕職、諸曹官職源設置狀況，及工作職能等做深入有系統的討論，〔註 57〕並修正學者聶崇岐認爲「幕職官負責軍政事務，諸曹官處理民政事物」的訛誤外；〔註 58〕近年史學界研究，亦開始著重地方低階文官在社會

〔註 53〕祖慧，〈宋代的選人世界〉，收錄於《岳飛研究》第四輯（北京：中華書局出版），頁 461～488。

〔註 54〕王雲海，苗書梅，〈宋朝幕職州縣官及其改官制度〉，載《慶祝鄧廣銘先生九十華誕論文集》（河北：河北教育出版社，1997 年），頁 207～218。

〔註 55〕鄧小南，〈略談宋代對地方官員政績之考察機制的形成〉，載《慶祝鄧廣銘先生九十華誕論文集》，頁 239～247。

〔註 56〕金宗燮，〈唐五代幕職官的任用與功能〉，《東洋史學研究》，2000 年，第七十一輯，頁 1～41。

〔註 57〕苗書梅，〈宋代州級屬官體制初探〉，《中國史研究》，2002 年 3 月，頁 111～126。

〔註 58〕苗書梅，〈宋代地方政治制度史研究述評〉，頁 155。

扮演的角色，如黃寬重〈從中央與地方關係互動看宋代基層社會演變〉一文，以「縣」層級來考察地方低階文官、胥吏與自衛武力等相關機構，在北宋到南宋政權更迭間，基層社會的演變情況；〔註 59〕藉由政治力與社會力兩角度，詳細觀察地方官府與民間組織的運作，發現北宋徽宗中後期地方秩序乃透過豪紳、士人與地方武力三者來維持。〔註 60〕林煌達亦針對州縣文官的編制來源、職責轉遷作討論；相較於以往研究者，彼等著重不同職官於唐宋之際的職責轉化、地位變遷，目前已對州級之錄事參軍，〔註 61〕與縣衙之主簿發表兩篇短文。〔註 62〕

日本學者宮崎市定〈宋代州縣制度の由來とその特色－特に衙前の變遷について－〉一文，多爲以往研究者所忽略，文中探討唐末至宋初使院與州院制度的合流，與地方幕職官、曹官的編制，是值得學者進一步討論的。〔註 63〕柳田節子，〈宋代の縣尉——土地問題に關連して〉一文，對幕職州縣官之「縣尉」做討論，該文著重宋代縣尉職權演變，因工作日益繁瑣，使北宋縣尉疲於奔命。作者運用的史料皆以南宋爲主，對北宋的記載一相當缺乏。〔註 64〕

二、研究方向

總結前人研究，可見制度史的研究取向，在 1990 年代前後有顯著之別。在前輩學者努力下，釐清了幕職州縣官制度沿革，與官職轉遷的外部輪廓；至於制度成立，及國家與地方權力的互動，仍可進一步討論。有鑑於此，筆者則針對州縣層級的幕職州縣官，作下列幾個方向的討論：

一、學者對宋初幕職州縣官之沿革，大多援引嚴耕望先生對唐代州府僚

〔註59〕黃寬重，〈從中央與地方關係互動看宋代基層社會演變〉，《歷史研究》，2005年，頁 100～117。
〔註60〕黃寬重，〈從中央與地方關係互動看宋代基層社會演變〉，頁 102～104。
〔註61〕林煌達，〈宋代州衙錄事參軍〉，《唐研究》，第十一卷，北京：北京大學出版社，2000 年 12 月，頁 459～484。
〔註62〕林煌達，〈宋代縣衙主簿初探〉，《中國史學》，第 14 卷，2004 年 9 月，頁 87～106。
〔註63〕宮崎市定，〈宋代州縣制度の由來とその特色－特に衙前の變遷について－〉，《宮崎市定全集10》，東京：岩波書店，1992 年 7 月，頁 216～245。
〔註64〕柳田節子，〈宋代の縣尉－土地問題に關連して〉《宋より明清にいたる科舉・官僚制とその社會的基盤研究》，科學研究費補助金總合研究成果報告書，1992 年，頁 13～21。

佐的概念，事實上幕職州縣官包含職稱頗多，各有其淵源與沿革，尤其五代十國時期，對於幕職州縣官「制度」的調整，有待進一步研究。

二、北宋文官考銓制度的建立，到中後期衍生了種種弊端，如：改官不實、待闕過久、偏遠不赴任及相關銓選爭議，這些問題，宋廷是如何因應？改革成效如何？此外，北宋所謂的「冗官」問題，與地方幕職州縣官的編制，亦是本文試圖釐清的。

三、針對幕職州縣官的工作職能與遷轉，不少前輩學者已提出精闢見解，但北宋幕職州縣官制度，隨著時代變遷，是以往研究者所忽略。同時，幕職州縣官在北宋官僚體系中所扮演的角色，及史書對這群人物的描述，都是本文亟欲探討的問題。

四、以往關於幕職州縣官的研究，長期被忽視；事實上，藉由幕職州縣官的籍貫分析發現不同時期，入仕籍貫的分佈，乃有所改變。此外，曾擔任過該職的文官，在政權運作上及施政風格上又有什麼影響？

第三節　章節架構與研究方法

一、章節架構

　　本文除第一章前言，與第六章結論外，主要內容分為四章，第二章，討論幕職州縣官淵源及演變；第三章，探討北宋幕職州縣官制度的建立、中後期制度衍生的流弊，宋廷面對問題的解決措施；第四章，利用幕職州縣官工作職能與遷轉，探討該職官在北宋官僚制度裡所扮演的意義？第五章，利用《宋史》人物列傳裡曾有幕職州縣官經歷者的籍貫與背景，分析朝廷的用人政策？藉由《諸臣奏議》及執政宰相等部份，釐清幕職州縣官經歷是否影響到朝臣關注的方向。最終冀望利用相關研究，瞭解幕職州縣官經歷對於文官的施政風格的影響，及北宋政權的統治機能。

二、研究文獻

　　對幕職州縣官的沿革，運用《通典》、《新唐書》、《舊唐書》、《唐會要》、《五代會要》、《宋史》、《文獻通考》等重要史籍，瞭解唐宋職官制度之演變；其次，利用謝維新《古今合璧事類略要‧後集》、孫逢吉的《職官分紀》

與章如愚《群書考索》等書，來補充幕職州縣官制度之淵源與沿革；其次，《續資治通鑑長編》、《宋大詔令集》、《宋朝諸臣奏議》與《宋會要輯稿》與時人文集及筆記小說等文獻，擬就相關資料論述北宋幕職州縣官制度之確立與變遷；此外，透過相關資料，呈現出當時考銓制度的問題，與相關問題的解決之道。

幕職州縣官考核升遷法規，參考現存〈建隆循資料〉、〔註65〕〈建隆考課令〉、〔註66〕〈治平詮格〉、〔註67〕〈嘉祐審官院編敕〉、〔註68〕〈詮曹格敕〉、〔註69〕〈熙寧新修審官西院敕〉、〔註70〕〈新修吏部敕令格式〉、〈元祐吏部四選敕令格式〉。〔註71〕並利用《宋史・職官志》、〈選舉志〉等書，爬梳關於北宋州縣幕職官轉遷與考課等資料；額外參閱《慶元條法事類・職制門》、《吏部條法殘本》〔註72〕、《宋刑統》、及《石林燕語》、《燕翼詒謀錄》，及相關時人文集、方志碑刻等資料，〔註73〕對幕職州縣官的升遷準則做討論。最後，透過文集與方志交叉閱讀，釐清幕職官在地方工作的實際情況。

藉由相關資料重新檢視幕職州縣官的出身背景與地緣關係？我們常說的，唐末五代經濟開始南移，那麼文化南移是否也同時出現？不同區域出身文人有不同澆政風格，對於幕職州縣官任官施政之間影響又有多少？關於階層的轉換，筆者將以《宋史》列傳，與《宋代宰輔年表》兩者做比對，探討登載於正史中幕職州縣官的出身比率？北宋高官顯要的宰相裡，有多少文官有過幕職州縣官資歷？最後從諸多典籍中，檢視幕職州縣官設置意義，及其施政風格之別。

〔註65〕 〔宋〕，王應麟，《玉海》，卷一百十七，選舉，〈銓選〉，頁 19。

〔註66〕 〔宋〕，王應麟，《玉海》，卷一百十八，選舉，〈考課〉，頁 15。

〔註67〕 〔宋〕，王應麟，《玉海》，卷一百十七，頁 22。

〔註68〕 〈嘉祐審官院編敕〉記載仁宗至和二年至英宗治平元年由王珪主持修成的，可見《長編》，卷二百○一。

〔註69〕 《宋史・藝文志》，卷二百○四。

〔註70〕 《長編》，卷二百四十一，〈熙寧新修審官西院敕〉，宋神宗熙寧五年沈立上編。

〔註71〕 《宋會要輯稿》，刑法一之十三。

〔註72〕 《吏部條法殘本》對當時「校量功過」的方式有詳細的記載與說明，其中把官員所到的轉官、循資、減年晉升等酬講，以及因爲公、私犯錯而應得的追官、降官、落職及停替等處法。

〔註73〕 《兩浙金石志》卷五至卷十三，及（明）《興化府志》卷一〈敘官〉。

三、研究方法與理論

圖 1-1：研究方法與理論

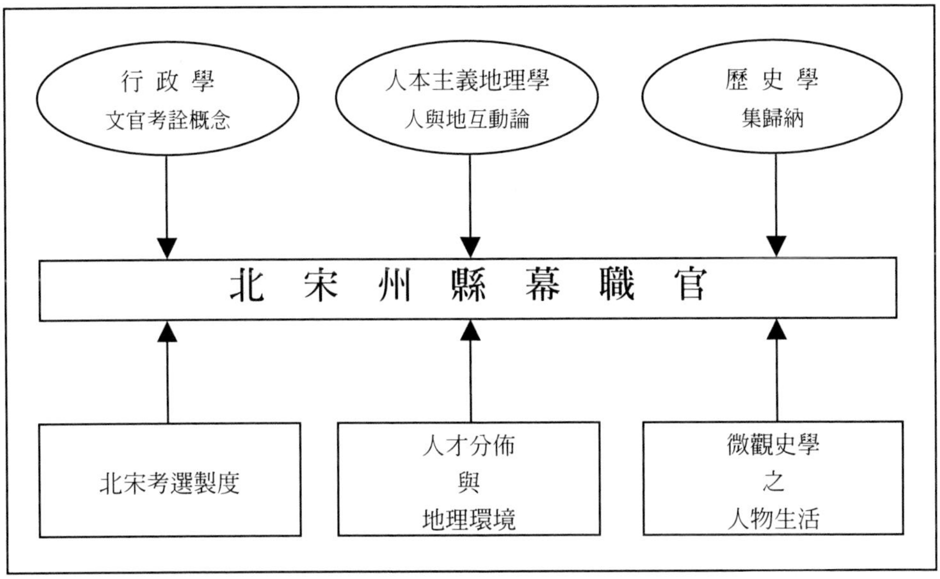

理論方法方面：嘗試運用行政學中關於「考銓的概念」，〔註74〕對北宋考選制度與「幕職州縣官」在地方所扮演的角色，加以探討。釐清「幕職官」、「胥吏」及「底層人民」三者間的關係，及地方基層的權力互動。〔註75〕其次，透過《宋史》列傳做討論核心，探討幕職州縣官籍貫分佈，及出身地域性之別，進而以「人本主義地理學」的概念，〔註76〕探討北宋人才分佈與地理環

〔註74〕李東民，《現行考銓制度》（台北：五南圖書公司，民85年），書中：「現代行政學對考銓制度的研究包含了考選機構、考試、任用升遷、俸給、考績、獎懲、保險、退休、撫卹等。」

〔註75〕王德權，〈從"漢縣"到"唐縣"一三至八世紀河北政治體系變動的考察〉，《唐史研究》（北京：北京大學出版社），第五卷，1999年，頁 161～217。作者提出在討論傳統中國的國家統制機制外，亦需注意：(1) 政區空間結構、變動及統制關係上的意義。(2) 地方組織結構變動及其官僚機構全體的關連。(3) 制度對度方行政體制的影響。(4)「縣」做為地域社會的政治機制，一方面是國家權力在地域社會的代理人，另一方面是地域社會領導者。換而言之，地方實力者在地域社會競爭地域或社會領導的場所。直接影響到國家權力是否有效維持與伸縮的關鍵。國家介入地域社會的程度。是否對地域社會的生產能力產生決定的作用。及「縣」的空間分佈及變動趨勢。藉由這些變動觀察國家權力的升降，需注意不同區域可能存在控制強弱的地區差異。（頁 196～197）

〔註76〕所謂「人本主義地理學」之概念，源於潘桂成老師，在「歷史地理」的課程

境間的關係。最後藉由歷史學之量化分析、歸納、比較、綜合、分析等方法，
〔註 77〕檢視中下階層文官的地方施政，剖析出身背景之差別，對施政風格的
影響。最終希望透過社會科學理論對底層社會進行微觀研究，適時提出合理
的歷史解釋，瞭解北宋地方官制的運作情形。

中所討論，主要是指「站在當時人的角度去研究歷史、地理，摒除現代人研
究歷史、地理的主觀成見；以「人」爲本，所有地理環境的改變與制度變遷，
乃隨著人、地互動，產生不同的結果」。

〔註77〕杜維運，《史學方法論》（台北：華世出版社，民國 74 年），頁 65〜130。

第二章　幕職州縣官的歷史淵源與制度變遷

　　宋代幕職官、州縣官兩者爲不同系統之職官體系，制度沿革與演變亦有所差別。「幕職官」爲簽書判官廳公事、節度、兩使、防禦、團練、軍事推判官、節度掌書記、觀察支使等職官的統稱，主掌地方行政，總管文書事宜；員額多寡乃隨州郡小大，及職務煩簡而調整。〔註1〕「州縣官」則爲縣令、錄事（司法、司理、司戶）參軍、主簿與縣尉等職官之總稱。早在北史已見「州縣官」記載；〔註2〕到後周才有「幕職州縣官」稱謂出現。〔註3〕宋代史書雖

〔註1〕　《宋史》，職官七，〈幕職官〉，頁 3975：「幕職官：簽書判官廳公事、兩使、防、團、軍事推判官、節度掌書記、觀察支使……。凡員數多寡，視郡小大及職務之煩簡。」

〔註2〕　〔唐〕李延壽，《北史》，隋本紀下，卷十二，〈楊廣〉，頁 443，戊申詔曰：「聽採興頌，謀及黎庶，故能審政刑之得失。是知昧旦思治，欲使幽枉必達，彝倫有章。而牧宰任稱朝委，苟爲僥幸，以求考課，虛立殿最，不存理實。綱紀於是不理，冤屈所以莫申。關河重阻，無由自達。朕故建立東京，躬親存問。今將巡歷淮海，觀省風俗。眷求讜言，徒繁詞翰，而鄉校之內，闃爾無聞，恓然夕惕，用勞興寢。其民下有知州縣官人政理苛刻，侵害百姓，背公徇私，不便於民者，聽詣朝堂封奏。庶乎四聰以達，天下無冤。」

〔註3〕　〔唐〕薛居正等撰，《舊五代史》，周書二，〈太祖本紀二〉，廣順元年，頁 1468～1469：「戊申，詔曰：『朕祗膺景命，奄有中區，每思順物之情，從眾之欲。將使照臨之下，咸遂寬舒；仕官之流，自安進退。往者有司拘忌，人或滯流，所在前資，並遣赴闕。輦轂之下，多寄食僦舍之徒；歲月之間，動懷土念家之思。宜循大禮，用革前規。應諸道州府，有前資朝官居住，如未赴京，不得發遣。其行軍副使已下，幕職州縣官等，得替求官，自有月限，年月未滿，一聽外居。如非時詔徵，不在此限。』」

以幕職州縣官來稱呼這群地方低階官僚，但各職官仍有其設立的淵源與歷史變遷。

第一節　唐代及唐以前幕職官之設置

據近人研究，唐代科舉取士名額較少、溫卷作弊風氣盛行，導致大量文人無法入仕，辟署制度則提供當時文人入仕之管道。[註4] 隨著文人入幕增加，藩鎮依士人才能不同安排各種職務，衍生出「幕職辟署制度」；[註5] 總觀制度的發展與演變，在唐朝為草創階段，諸多職官稱謂與職能並未穩定，任用與轉遷考課多隨幕主關係而定。[註6] 以下就各幕職官的緣起、職掌、隸屬關係與演變，略作介紹：

一、判官

秦漢以來，州郡幕府辟署掾史，協助長官辦事，但魏晉之前史書並無「判

〔註4〕　關於唐代藩鎮的研究，或中央士人及地方文人的出仕，可參閱以下著作：（一）
　　　　王壽南，《唐代藩鎮與中央關係之研究》（臺北：大化出版社，民67年），第
　　　　三章第三節；（二）張國剛，《唐代藩鎮研究》（湖南：湖南教育出版社，1987
　　　　年）；（三）李治安，《唐宋元明清中央與地方關係研究》（天津，南開大學出
　　　　版社，1996年），第二章，頁17～102。（四）金瀅坤，〈中晚唐銓選制度變化
　　　　與科舉及入幕的關係〉，《人文雜誌》，2002年04期，頁110～115。至於五
　　　　代文人出仕的討論，則參閱：金宗燮，〈五代政局變化與文人出仕觀〉，《唐研
　　　　究》，第九卷（北京：北京大學出版社，2003年），頁491～507。

〔註5〕　唐代、五代幕職制度之討論有：戴傳華，《唐方鎮文職僚佐考》（天津：天津
　　　　古籍出版社，1994年）、石雲濤《唐代幕府制度研究》（北京，中國社會科
　　　　學院出版社，2003年）等專書研究。短篇論文則有：(1) 石雲濤〈唐開元
　　　　時期邊鎮幕府僚佐辟署制度考論〉，《黃淮學報》（哲學社會科學版），第12
　　　　卷，第4期，1996年，頁75～79；(2) 石雲濤，〈唐開元、天寶時期邊鎮僚
　　　　佐辟署制度〉，《唐研究》（北京：北京大學出版社，2001年），第七卷，頁
　　　　389～420。

〔註6〕　唐代幕職官與其使主之關係與升遷管道，可參閱王德權，《唐五代
　　　　（712~960A.D.）地方官人事遞嬗之研究》，國立台灣師範大學歷史研究所博
　　　　士論文，民82年，第三章，〈中晚唐使府僚佐與辟召制〉頁56～57；韓國學
　　　　者金宗燮，〈唐五代幕職官的任用與功能〉，《東洋史學研究》，2000年，第七
　　　　十一輯，頁1～41。主要針對唐、幕職官地任用與功能作討論，探討幕職官帶
　　　　職的形式、功能與任務。至於馮培紅，〈敦煌文獻中的職官史料與唐五代藩鎮
　　　　官制研究〉，《敦煌研究》，2001年3期（總69期），頁106～112。則利用敦
　　　　煌出土文獻，探討敦煌地區幕職官地設置，與唐五代敦煌地區之藩鎮和幕職
　　　　官入朝為仕的討論。

官」一詞。至《隋書》始有相關記載「判官本爲牧人，役力理出所部，請於所管戶內計戶徵稅。」〔註7〕可見隋文帝（開皇年間），判官職務已存於州郡，並擔負著管理戶口、徵稅力役。唐初中央三省六部亦置判官一職，但地方判官設置，爲諸道採訪使的幕僚，兼判尙書六部行事。〔註8〕

自唐睿宗以後，觀察使判官、防禦判官及團練判官等職官，紛紛出現；隨著時代與所在區域之別，判官制度產生本質上的變化。至開元時已有朝臣楊綰建議，裁減各道團練判官人數。〔註9〕

但安史亂後，地方節度使體制日漸普遍；〔註10〕代宗大曆六年（西元771年）地方志裡明確記載，州司官已有「刺史兼都團練觀察等使，觀察使有支使、判官、掌書記、推官、巡官；團練使有副使、支（使）判官、掌書記、推官、巡官。」等記載。〔註11〕綜合言之唐代後期是藩鎮形成穩固的關鍵、興起原因爲代宗大曆十二年（西元777年）前，對藩鎮施行姑息政策所致。〔註12〕縱然代宗後期有心整頓，並頒佈「諸道觀察、都團練使，判官各置一人，支使一人，推官一人，餘並停。」〔註13〕等禁令，但仍無法遏止藩鎮自僻佐官等局面。

自唐德宗貞元元年（西元785年）後，節度使下之幕職判官稱謂，衍生出更多職稱，如節度判官、留守判官、觀察判官及防禦判官等。相關銓選依據爲：

> 伏准貞元元年七月二十五日敕……選人有明經、進士、道舉、明法出身，無出身人有經制舉，宏詞拔萃及第，判入等清白狀，并有上下考校奏成，及孝義名聞，制及敕襃獎者，或曾任郎官、御史、起居、補闕、拾遺、太常博士、兩府判司、兩府畿赤官、使下郎官、觀察使、節府、都團練、都防禦、度支、水陸運鹽鐵使、留守判官、

〔註7〕《隋書》，卷二十四，〈食貨志〉，頁685，開皇八年五月。

〔註8〕〔唐〕杜佑撰，王文錦等點校，《通典》（北京：中華書局，1988年第1版），卷二十二，〈行臺省〉，頁611：「錄事等員，蓋隨其所管之道置於外州，以行尙書事，唐初亦置行臺，貞觀以後廢。其後諸道各置採訪等使，每使有判官二人，兼判尙書六行事，亦行臺之遺制。」

〔註9〕《新唐書》，列傳卷一百四十二，〈楊綰〉，頁4664～4665：「綰奏：『刺史自有持節諸軍事以掌軍旅；司馬，古司武，所以副軍，即令副使；司兵參軍，今團練判官。官號重複，可罷天下團練、守捉使。』詔可。又減諸道觀察判官員之半。」

〔註10〕陳志堅，《唐代州郡制度研究》（上海：上海古籍出版社，2005年），頁12。

〔註11〕《淳熙三山志》，卷二十三，秩官類四，州司官，頁7989～1。

〔註12〕陳志堅，《唐代州郡制度研究》，頁23。

〔註13〕《唐會要》，卷七十八，〈諸使雜錄上〉，頁1439，大曆十二年五月十三日。

支使、推官、書記等，制敕分明。〔註14〕

依照唐朝規定低階文官入仕管道，可依明經、進士、道舉、明法出身、無出身人有經制舉、宏詞拔萃等類；入仕後文官則依出身、經歷、考績與勳獎，訂立相當轉遷準則。

隨著藩鎮勢力的增加，自辟佐官的情況與日遽增，（唐）文宗開成四年（西元 839 年）起，中央開始對節度使參佐的判官員額開始規定：

> 中書門下奏，諸道節度使參佐，自副使至巡官，共七員。觀察使從事
> 又在數內，雖大藩雄鎮，有藉才能，而邊鄙遐方，豈易供給，況行軍
> 之號，本繫出師，參謀之職，尤是冗長。其行軍司馬及參謀，望勒停
> 省，見任人如本道有相當職員，任奏請改轉，其餘官序稍高者，許隨
> 表赴京。到日，量才獎授，郎御史以下，各令冬薦，節度判官舊額，
> 雖本兩員。近日諸道，亦不盡置。起今已後，望以一員為定。其課科
> 等，本是供軍數內，戶部不可更收。敕旨：依奏。〔註15〕

據此規定得知諸道節度參佐，副使至巡官七人；至於節度判官人數，初為兩人，後減少為一人；但隨著節度使辟署範圍的擴大，幕職人員日趨膨脹。自唐武宗會昌五年（西元 845 年），開始限制部份地區之幕職員額：

> 中書門下奏，條流諸道判官員額，……東都留守、陝府，舊有五員，
> 並望不減。天德舊有三員，亦望不減。同州舊有四員，商州兩員，
> 並望不減。防禦副使，莘州、泗州各有兩員，並望不減。楚州、壽
> 州各有三員，壽州望減團練副使一員，楚州望減營田巡官一員。汝
> 州、鹽州、隴州舊各有一員，望不減。……延州舊有兩員，望減防
> 禦推官一員。〔註16〕

由中書門下頒佈諸道判官員額，對防禦、團練州裡之使職僚佐，加以限制。至於防禦、團練州，當時與其他州郡相較，除地位較高外，並具有上奏朝廷的特權，與中央有較密切溝通的管道。〔註 17〕同年，也開始要求邊區諸道遵行禁止差攝擬官及裁減諸道官額等敕文：

> 中書門下奏，諸道判官員額：西川本有十二員，望留八員，節度副

〔註14〕《唐會要》，卷七十四，選部上，〈吏曹條例〉，頁 1349～1350。
〔註15〕（宋）王溥，《唐會要》，卷七十九，〈諸使雜錄下〉，頁 1448～1449。
〔註16〕《唐會要》，卷七十九，〈諸使雜錄下〉，頁 1450～1451。
〔註17〕唐代後期州郡等級與類別，參閱陳志堅，《唐代州郡制度研究》，第一編，頁34。

使、判官、掌書記、觀察判官、支使、推官、雲南判官、巡官、淮
南河東舊額。……右奉聖旨令商量減諸道判官，約以六員爲額者，
臣等商量，須據舊額多少，難於一例停減，今據本鎮額量減，數亦
非少，仍望令正職外，不得更置攝職。〔註18〕

大抵朝廷對諸道判官人數，予以裁減，以六人爲原則；又令御史臺及出使郎
官御史加以察訪，禁止節度使超額辟署佐官及官員攝職等問題。

　　綜觀唐代後期藩鎮「判官」的設置，多在幫助節度使。〔註19〕但各判官
的職權，與設置目的亦有不同，如「節度判官」職責，似後漢末諸府軍事。
〔註20〕「觀察判官」是在觀察節度使下，監督管理地方人事，〔註21〕「團練
判官」爲團練使下的輔佐。〔註22〕至於，唐末藩鎮佐官的幕職轉遷，有時是
與中央仕途是有相通的；如唐文宗開成三年（西元 838 年），崔郢自商州防
禦判官兼殿中侍御史，入爲監察御史。〔註23〕另外像李商隱〔註24〕、李宗閔

〔註18〕　《唐會要》，卷七十九，〈諸使雜錄下〉，頁 1450～1451。
〔註19〕　《通典·州郡上》，總論州佐，頁 890：「隋以州爲郡，無復軍府，則州府之吏
　　　　變爲郡官矣。大唐無州府之名，而有採訪使及節度使。節度使說在都督篇。
　　　　採訪使有判官二人，分判尚書六行事及州縣簿書。支使二人，分使出入，職
　　　　如節度使之隨軍。推官一人，推鞫獄訟，皆使自辟召，然後上聞。」
〔註20〕　《通典·品秩五》，頁 1108：「今略徵外官別駕本因漢置，隨刺史巡察，若今
　　　　觀察使之有副使也。參軍後漢末置，參諸府軍事，若今節度判官也。官名職
　　　　務，遷易不同，空存虛稱，皆無事實。」
〔註21〕　《唐會要》，卷四十，〈定贓估〉，頁 727：「元和三年正月敕：今後應坐贓，及
　　　　他罪當贖者，諸道委觀察判官一人。專勾當，及時申報，如蔽匿不申者，節
　　　　級科貶加罪。不係奏官長，量情處置者，其贓但准前申送御史臺，充本色給
　　　　用，仍差御史一人。專知贓贖，不得以贓罰爲名，如罪名未正，妄罰其財，
　　　　亦委觀察判官勾當，差定後先，具名聞奏。」又見《唐會要》，卷九十，〈閉
　　　　糴〉，頁 1636：「咸通七年十月二十三日，御史臺奏，今後如有所在閉閉糴者，
　　　　長吏必加貶降。本判官、錄事參軍並停見任，書下考。仍勒州縣各以版榜錄
　　　　此條。懸示百姓，每道委觀察判官，每州委錄事參軍勾當，逐月具申閉糴事
　　　　由申臺。從之。」
〔註22〕　（後晉）劉昫，《舊唐書》，列傳卷一百四十六，〈杜兼〉，頁 3969：「杜兼，京
　　　　兆人，貞觀中宰相杜正倫五代孫。舉進士，累辟諸府從事，拜濠州刺史。兼
　　　　性浮險，豪侈矜氣。屬貞元中德宗厭兵革，姑息戎鎮，至軍郡刺史，亦難於
　　　　更代。兼探上情，遂練卒修武，占召勁勇三千人以上聞，乃恣凶威。錄事參
　　　　軍韋黨、團練判官陸楚，皆以守職論事忤兼，兼密誣奏二人通謀，扇動軍中。
　　　　忽有制使至，兼率官吏迎于驛中，前呼韋賞、陸楚出，宣制杖殺之。進士擢
　　　　第，楚克公象先之孫，皆名家，有士林之譽，一朝以無罪受戮，郡中股慄，
　　　　天下冤歎之。又誣奏李藩，將殺之，語在藩事中。故兼所至，人側目焉。」
〔註23〕　《舊唐書》，卷九十一，〈崔玄暐〉，頁 2935：「曾孫郢，開成三年，自商州防

〔註25〕等，在未顯赫前皆服務於藩鎮幕職，爾後有機會方入朝爲官。

各種判官的設置，以「軍事判官」最爲特殊，儘管現存資料不多，但以李覯〈常州軍事判官廳記〉得知：

> 常州列郡也，天下有緊，我居其一焉。軍事，亟務也，天下有三，
> 我備其屬焉。……自天下稱兵，三四十年間，擁旄曰使持節，曰州
> 使；曰節度，曰團練。有副使、判官。大歷中，宰臣常公以爲費，
> 不能去其大，而去其細，乃罷團練。今軍判官猶是。〔註26〕

唐人眼裡軍事判官視爲「團練判官」職務轉變而來，兩職官權利類似，但性質上卻有顯著差別。「團練判官」屬官方正式制度，其員額、轉遷及俸祿皆有相關規定，但「軍事判官」則屬於藩鎮私人辟署，較不被中央承認；在官方典籍記載裡，並無軍事判官一職。此外，不少軍事判官，多由州縣官兼任，朝廷對軍事判官的出身較無要求，相關文獻並未見其轉遷。〔註27〕

對於唐末幕職官的銓選與任命，多因藩鎮幕主之喜惡任意銓選，各官職的升遷與權力，隨著幕主的重用與否，呈現不同的結果。至於，總體環境裡，唐廷利用掌管員額、銓選機制等方式，裁減藩鎮勢力與人事任用權。

二、觀察支使

「支使」，指使、差遣之意，以動詞轉爲名詞。職官設立始於唐肅宗至德初年，改採訪使爲觀察使，並置支使。〔註28〕史書上記載設置節度觀察使的

禦判官兼殿中侍御史，入爲監察御史。」
〔註24〕《舊唐書》，列傳卷一百九十下，文苑下，〈李商隱〉，頁5077～5078：「商隱幼能爲文。令狐楚鎮河陽，以所業文干之，年纔及弱冠。楚以其少俊，深禮之，令與諸子遊。……。開成二年，方登進士第，釋褐祕書省校書郎，調補弘農尉。……會給事中鄭亞廉察桂州，請爲觀察判官、檢校水部員外郎。……大中末，仲郢坐專殺左遷，商隱廢罷，還鄭州，未幾病卒。」
〔註25〕《舊唐書》，列傳卷一百七十六，〈李宗閔〉，頁4552：「元和十二年，宰相裴度出征吳元濟，奏宗閔爲彰義軍觀察判官。賊平，遷駕部郎中，又以本官知制誥。穆宗即位，拜中書舍人。」
〔註26〕（元）富大用，《古今事文類聚·外集》，卷十二，路官門，〈府判〉，頁26。
〔註27〕唐代後期州郡官僚制度，可參見陳志堅，《唐代州郡制度研究》，第二編，〈唐代州郡的官僚制度〉，頁107～114。
〔註28〕（宋）高承，《事物紀源》（收錄於王雲五主編，《四庫全書珍本十二集》），卷六，〈支使〉，頁32～2至33～1：「唐置觀察使，亦置觀察支使，則支使唐置官也。《續事始》曰：『唐至德初，改採訪使爲觀風，始置判二人、支使二人、推官一人也。』」

紀錄，為唐代宗大曆十二年：「諸道觀察都團練使判官各置二人，支使二人，推官一人，餘並停。」〔註29〕

　　儘管代宗大曆年間，屢次頒佈州縣佐官的任用條文，但實際上在代宗後期，觀察支使的任用，已掌握在藩鎮之手。諸多藩鎮在人事任用上，多採取「先任命後上奏」；〔註30〕不少藩鎮佐官，隨著幕主的飛黃騰達，入主中央任職，如：韋元甫曾任觀察支使，後累官至尚書右丞。〔註31〕

三、節度掌書記

　　「節度掌書記」為唐末幕職官之稱謂。「掌書記」之名，可上溯自漢代三公或大將軍之幕府記室。〔註32〕魏晉南北朝時，掌書記又有「記室」〔註33〕及「文房書記」等別稱。〔註34〕但唐代「節度掌書記」與「掌書記」所負責的工作，大致雷同，多掌幕府之內，章表書記之事。

　　唐代設掌書記之初，〔註35〕並無品秩可言；中宗景龍年以後，元帥設置掌書記；開元元年（西元713年），節度使仿效元帥府設置「掌書記」一職，方形成「節度掌書記」該稱謂。〔註36〕據史記記載，唐代節度州多置掌書記

〔註29〕《唐會要》，卷七八，〈諸使雜錄上〉，頁1439。

〔註30〕石雲濤，《唐代幕府制度研究》（北京，中國社會科學院出版社，2003年），該書對藩鎮辟署人才入幕，與文人入幕的部份有精闢的見解。

〔註31〕《舊唐書》，列傳一百十五，〈韋元甫傳〉。

〔註32〕（晉）袁宏，《後漢紀》（台北：商務印書館），卷二十五，頁8：「是時大將軍何進多辟海內名士以為己佐，鄭玄稱疾不到，州郡迫脅不得已。玄幅巾詣進，進設几杖之禮一宿，而退莫知其所初。申屠蟠隱於梁碭之間，免於黨人之禍，亦為進所辟。逾年，不至，進退之，卻脅以威刑，使同郡黃忠與蟠書曰：『大將軍幕府初開，微辟海內並延英，俊雖有高名，盛德不獲，異遇至如。』」

〔註33〕（後晉）陳壽，《三國志》，卷二十一，〈魏書二十一〉，頁600：「阮瑀少受學於蔡邕。建安中都護曹洪欲使掌書記，瑀終不為屈，太祖並以琳、瑀為司空軍謀祭酒，管記室，軍國書檄，多琳瑀所作也。」

〔註34〕〔唐〕姚思廉，《陳書》，卷十六，列傳十，〈趙知禮〉，頁223：「趙知禮字齊旦，天水隴西人也。父孝穆，梁候官令。知禮涉獵文史，善隸書，高祖之討元景，仲也或薦之，引為記室參軍。知禮為文贍速，每占授軍書，下筆便就率，皆稱旨。由是怕侍左右，深被委任當時。」

〔註35〕《舊唐書》，列傳卷一百一十一，〈高適〉，頁3328：「高適者，渤海蓨人也。……適少濩落，不事生業，家貧，客於梁、宋，以求丐取給。天寶中，海內事干進者注意文詞。適年過五十，始留意詩什，數年之間，體格漸變，以氣質自高，每吟一篇，已為好事者稱誦。……河西節度哥舒翰見而異之，表為左驍衛兵曹，充翰府掌書記，從輸入朝，盛稱之於上前。」

〔註36〕《事物紀源》，卷六，〈書記〉，頁32～1：「唐開元元年，勅節度置掌書記，自

一人，〔註37〕以管理節度府內之文書。

此外，節度掌書記常冠以藩鎮府州之名，以別區域，如：河西掌書記李某。不少著名文人如宰相楊炎、〔註38〕李逢吉，〔註39〕與詩人白居易胞弟白敏中等，〔註40〕皆因擔任掌書記一職，爾後有機會，即能入朝爲官。

四、推官

「推官」的設立，始于唐玄宗天寶後期；〔註41〕肅宗至德初年「改採訪使爲觀風，始置判官二人、支使二人，及推官一人」〔註42〕爲最早的紀錄；工作職責爲司法獄訟之事。〔註43〕

因鑑於藩鎮自辟文官盛行，代宗大曆十二年（西元 777 年），頒佈各藩鎮推官，以一人爲限。〔註44〕但由於唐室統治力衰微，各節度多自辟佐官，導致中央無法確切掌握地方佐官人數。至武宗會昌年間，朝廷有意裁減各地之

後藩侯得自奏請也。」

〔註37〕《舊唐書》，職官三，〈節度使〉，頁 1922：「節度使：節度使一人，副使一人，行軍司馬一人，判官二人，掌書記一人，參謀，無員數也。隨軍四人。」

〔註38〕《舊唐書》，卷一百一十八，列傳第六十八，〈楊炎〉，頁 3419：「炎美鬚眉，風骨峻峙，文藻雄麗，汧、隴之間，號爲小楊山人。釋褐，辟河西節度掌書記。神烏令李大簡嘗因醉辱炎，至是與炎同幕，率左右反接之，鐵棒撾之二百，流血被地，幾死。節度使呂崇賁愛其才，不之責。後副元帥李光弼奏爲判官，不應，徵拜起居舍人，辭祿就養岐下。」

〔註39〕《舊唐書》，卷一百六十七，〈李逢吉〉，頁 4365：「李逢吉字虛舟，隴西人。貞觀中學士李玄道曾孫。……逢吉登進士第，釋褐授振武節度掌書記。入朝爲左拾遺、左補闕，改侍御史，充入吐蕃冊命副使、工部員外郎，又充入南詔副使。元和四年，使還，拜祠部郎中，轉右司。六年，遷給事中。」

〔註40〕《舊唐書》，卷一百六十六，〈白敏中〉，頁 4358：「敏中字用晦，居易從父弟也祖鏻，位終揚府錄事參軍。父季康、溧陽令。敏中少孤，爲諸兄之所訓屬。長慶初，登進士第，佐李聽，歷河東、鄭滑、邠寧三府節度掌書記，試大理評事。大和七年，丁母憂，退居下邽。會昌初，爲殿中侍御史，分司東都，尋除戶部員外郎，還京。」

〔註41〕《事物紀源》，卷六，〈推官〉，頁 31〜2：「唐百官志曰：『節察防團使皆有推官』，舊唐書云，『天寶續事也』」。

〔註42〕《事物紀源》，卷六，〈支使〉，頁 32〜2。

〔註43〕《通典・州郡上》，總論州佐，頁 890：「隋以州爲郡，無復軍府，則州府之吏變爲郡官矣。大唐無州府之名，而有採訪使及節度使。節度使說在都督篇。採訪使有判官二人，分判尚書六行事及州縣簿書。支使二人，分使出入，職如節度使之隨軍。推官一人，推鞫獄訟，皆使自辟召，然後上聞。」

〔註44〕《唐會要》，卷七八，〈諸使雜錄上〉，頁 1439：「諸道觀察都團練使，判官各置一人，支使一人，推官一人，餘並停。」

推官與巡官員額，以約制藩鎮勢力：

> 容管舊有五員，望減招討巡官一員。延州舊有兩員，亦望減防禦
> 推官一員，樓煩、龍陂，舊各有兩員，雍各減巡官一員。右奉聖
> 旨令商量減諸道判官，約以六員爲額者，臣等商量，須據舊額多
> 少。難於一例停減，今據本鎮額量減，數亦非少。仍望令正職外，
> 不得更置攝職。仍令御史臺及出使郎官御史，專加察訪，敕旨，
> 依奏。〔註45〕

但綜觀整體局勢，自安史亂後節度使的權力日益坐大，節度使利用遇闕不報
等手腕，奪取朝廷委派州縣官之權。面對藩鎮擁兵自重，劃地爲王等情況，
代宗、德宗時期，〔註46〕亦會根據區域差異，限制佐官人數。至於各節度藩
鎮常隨情徇私，給予幕職官薪俸不一的現象，唐廷亦設法加以整頓：

> 自兵興以來，州縣官俸給不一，重以元載、王縉隨情徇私，刺史月
> 給或至千緡、或數十緡，至是，始定節度使以下至主簿、尉俸祿，……
> 觀察、團練判官、掌書記五萬，諸大都督府司錄參軍事、鶉赤縣令
> 四萬五千，節度推官、支使、防禦判官、上州錄事參軍、畿縣上縣
> 令四萬，諸大都督府判官、赤縣丞三萬五千，觀察，防禦、團練推
> 官、巡官、鶉赤縣丞、兩赤縣主簿、尉、上州功曹參軍以下、上縣
> 丞三萬，畿縣丞、鶉赤縣簿、尉二萬五千，畿縣上縣主簿、尉二萬。
> 由會昌以前，其間世有增減，不可詳也。〔註47〕

但隨著中央權威的衰退，相關限制命令多形同具文。大體而言，唐代幕職官
制度，處於草創階段，制度與實際負責工作多隨幕主規定；但身爲藩鎮佐官
的幕職官，地位並不低，諸多藩鎮將其視爲智庫，對其頗爲禮遇；自安史亂
後幕職制度雖未成熟，但已略見宋初幕職官的雛形。

第二節　唐代及唐以前州縣官之發展

前人對幕職州縣官之討縣，常忽略幕職官與州縣官兩者，兩隸屬於不同

〔註45〕《唐會要》，卷七十九，〈諸使雜錄下〉，頁 1450～1451。

〔註46〕樊文禮，〈安史之亂以後的藩鎮形勢和唐代宗朝的藩鎮政策〉，《煙台師範學報》
（哲社版），1995 年 4 期，頁 40～45。

〔註47〕（宋）司馬光，《資治通鑑》（北京：古籍出版社，1956 年第一版），卷二百二
十五，唐紀四十一，代宗睿文孝武皇帝中之下，大曆十二年，頁 7245～7246。

之職官體系，兩者間任用方式，亦有很大的差別；前者為使府幕職系統，人事任命掌握在各府主手中；後者則由中央任派。〔註48〕自唐代後期起，刺史兼職軍事使職，除衝擊當時天子威信外，更讓使院之幕職官與州院的曹官日趨合流。〔註49〕促使藩鎮辟署的僚佐，侵佔了州縣官之權，但綜括整體制度演變，州縣官仍具有相當職權，未被幕職官所取代。至於唐代州縣等級制度，乃隨著行政層級之異各有屬官，〔註50〕但本文因篇幅所限，僅就宋代州縣官相關者，加以介紹。

一、州縣佐官

「參軍」之名源於兩漢之諸曹掾，制度演變至魏晉南北朝末，曹官名稱雖有出入，但制度皆以漢代制度為依歸。隋初以州為郡，將州府之職，改為「參官」，設長史、司馬、錄事參軍、功曹、戶曹、兵曹、與法曹等七曹掾官；隋文帝開皇三年（西元 583 年），詔佐官曹名改為「司」；開皇十二年（西元 592 年）諸州「司從事」改名為「參軍」，才形成地方參軍之始。〔註51〕然這群屬官乃依人口多寡、州縣等級之別，編設不同官秩的職名，〔註52〕以下分別介紹州級佐官裡的錄事參軍、司法參軍、司戶參軍等三者。

〔註48〕張國剛，〈唐代藩鎮使府辟署制度〉，《唐代藩鎮研究》（湖南：湖南教育出版社），頁 181。

〔註49〕唐代後期使院幕職官與州院曹官的合流，可參閱宮崎市定，〈宋代州縣制度の由來とその特色－特に衙前の變遷について－〉，《宮崎市定全集10》，（東京：岩波書店，1992 年 7 月），頁 216～245。

〔註50〕唐代州縣等級的設置可參閱：翁俊雄，〈唐代的州縣等級制度〉，《北京師範學院學報》（社會科學版），1991 年 1 期，頁 9～18。至於州縣屬官依照層級所異，有所分別的討論，於王壽南〈唐代的州制〉，《唐代政治史論集》（增定本）（台北：商務印書館，2004 年 04 月）一書有詳盡的解說。

〔註51〕（宋）鄭樵，《通志》（臺北：新興書局發行），卷五十六，〈州郡第十一下〉，頁 692：「郡之佐吏，秦漢有丞、尉、員外，以佐守，尉典武職。後漢，諸郡各置諸曹掾史，略如公府，曹無東西曹。晉宋以來，雖官曹名品互有異同，大抵略如漢制。北齊上郡太守屬官合二百一十二人，以下郡遞減之。隋初，以州為郡無復軍府，則州府之職參為郡官，故有長史、司馬、錄事參軍、功戶、兵法等七曹。開皇三年，詔佐官以曹為名者，並改為司。十二年，諸州司從事為名者。並改為參軍。」

〔註52〕《通志》，卷五十六，〈州郡第十一下〉，頁 693：「唐州府佐吏與隋制同，有別駕、長史、司馬一人，司功、司倉、司戶、司兵、司法、司士等六參軍。在府為曹，在州為司，大與上府置二員，州置一員，……，凡以州府大小而為增減。」

（一）錄事參軍

晉元帝時，已有「錄事參軍」的職名；但當時錄事參軍僅為公府官名，而非州郡職官；〔註53〕職掌多為王府內文書事宜，舉發彈劾善惡之事。〔註54〕南北朝時期，梁王府亦置「錄事」及「掾屬錄事」；〔註55〕南齊於護國府及四府中郎將以下，置錄事參軍、統府錄事各一人。〔註56〕之後北魏、北齊二朝，亦置「錄事參軍」。但到隋初錄事參軍才由王府官員，轉為州縣官員，並依行政等級之別分別委派不同官階的人員擔任。〔註57〕

唐初，錄事參軍屬治事機關，以「司」為稱；開元年間，京兆、河南、太原三府各置錄事參軍二人，其他府州各置錄事參軍一至二名。工作職權據《通典》所載，主掌付事勾稽、堅守符印、省署抄目、糾正非違；安史亂後至代宗年間，該職官權位不斷提高，能行「綱紀六曹」之權，最終掌州院之關鍵地位。〔註58〕自唐中葉以後，錄事參軍的工作職掌，略有所變更，宣宗朝以後，以收租的多寡，作為該職官升遷懲處的依據。〔註59〕若地方發生水

〔註53〕《晉書》，卷三十七，〈韓延之〉，頁1112：「韓延之字顯宗，南陽堵陽人，魏司徒暨之後也。少以分義稱，安帝時為建威將軍荊州治中，轉平西府錄事參軍。以劉裕父名翹字顯宗，延之遂字顯宗，名兒為翹，以示不臣劉氏。與休之俱奔姚興，劉裕入關又奔于魏。」

〔註54〕（宋）孫逢吉，《職官分配》（四庫珍本），卷三十二，5～2：「錄事參軍事……，掌府事勾稽省署鈔目。」

〔註55〕《隋書》，卷二十七，〈百官上〉，頁727～728：「皇弟、皇子府，置師，長史，司馬，從軍郎中，諮亦參軍，及掾屬中錄事，中記室、中直兵等參軍，工曹史，錄事、記事中兵等參軍，文學，主簿，正參軍、行參軍，長兼行兼均等員。」

〔註56〕《隋書》，卷二十七，〈百官中〉，頁759：「護軍府將軍一人，掌四中關津。輿駕出則護駕。中護軍亦同。有長史、司馬、功曹、五官、主簿、錄事鑿其府事。其屬官，東西南北四中府皆統之。四府各中郎將一人，長史、司馬、錄事參軍、統府錄事各一人。」

〔註57〕《隋書》，卷二十七，〈百官下〉，頁783～788：「上上州，置刺史，長史，司馬，錄事參軍事，功曹、戶、兵等曹參軍事，法、士曹等行參軍，行參軍，典籤，州都光初主簿，……，合三百二十三人。親王府錄事參軍事……為從六品。……上州錄事參軍事，……為從七品。中州諸曹參軍事府錄事參軍事，左右領軍府諸曹參軍事，為正八品。下州錄事參軍事，中州諸曹行參軍，……從八品。」

〔註58〕嚴耕望，〈唐代府州上佐與錄事參軍〉，收錄於嚴耕望著，《嚴耕望史學論文選集》（台北：聯經出版公司，民80年），頁533～536、頁542。

〔註59〕《舊唐書‧本紀卷十八下》，宣宗大中二年，頁621：「十一月，兵部侍郎、判戶部事魏扶奏：『天下州府錢物、斛斗、文簿，並委錄事參軍專判，仍與長史通判，至交時具數申奏。如無懸欠，量與減選注擬。』」

旱災，亦需負擔發放賑濟之事。〔註60〕

　　唐朝後期，部份方鎮將州事委於錄事參軍，剝奪刺史之職權。〔註61〕面對藩鎮日趨坐大，於唐文宗大和四年（西元 830 年）八月，由御史臺上奏朝廷以下敕：

> 謹按大曆十二年五月一日敕：……今勘其由長史、司馬，並在上都，皆職有錄事參軍顧監司之任，若不重有條約所在，終難守文。伏請自今已後，刺史未至，上佐闕人，及別有勾當處，許差錄事參軍知州事，如錄事參軍又闕，則任別差判官。仍具闕人事由，分析聞奏，并申中書門下御史臺。〔註62〕

可見朝廷承認方鎮的人事任命權，但直至唐末，對錄事參軍之選授，仍相當重視。〔註63〕大和七年（西元 833 年）五月，爲遏止藩鎮坐大，更頒佈以下規定：

> 中書門下奏，今後請令京兆河南尹及天下刺史，各于本府本道嘗選人中，揀勘擇堪爲縣令、司錄，錄事參軍人，具課績才能聞薦，其諸州先申牒觀察使，都加考覈，申送吏部。至選集日，不要就選場，更試書判，吏部尚書侍郎引詣銓曹試時務狀一道，訪以理民之術，自陳歷任以來課績，令其一一條對。其治識優長者，以爲等第，便以大縣注擬，如刺史所舉，并兩人得上下考者，就加爵秩。在任年考已深者，優與進改，其縣令、錄事得上下考，兼績狀者，許非時放選。如犯贓一百貫以下者，舉主量削階秩，一百貫以上者，移守僻遠小郡。觀察使望委中書門下聽奏進止，所舉人中，如有兩人善政，一人犯贓，亦得贖免。其犯贓官，永不齒錄。從之。〔註64〕

據上述規定，錄事參軍在地方的政績，除朝廷作升遷改官的依據外，若觀察使薦舉不當者需負連帶處分。至於唐廷儘管對藩鎮頒佈諸多規定，但各地區藩鎮對中央之態度多置之不理。

〔註60〕《舊唐書》，大中六年，頁 630：「四月丁酉，敕：『常平義倉斛斗，每年檢勘，實水旱災處，錄事參軍先勘人戶多少，支給先貧下戶，富戶不在支給之限。』」
〔註61〕嚴耕望，〈唐代府州上佐與錄事參軍〉，頁 543。
〔註62〕《唐會要》，卷六十八，〈刺史上〉，頁 1204。
〔註63〕轉引嚴耕望，〈唐代府州上佐與錄事參軍〉之論點，頁 544～545。
〔註64〕《唐會要》，卷七十五，〈選部下·雜處置〉，頁 1367。

（二）司法參軍

「司法參軍」一職，源於兩漢的「決曹」，〔註65〕主管刑法之事；爾後歷朝皆有該職官，或稱「賊曹」、「法曹」及「墨曹」等。至隋初州有「法曹」行參軍，但設置則與功曹類似；〔註66〕至乾元年間，州始置司法參軍，〔註67〕並隨州郡等級的高低，設置不同位階的職官，〔註68〕主管律令、定罪、盜賊與贖罪之事。〔註69〕

安史亂後，因藩鎮刺史的坐大，司法參軍等幕職官的職權，日益被使院所侵奪。於德宗貞元十四年（西元798年），中央面對藩鎮侵奪「州縣官」之權，則企圖加以管理、約束：

> 魏博節度使卻置管內州縣官，都八十一員。倉曹參軍、戶曹參軍、兵曹參軍、法曹參軍已上，請依前置雙曹。田曹參軍、文學、市令已上，請依前置。元城縣貴鄉縣已上，請依前更置縣尉一員。相州、貝州、博州、澶州，司法參軍、司士參軍、司田參軍、文學、市令已上，請依前置。〔註70〕

〔註65〕（劉宋）范曄，《後漢書》，卷八十一，獨行列傳七十，〈周嘉傳〉，頁2675：「高祖父燕，宣帝時爲郡決曹掾。太守欲枉殺人，燕諫不聽，遂殺囚而黜燕。」

〔註66〕《通志》卷五六，頁693：「兩漢有決曹、賊曹掾，主刑法；歷代皆有或謂之賊曹，或謂法曹。或謂墨曹。隋以後與功曹同。唐掌律令定罪，及緝盜賊之事。」

〔註67〕《通志》卷五六，頁690：「景龍三年，諸州加置司田，開元中省。乾元之後，又分戶置參軍一員，位在司戶下。諸府則曰田曹，開元中省，乾元之後又分置司戶焉。以其廢置不常，故田曹不列。」

〔註68〕《新唐書》，志卷四十九下〈百官四下〉，頁1317~1318：「上州：長史一人，從五品上；司馬一人，從五品下；錄事參軍事一人，從七品上；錄事二人，從九品下；司功參軍事一人、司倉參軍事一人、司戶參軍事二人、司田參軍事一人、司兵參軍事一人、司法參軍事二人、司士參軍事一人，皆從七品下；參軍事四人，從八品下……。中州：刺史一人，正四品下；錄事參軍事一人，正八品上；錄事一人，從九品上；司功參軍事、司倉參軍事、司戶參軍事、司田參軍事、司兵參軍事、司法參軍事、司士參軍事各一人，正八品下；參軍事三人，正九品下……。下州：刺史一人，正四品下；別駕一人，從五品上；司馬一人，從六品上；錄事參軍事一人，從八品上；錄事一人，從九品下；司倉參軍事、司戶參軍事、司田參軍事、司法參軍事各一人，從八品下。」

〔註69〕《通典·司法》，頁914：「司法參軍：兩漢有決曹賊曹掾，主刑法。歷代皆有，或謂之賊曹，或爲法曹，或爲墨曹。以後與功曹同。大唐掌律令、定罪、盜賊、贓贖之事。」

〔註70〕《唐會要》，卷六十九，〈州府及縣加減官〉，頁1226。

但德宗時期藩鎮勢力依然相當龐大，中央號令雖多，但無法貫徹；故相關詔令的頒佈，僅能顯示出朝廷企圖控制魏博的成效有限。

（三）司戶參軍

「司戶參軍」的制度，可上朔至東漢之「戶曹」；歷朝皆設有戶曹一職，以管民戶；但北齊以下，司戶參軍的職責與功曹雷同。〔註71〕隋朝起，始置「戶曹參軍」，（隋）文帝時，稱爲「司戶參軍」；煬帝時，改稱「司戶書佐」；至唐開元年間，回復「戶曹參軍」之稱謂。〔註72〕

唐代司戶參軍之職掌，爲管理戶口籍帳、婚姻田宅、雜徭道路等雜務，〔註73〕在府稱「曹」，在州爲「司」。地方編制上，司戶參軍與司法參軍大致雷同。〔註74〕但自穆宗朝後，該職官常淪爲文官左遷之所，如宰相皇甫鎛、〔註75〕李德裕，〔註76〕在政治失利時，皆貶爲司戶參軍。

二、縣級親民官與佐官

唐代縣級官制，縣令爲一縣首長爲親民官。主簿、縣尉等爲首長的佐官。類似這種分層治理等方式，多爲往後各朝所繼承。至於各職官編制與演變各有不同，分序如下：

〔註71〕《通典·總論郡佐》，司戶，頁913：「司戶參軍：漢魏以下有戶曹掾，主民戶。後漢陸續、李郃皆仕郡爲戶曹史，郃官至司空。北齊以下與功曹同。」

〔註72〕《古今事文類聚·遺集》，卷十五，頁7：「有戶曹參軍，文帝時爲司戶參軍；煬帝爲司戶書佐。唐開元復爲戶曹參軍。」

〔註73〕〔唐〕張九齡等撰，《大唐六典》（台北：文海出版社，民51年初版），卷三十，頁24：「戶曹司戶參軍掌戶籍、計帳、道路逆旅、田疇六畜過所蹄符之事。而剖斷人之訴，競凡男女婚姻之合，必辨其族姓以舉，其違凡井田利害之，宜必止其爭訟，以從其順。」

〔註74〕《新唐書》，志卷四十九下，〈百官四下〉，頁1317～1318。

〔註75〕《新唐書》，卷六十二，表第二，宰相表中，〈皇甫鎛〉，頁1741：「憲宗元和十五年閏月丁未，鎛貶崖州司戶參軍。」

〔註76〕《舊唐書》，卷十八下，宣宗本紀，〈大中三年〉，頁624～625：「守潮州司馬員外置同正員李德裕，早藉門地，叨踐清華，累居將相之榮，唯以姦傾爲業。當會昌之際，極公台之榮，聘諛佞而得君，遂恣橫而持政，專權生事，妒賢害忠。動多詭異之謀，潛懷僭越之志。秉直者必棄，向善者盡排。誣貞良造朋黨之名，肆讒構生加諸之釁。計有踰於指鹿，罪實見其欺天。……朕務全大體，久爲含容，雖黜降其官榮，尚蓋藏其醜狀。而睥睨未已，兢惕無聞，積惡既彰，公議難抑。是宜移投荒服，以謝萬邦。中外臣僚，當知予意。可崖州司戶參軍，所在馳驛發遣，縱逢恩赦，不在量移之限。」

（一）縣令

縣令之設置沿革，源起戰國秦孝公十二年（西元前 350 年）；〔註77〕秦、漢二朝，萬戶以上皆設置「縣」，〔註78〕負責民政戶口、錢穀之徵收及平決獄訟諸事。〔註79〕北魏孝文帝後期，縣令的選任日趨龐雜，導致縉紳之流恥居縣令之位。〔註80〕隋初各縣亦置縣令；唐初對隋末縣令官品的編制，略有調整。〔註81〕至玄宗開元天寶九載（西元 721 年），特頒佈縣令等親民官的銓選方式：

> 親民之官，莫過於縣令。比來選司取人，必限書判，且文學政事，本是異科。求備一人，百中無一，況古來良宰，豈必文人。古今已後。
>
> 郎官御史，先於縣令中三考已上，有政績者取，仍永爲常式。〔註82〕

上述詔令，得知唐玄宗主張縣令爲州縣親民官，需加以愼選，方能造福百姓；至於縣令的銓選，除身言書判、文學政事外，亦透過政績優劣之評比，來銓選適當的人材。但安史亂後，因地方財政支出掌握於各藩鎮之手，各藩鎮遇闕不報延攬幕，兼攝州縣官之職，侵奪了中央任命州縣官的權利。

〔註77〕〔西漢〕司馬遷，《史記》卷五，〈秦本紀第五〉，頁 203：「孝公十二年，作咸陽，築冀闕，秦徙都之。并諸小鄉聚，集爲大縣，縣一令，四十一縣，爲田開阡陌。東地渡洛索。」

〔註78〕〔東漢〕班固，《新校本漢書》，卷十九上，〈百官公卿表第七上〉，頁 742：「縣令、長，皆秦官，掌治其縣。萬戶以上爲令，秩千石至六百石。減萬戶爲長，秩五百石至三百石。皆有丞、尉，秩四百石至二百石，是爲長吏。百石以下有斗食、佐史之秩，是爲少吏。」

〔註79〕（元）郝經，《續後漢書》，卷八十六下，頁 1485：「縣令長皆秦官漢因之，大縣署令，千石次置長，四百石小者置長，三百石侯國之相秩次亦如之。掌治民、顯善、勸義、禁姦、罰惡、理訟、平賊、恤民時務，秋冬集課上計，于所屬郡國。」

〔註80〕《通典·州郡下》，縣令，頁 918：「晉制，大縣令有治績，官服以大郡。不經宰縣，不得入爲臺郎。……宋諸縣署令，銅印墨綬，進賢兩梁冠。自晉宋以後，令、長、國相皆如漢制。……孝文初制，縣令能靜一縣劫盜者，兼理二縣，即食其祿；能靜二縣者，兼理三縣，三年遷爲郡守。二千石能靜二郡者，兼理，至三郡，亦如之，三年遷爲刺史。太和中，次職令，其祿甚厚。其後令長用人益雜，但選勤舊令史爲之，而縉紳之流恥居其位。」

〔註81〕《唐會要》，卷六十九，〈縣令〉，頁 1216：「武德元年六月八日，大興長安二縣令，改爲正五品，雍州諸縣令，爲從五品。……開元四年十一月敕，撫字之道，在於縣令，不許出使，多不得上考，每年選補，皆不就此官。若不優矜，何由獎勸，其縣令在任，戶口增益，界內豐稔，清勤著稱，賦役均平者，先與上考，不在當州考額之限。」

〔註82〕《唐會要》，卷六十九，〈縣令〉，頁 1217。

　　面對唐代「內重外輕」的流弊，唐憲宗元和六年（西元 811 年），除壓制
藩鎮，提高唐廷威信外，亦加強縣令之管理與選授：

> 中書門下奏，准建中元年敕，每年授官人，令舉自代狀者。又臣聞周
> 之群寮，委於冢宰，漢之多士，辟於有司。……伏請所舉縣令，到
> 任刑罰冤濫，及有贓犯者，其舉薦官削階，及停見任。書下考。並准
> 元和三年敕處分，委御史臺諸道觀察使嚴加察訪，不得容貸，其諸道
> 所舉官屬，及有狀論薦人，如有贓犯過惡，亦請具名聞奏。量加殿罰。
> 所冀人知戒懼，不敢妄行，爲官擇人，得賢報國。從之。〔註83〕

唐敬宗寶曆二年（西元 826 年）對藩鎮侵奪地方人事權的問題，吏部則上奏：

> 吏部每年集人，及定留放，至於注擬，皆約闕員。近者入仕歲增，
> 員闕日少，實由諸道州府聽奏悉行，致令選司士子無闕，貧弱者凍
> 餒滋甚，留滯者喧訴益繁，至有待選十餘年，裹糧千餘里，累駁之
> 後，方敢望官，注擬之時，別遇勅授，私惠行於外府，怨謗歸於有
> 司，待望明立節文，令自今以後使天下州府內選限不得奏六品以下
> 官。勅旨依奏。〔註84〕

據吏部所奏，藩鎮自行奏薦州縣官，導致後期官闕日少，冗官問題加劇，進
而出現部份官員留滯十年，仍無官可授之窘境。但唐憲宗以前，藩鎮奏舉縣
令的現象，仍相當普遍。

　　隨著後期中央式微，〔註 85〕自武宗朝起，藩鎮奪取州縣官員任用權等問
題更加普遍。〔註 86〕至宣宗朝後中央默許地方縣令的銓選，委託給節度、觀
察使等負責。〔註 87〕終至唐代傾覆，李唐仍無法在收回州縣官的任命之權；

〔註83〕《唐會要》，卷六十九，頁 1220。

〔註84〕《唐會要》，卷七十四，選部上，〈論選事〉，頁 1342。

〔註85〕《唐會要》，卷六十九，頁 1221：「會昌六年五月敕，縣令員數至廣，朝廷難
　　　　悉諳知，吏部注擬，只繫資考，訪聞近日，多不得人。委觀察使刺史於前資
　　　　官及承前攝官，曾有課績人中，精加選擇，具名聞奏，中書門下，勘資歷記。」

〔註86〕〔清〕清高宗，《欽定續通典》（四庫全書本），卷十七，〈選舉〉，頁 15：「至
　　　　（唐）武宗時，以州縣攝官常懷苟且，委本州刺史於當州諸縣分配公勾當，
　　　　如官員數少，力實不逮，即於前資官選擇差攝，不得取散試官充。又令進士
　　　　至合選年，許諸道依資奏授試官充職；如奏授州縣官，即不在兼職之限。又
　　　　縣令闕人，許觀察使於前資攝官內薦論。」

〔註87〕〔清〕董誥等編，《全唐文》（北京：中華書局影印，1983 年第一版），卷七十
　　　　九，宣宗皇帝，〈委觀察選擇縣令制〉，頁 824：「縣令員數至廣，朝廷難悉諳
　　　　知……。委觀察使於前資攝官內精加選擇，當具薦論，如後犯贓連坐，所舉

故有學者主張唐朝文官任用制度的破壞，導致李唐步入滅亡。〔註 88〕

（二）主簿

主簿之職，於戰國秦昭王「主簿刺殺江神」已有記載。〔註 89〕相關職官設置確立於後漢；〔註 90〕歷朝時有廢置，任用之權，多由各縣令決定。直到隋初，以州爲郡佐官以曹爲名，又廢除主簿之職；隋煬帝朝，復置主簿一職，並依郡縣大小，增減員額。〔註 91〕（唐代）主簿的編制，沿襲前朝，赤縣置主簿二員，他縣則一員。但對主簿的銓選，則有時間之別：唐高祖武德初，其屬於流外銓；〔註 92〕高宗時始納入吏部銓選體系。

至於主簿的職掌，多爲付事勾稽、省署抄目，並糾舉縣內非法之事。〔註 93〕官職位階，因州縣等級之別而有不同。〔註 94〕但自唐代中後期起，距京師較遠

人及判官重加懲責。」

〔註 88〕王壽南，〈唐代文官任用制度〉，《唐代政治史論集》（增定本），頁 215～216。

〔註 89〕（明）董說，《七國考》卷一，〈主簿〉，頁 11：「風俗通曰：『秦昭王時，蜀守李冰與江神鬥，主簿刺殺江神。』按玉神云，主簿漢晉有之，不言秦官，應麟失攷也。」

〔註 90〕《後漢書》，卷八十一，〈繆彤傳〉，頁 2686：「後漢繆彤字豫公，仕縣爲主簿。時縣令被章見考，吏皆畏懼自誣，而彤獨證據，掠考苦毒，至乃體生蟲蛆，因轉換五獄，踰涉四年，令卒以自免。」

〔註 91〕《通典》，州郡下，〈總論郡佐〉，頁 910：「郡之佐吏，秦漢有丞、尉，丞以佐守，尉典武職。後漢諸郡各置諸曹掾史，略如公府曹，無東西曹。晉宋以下，雖官曹名品互有異同，大抵略如漢制。北齊上郡太守屬官合二百一十二人，以下郡遞減之，隋初以州爲郡，無復軍府，則州府之職，參爲郡官。故有長史，司馬，錄事參軍，功、戶、兵、法等七曹，稍與今制同。開皇三年，詔佐官以曹爲名者，並改爲司。十二年，諸州司從事爲名者，並改爲參軍。又制，刺史二佐每歲暮更入朝上考課。煬帝置通守，贊治，東西曹掾，主簿，司功、倉、戶、兵、法、士等書佐，各因郡之大小而爲增減。」

〔註 92〕《新唐書》，卷四十九下，〈百官四下〉，頁 1319：「武德元年，改書佐曰縣尉，尋改曰正。諸縣置主簿，以流外爲之。」

〔註 93〕《古今事文聚類‧外集》，卷十五，縣官部，〈主簿〉，頁 10～11。

〔註 94〕《新唐書》，卷四十九下，〈百官四下〉，頁 1318～1319：「京縣：令各一人，正五品上：丞二人，從七品上：主簿二人，從八品上：錄事二人，從九品下；尉六人，從八品下。畿縣：令各一人，正六品上：丞一人，正八品下：主簿一人，正九品上：尉二人，正九品下。上縣：令一人，從六品上：丞一人，從八品下：主簿一人，正九品下：尉二人，從九品上。中縣：令一人，正七品上：丞一人，從八品下：主簿一人，從九品上：尉一人，從九品下。中下縣：令一人，從七品上：丞一人，正九品上：主簿一人，從九品上：尉一人，從九品下。下縣：令一人，從七品下：丞一人，正九品下：主簿一人，從九品上：尉一人，從九品下。」

之藩鎮，對主簿一職，常自行選用。因鑑於此，玄宗天寶五載（西元 746 年），首度規定劍南、瓊山兩郡之主簿以三人爲限；代宗寶應、大歷年間，亦調整鳳翔府、〔註95〕隴鳳州等地之主簿員額。〔註96〕德宗時期，但藩鎮權力的坐大，影響到朝廷之考銓體系，御史大夫崔縱則言「停減州縣正員官五十四員」。〔註97〕愈是趨於唐代後期，中央對地方州縣官的編制與授予，多無法掌握，故出現「荊南一地，闕官十年，不補闕官」等流弊。因鑑於此，宰相張延賞則提出「請減官員，收其祿俸，以資幕士。」〔註98〕

因外在環境的改變，武宗會昌四年（西元 844 年），則視稅額等第之別，裁減州縣的添差員額：

> 每縣各置主簿一員，敕旨，依奏。諸處有佐官處，並不得援引例。……
> 伏奉今年十一月二十二日敕。宜令吏部揀擇，縣邑有人戶五千，稅
> 錢一萬貫以上，與一員官，仍天下州縣所添，不得過四百員者。准
> 敕條流諸添置外，兼於州官內，據稅錢額定等第，及觀察使節度州，
> 量各添置。〔註99〕

照敕文所示，各縣僅能設置主簿一人，該處有佐官者，不設置主簿。至於州縣官員的揀撰，除委託吏部管理外，並按照各縣邑人口、稅收多寡，來調整州縣官員的編制。

（三）縣尉

縣尉，古官也，設置目的在於「尉人心」。〔註100〕漢代大縣置縣尉兩人，小縣置縣尉一人，主管捕盜、解送縣獄，及維持治安；後代縣尉設置，皆因襲漢。〔註101〕至隋煬帝，罷州置郡，郡置太守，改縣尉爲「縣正」，分司以承

〔註95〕《唐會要》，卷六九，頁 1223：「寶應元年十月四日鳳翔府參軍六員，請減兩員，縣丞兩員，減一員。主簿兩員，減一員。簿尉六員，天興縣准此。」

〔註96〕《唐會要》，卷六九，頁 1223～1224：「大歷二年八月十三日，隴鳳兩州，除刺史外。請各置別駕一員，錄事參軍一員，司功司戶各一員，每縣令尉各一員。四年三月四日長安萬年縣丞各減一員主簿一員，尉兩員，昭應縣丞簿一員，尉兩員，好時同官奏，原各減丞尉一員。」

〔註97〕《唐會要》，卷六九，頁 1224。

〔註98〕《唐會要》，卷六九，頁 1225。

〔註99〕《唐會要》，卷六十九，頁 1229。

〔註100〕（宋）歐陽詢，《藝文類聚》（臺北：新典出版社，民 49 年），卷四九，頁 4：「韋昭辯釋名曰：『廷尉、縣尉，皆古官也，尉以尉民心也。』」

〔註101〕《古今事文類聚・外集》，卷十五，縣官門，〈縣尉〉，頁 24：「漢大縣兩尉，小縣一人，長安有四尉，分爲左右部城東南，置廣部尉，是爲左部城，西北

郡之六司。〔註102〕唐代貞觀年間，將「縣正」改回「縣尉」。〔註103〕高宗上元年間，重新頒佈縣尉之章服品第。〔註104〕安史亂後藩鎮勢大坐大，屬官攝官遽增，德宗貞元年間起，禮部員外郎沈既從，提出相關改革之道：

> 京官六品以下，右請各委本司長官自選用，初補稱攝，然後申吏部、兵部，吏部、兵部奏成，乃下勅牒，并符告於本司，是爲正官。考從奏成日計。凡攝官，俸祿各給半。府州佐官，右自長史以下，至縣丞、縣尉，請各委州府長官自選用，不限土、客。其申報正、攝之制，與京官六品以下同。其邊遠羈縻等州，請兼委本道觀察使，共銓擇補授。上州省事、市令，中州參軍、博士，下州判司，中下縣丞以下及關津鎮戍官等，右請本任刺史補授訖，申吏部、兵部，吏部、兵部給牒，然後成官，並不用聞奏。其員數不得踰舊制。雖吏部未報，並全給俸祿。若承省牒，在任與正同。去任後不得稱其官職。若州司以勞効未著而不申者，請不限年月並聽之。〔註105〕

依沈氏所言，京官六品以上的官員，與六品以下的官員選授方式不同；凡六品以下之官，委由各州郡長官自行選用，之後在向吏部、兵部上奏，進而爲「正官」。至於偏遠地區的州縣官銓選，即委由當地觀察使負責，總括整體職官人數，則不得超過舊制等規定。

置明部尉，是爲右部，並四百石，廣綬大冠，主追捕盜賊、伺察奸邪。魏因之。晉洛陽皆置左部尉，宋、齊、梁、陳並因之。」

〔註102〕《隋書》，志卷二十八，百官下，〈隋煬帝官制〉，頁 802：「罷州置郡，郡置太守。上郡從三品，中郡正四品，下郡從四品。京兆、河南則俱爲尹，並正三品，罷長史、司馬，置贊務一人以貳之。主簿，司功、倉、戶、兵、法、士曹等書佐，各因郡之大小而爲增減。……又改郡贊務爲丞，位在通守下，縣尉爲縣正，尋改正爲戶曹、法曹，分司以承郡之六司。」

〔註103〕《唐會要》，卷六十九，〈丞簿尉〉，頁 1222：「武德七年正月敕。每州置大中正一人，掌知州內人物，以本州人聞望者兼領，無品秩，至貞觀初廢，其年三月二十九日，改縣正爲縣尉。」

〔註104〕《唐會要》，卷三十一，〈輿服上〉，章服品第，頁 569：「上元元年八月二十一日敕，一品巳下文官，並帶手巾、算袋、刀子、礪石，其武官欲帶者，亦聽之。文武三品巳上服紫，金玉帶十三銙。四品服深緋，金帶十一銙。五品服淺緋，金帶十銙，六品服深綠。七品服淺綠、銀帶、銀帶、九銙。八品服深青。九品服淺青、並鍮石帶、九銙。庶人服黃銅鐵帶、七銙。前令九品巳上，朝參及視事，聽服黃。以洛陽縣尉柳延服黃夜行，爲部人所毆，上聞之。以章服紊亂，故以此詔申明之。」

〔註105〕《通典》，卷十八，選舉六，〈雜議論下〉，頁 451。

但反觀唐朝後期，因朝廷控制力不同，對藩鎮辟署的管理，亦有所差異，如憲宗元和十四年（西元819年），吏部頒佈州縣官之定額「請用鄆曹濮等一十三州縣官員，共十二州諸各置錄事及司局法等參軍各一員，縣置令、簿、尉各一員。」〔註106〕至於州縣官與幕職官兼任者，僅支給料錢與雜給半數。〔註107〕文宗太和年間，又以料米、職田的支給，掌握觀察州之州縣員額。〔註108〕

總觀唐朝之考銓制度，唐廷不斷頒佈敕文，收回官員之任命權，中央控制力弱，地方藩鎮強勢的風氣，〔註109〕導致當時不少高階士人不願外任；〔註110〕據學者研究，唐初因重縣令及州縣官之選任，使地方政風純良；中後期後銓選之權，淪為藩鎮之手，制度日趨敗壞。各割據勢力，表面上臣服中央，實際上多打著中央名號進行兼併之戰，如朱全忠、李克用等崛起，都透過中央的名號，來打擊對手。〔註111〕相互交戰下，使地方州縣官銓選日趨惡化。

第三節　五代十國幕職州縣官制度之演變

五代時期政治體制雖多承襲前朝，〔註112〕學者亦多視為唐末藩鎮割據勢力的延續。〔註113〕但五代因軍人蠻橫，政權更迭頻繁，各朝君主亦需要利用選任、考核與監察等制度，來鞏固政權，強化行政管理；〔註114〕這方面相關

〔註106〕《唐會要》，卷六十九，〈州府及縣加減官〉，頁1228。

〔註107〕《唐會要》，卷九十一，〈內外官料錢上〉，頁1658～1659：「每月料錢三十貫文，巡官准觀察推官例，已上每員，每月雜給，准時估不得過二十貫文，如州縣見任官充者，月料雜給減半。」

〔註108〕《唐會要》，卷六十九，〈州府及縣加減官〉，頁1228：「太和二年十月，西川觀察使奏，加減管內州官員：彭州濛陽縣、眉州彭山縣、邛州安仁縣、尉各兩員，今請減一員。漢州雒縣、什邡縣、尉各一員，今請更加一員。綿竹縣元無縣尉，今請置尉一員。眉州文學參軍共三員，今請減參軍一員。邛州文學參軍二員，今請減一員。漢州並無文學參軍，今請各置一員。其料課職田祿米等，伏望各依元額支給。從之。」

〔註109〕《唐會要》，卷六八，頁1197：「今朝廷獨重內官，刺史縣令遂輕其選。刺史多是武夫勳人，或京官不稱職，方始外出邊遠之處，用人更輕，所以百姓未安殆由於此。」

〔註110〕王壽南，〈唐代的州制〉，《唐代政治史論集》，（增定本），頁80。

〔註111〕陳志堅，《唐代州郡制度研究》，頁53～54。

〔註112〕《舊五代史》，梁書，〈太祖本紀〉，頁48：「應是唐朝中外文武舊臣，見任前官爵，一切仍舊。凡百有位，無易厥章，陳力濟時，盡瘁事我。」

〔註113〕鄭學檬，《五代十國史研究》（上海，人民大學出版社，1991年），頁37。

〔註114〕黃崇岳主編，《中國歷朝行政管理》（北京：北京人民大學出版，1997年10月），頁436～448。

研究成果較爲貧乏。故本節將加以探討，北宋幕職州縣官制度淵源與基礎。

一、五代十國的幕職官制度

五代幕職官的編制，除承襲前代之外，更額外添增了開封府推官、〔註115〕軍事推官等職官稱謂；〔註116〕至於「軍事判官」制度則更趨於成熟。〔註117〕相較前朝，自五代起各幕職官開始參領州郡事務；〔註118〕同時，使院的幕職官，與州院的曹官混淆情況則日趨嚴重。爲討論方便，筆者將後梁、後唐、後晉及後漢作爲五代前期，後晉、後漢及後周作爲五代後期，將十國部份單獨探討。

（一）五代前期

梁太祖朱溫建國對部份刺史權力加以削弱，〔註119〕但魏博地區的州縣佐官，與幕職官之選授，仍掌握在藩鎮手中，〔註120〕而後梁制度多因襲唐末外，太祖更將開國功臣之子授予幕職官之職，以示酬謝：

> 丁卯，視事於河中，以素服出郊，拜故節度使王重榮墓。尋辟其子

〔註115〕《舊五代史》，周書十九，列傳八，〈王朴〉，頁1679：「王朴字文伯，東平人也。……世宗爲開封尹，拜右拾遺，充開封府推官。世宗嗣位，授比部郎中，賜紫。」

〔註116〕《新五代史》，卷五六，雜傳第四十四，〈呂琦〉，頁644：「呂琦字輝山，幽州安次人也。……琦爲人美風儀，重節概，少喪其家，游學汾、晉之間。唐莊宗鎮太原，以爲代州軍事推官。後爲橫海趙德均節度推官，入爲殿中侍御史。」

〔註117〕（宋）王溥，《五代會要》，卷二五，〈幕府〉，頁395：「後唐同光二年八月八日，中書下奏：『諸道除節度副使兩使判官除授外，其餘職員并諸州軍事判官等。』」然《事物紀原》，卷六，〈軍判〉，33～1。但《五代會要》曰：「後唐天成二年九月十九日，勅刺史州不合有防禦判官，今後改爲軍判官，此蓋置官之本也。」兩者時間有所出入，疑後者誤。

〔註118〕《事物紀原》，卷六，〈判官〉，頁32～1：「五代留府軍監皆置焉，監皆曰幕職，或呼幕客。……五代多故，始領郡事以爲州府職也。」

〔註119〕《舊五代史》，後梁書四，〈太祖本紀第四〉，頁69～70，開平三年六月：「劉知浣，逆黨之中最爲頭角；龍虎軍，親兵之內實冠爪牙。昨者攻取潼關，率先用命；尋則擒獲知浣，最上立功。頗壯軍威，將除國難，所懸黨格，便可支分，許賜官階，固須除授。……立功勅命便授郡府，亦緣同時立功人數不少，所除刺史，難議偏頗。宜令逐月共支給正刺史料錢二百貫文數內，十將張溫一人每月與十貫文，餘二十一人每月每人各分九貫文，仍起七月一日以後支給。人與轉官職，仍勘名銜，分析申奏，當與施行。」

〔註120〕《舊五代史》，後梁書五，〈太祖本紀第五〉，頁86：「魏博管內刺史，比來州務，竝委督郵。遂使曹官擅其威權，州牧同於閑冗，俾循通制，宜塞異端。竝依河南諸州例，刺史得以專達。」

瓚爲節度判官，請故相張濬爲重榮撰碑。帝自中和初歸唐，首依重
榮，至是思其舊德，故恩禮若是。〔註121〕

而後唐對幕職官的管理，自後唐莊宗同光二年（西元 924 年），鑑於節度使辟
屬佐官制度盛行，進行相關調整：

> 近日諸道多是各列官銜，便指州縣，請朝廷之正授，樹藩鎮之私恩，
> 頗亂規程，宜加條制。自今後大鎮節度使，管三州已上者，每年許
> 奏管內官三人；如管三州以下者，許奏管內官二人。仍須有課績尤
> 異，方得上聞。若止於檢愼無瑕，科徵及限，是守常道，只得書考
> 旌嘉，不得特有薦奏。其防禦使每年只許奏一人，若無尤異，不得
> 奏薦、刺史無奏薦之例，不得輒亂規程。〔註122〕

透過上述規定，得知後唐莊宗對藩鎮私自指派官職問題頗爲反感，並限制節
度使奏薦之例，企圖將州縣的人事任用權，收歸中央，一改唐末以來地方編
制紊亂，規定不一等問題。但後期因寵幸宦官與優伶，未如開國之初的雄心
壯志，對地方制度未見改革。

直到明宗天成年間，才對地方藩鎮節度使，奏薦人員及改官等制度，進
一步規定：

> 諸道除節度使及兩使判官除受外，其餘職員并軍事判官，伏以軺車著
> 詠，炎帛垂文，式重弓旌，以光轉俎。……爰自僞梁，頗乖斯義，皆
> 從除授，以佐藩宣。因緣多事之秋，慮爽得人之選，將期推擇式示更
> 張。今後諸道除節度副使、判官兩使除授外，其餘職員并諸州軍事判
> 官等，並任本道本州各當辟舉。其軍事判官，仍不在奏官之限。

明宗天成初年，因勢力尚未穩固，在承認藩鎮權力下，允許藩鎮辟署官員，但
除節度及兩使判官外，其他職官與軍事判官各當辟舉，不在奏官之限。〔註123〕

節度使妄結虛銜，奏請從事之行爲，亦嚴加規定：

> 諸道開置幕府，皆有舊規，奏薦官寮，亦著前式，苟或驟紊，難正
> 澆訛。從前諸道奏請判官，若遇移鎮，便合隨去，若無除授，亦隨

〔註121〕《舊五代史》，後梁書二，〈太祖本紀第二〉，頁28：「六月庚申，帝發自大梁。
　　　　丁卯，視事於河中，以素服出郊，拜故節度使王重榮墓。尋辟其子
　　　　瓚爲節度判官，請故相張濬爲重榮撰碑。帝自中和初歸唐，首依重榮，至是思其舊德，
　　　　故恩禮若是。」
〔註122〕《舊五代史》，志卷一百四十九，〈職官志〉，唐同光二年三月，頁2001。
〔註123〕《舊五代史》，志卷一百四十九，〈職官志〉，唐同光二年三月，頁2002；又
　　　　見《五代會要》，卷二五，〈幕府〉，頁395。

府罷。近年流例，有異從來，使府雖過除移，判官元守舊識。今後
若朝廷除授者，即不繫使府除移，如是自請充職者，便須隨去，如
遇府罷，其職亦罷。又往例，藩鎮帶平章事，奏請判官，殿中已上
許奏緋，中丞而上不許奏紫。今不帶平章事，亦同帶平章事例處分。
如是防禦團練使奏請判官，自員外郎已下，不在奏緋之限。其所奏
判官、州縣官，並須將前任告赤隨奏到京。若是未曾有官，須假職
銜者，亦須奏狀內言並未有官。如是節度觀察留後及權知軍州事，
並不在奏請判官之限。……今日諸道奏請從事，本無官署，妄結虛
銜，不計職位高卑，多是兼請朱紫，不唯紊亂，實啟倖求，深蠹彝
章，須行釐革。宜令諸道州府，仍下管內知州，准敕命處分。〔註124〕

按規定所示，後唐明宗企圖革除藩鎮辟署佐官的弊病，並要求相關奏薦文官，
需由中央認可。儘管後唐二主有心糾正節度使辟署文官之流弊，但現實上卻無
見到藩鎮權限受到牽制。藩鎮跋扈置之不理的結果，終究造成政令無法貫徹。

至於幕職官兼職等問題，明宗後期也頒佈相關敕文：

近聞藩鎮幕職內，或有帶錄事參軍，兼鄰都管內諸州錄事參軍，從
前並兼防禦判官。設官分職，激濁揚清，若網在綱，各司其局，督
郵從事，兼處尤難。沒階則賓主之道虧，下榻則軍州之禮失，須從
改革，式振紀綱。宜令今後諸州府錄事參軍不得兼職，如或才堪佐
幕，節度使須具聞奏，不得兼錄事參軍。鄰都管內刺史州，不合有
防禦判官之職，今後改為軍事判官。如刺史帶防禦團練使額，即得
奏署防禦團練判官，仍不得兼錄事參軍。如此，則珠履玳簪，全歸
客禮，担綱振領，不紊公途，仍付所司。〔註125〕

如敕文所示，朝廷利用統治者的力量，調整部份地區之職官稱謂；此外刺史
是否帶有防禦團練使額，亦影響奏薦屬官的權力；並透過敕文瞭解朝廷嚴禁
幕職官兼職州縣官職務（錄事參軍）。

節度使除自辟幕職官外，兼職州縣官的情況日益嚴重。進而出現軍事、行
政兩種僚佐相互兼攝，或一官分飾兩角等現象；至於在刺史州內，縱然不再設
置「防禦判官」一職，改設「軍事判官」，但也無法挽回藩鎮奪取州縣官權力的
局面，如此演變之下，導致朝廷官闕被藩鎮僚佐所佔，官闕日益減少。

〔註124〕《五代會要》，卷二五，頁 395～396。
〔註125〕《全唐文》，卷一百九，後唐明宗四，〈藩鎮幕寮不準兼職詔〉，頁 1111。

於長興二年（西元 931 年），朝廷針對官多闕少等問題，訂立相關轉遷條例：

> 闕員有限，人數常多，須以高低，定其等級。起今後兩使判官罷任
> 後，一年外與比擬。書記、支使、防禦團練判官等，二年外。推巡、
> 防禦團練推官、軍事判官等，並三年與比擬。仍每遇除授，量與改
> 轉官資，或階勳職次。若文學、智術超羣倫者，不拘月日之限。才
> 器卑陋階緣得事者，即于州縣官中比擬。若州縣官中有文學雄奧，
> 識畧優深者亦於班行諸道判官中比擬任使。〔註126〕

上述行文，獲知幕職官中，若有才疏學淺者，改官則依從州縣官比擬，而州
縣官中若有文學及才幹者，比擬轉任諸道判官。由於各類幕職官位階的差異，
對外比擬、改官年限亦有所殊異。

節度使等判官已下僚佐之考課時限，〔註127〕及各職官出選、除官年限，
亦訂立相關準則：

> 前資朝官及諸道節度觀察判官，近敕罷任一周年後，方許求官。其
> 出選門官，雖準格例送名，未定除官年限，自此應出選門官。亦宜
> 罷任後周年，方許擬議。仍本官自於所司投狀磨勘，申送中書門下。
> 〔註128〕

按照規定，各朝官與諸道節度判官於罷任一年後，方許求官。對於考銓制度
與所司投狀磨勘，即委託中書門下負責。對於幕職官改官過快等問題，額外
訂立其改官年限的規定：

> 刺史准舊例以三年為限，其少尹、上佐官以二十五月為限，府縣官
> 准長定格以三十月為限，其行軍副使、兩使判官已下賓僚，及防禦
> 團練副使、判官、推官、軍事判官，並宜以三十箇月為限。如是隨
> 府，不在此限。〔註129〕

〔註126〕《舊五代史》，志卷一百四十九，〈職官志〉，唐同光二年三月，頁 2002，相
關史料亦見《五代會要》，卷二五，頁397。

〔註127〕《全唐文》，卷一百十，〈後唐明宗五〉，頁1125，〈定節度等使判官已下賓察
考敕〉：「諸道行軍節度、副使、兩使判官已下賓察，及防禦副使、判官、推
官、軍事判官等，若詢前代。固有通規，從知咸自於弓旌，錄奏方頒於綸綍，
初筵備稱，確畫斯陳。朝廷近以旌賞勳勞，均分員闕，稍或便於任使，不免
須議敕除，既當委以禪贊，所宜定其考限，前件職員等，宜令並以三十月為
限。如是隨府，不在此限。」

〔註128〕《全唐文》，卷一百十一，後唐明宗六，頁1135，〈定出選門除官年限敕〉。

〔註129〕《五代會要》，卷二五，頁397。

據規定所示，少佐官需任滿二十五個月，方可轉遷下一職，至於府縣官員，及各節度使下之佐官人員，需任滿三十個月，方可轉官；但隨府人員，則不在此限。利用該規定隱約透露出軍事判官、防禦團練判官等，任職時限、遷轉方式皆遵照同一模式，令人推斷彼等職官位階，應差距不遠。

　　長興元年（西元 930 年）後，隨著朝廷控制力的增加，將地方職官的選授，改由中央銓選。〔註130〕可惜行之不久，末帝繼位後因中央王權的式微，使軍事判官之選授，再度淪入刺史手中，〔註131〕然朝廷面對藩鎮勢力的坐大，則允許一定範圍的「舉官自代」：

　　　　後唐清泰元年正月，尚書吏部員外郎劉匡鼎奏：「臣伏覩建中元年正
　　　　月敕：『中外文武臣寮授官上任後三日，舉一人自代，事下中書，如
　　　　除用選人所薦多者擬議。』多事已來，此勑久廢，今後重乞舉行。」
　　　　從之。〔註132〕

整體而言，後唐幕職制度，在莊宗、明宗兩朝，對幕職州縣官制度編制，與相關職責與權限，較以往更為釐清；自後唐起衍生出諸多職官，如：兩使判官、防禦推官及巡官等稱謂。〔註133〕至於為何導致五代幕職官的複雜化；據筆者推測，其一，君主企圖增加幕職佐官，將幕職佐官的任命權，收歸中央政府，以分散節度刺史之權；其次，利用幕職官的選授，使政治失利者，獲得安棲。〔註134〕然各佐官設置目的，多為地方知州之輔佐，並從事審問罪犯，與審理獄訟等事。〔註135〕

〔註130〕《五代會要》，卷二十五，頁 397：「諸道行軍副使、兩使判官及防禦、團練、
　　　　軍事判官，並請依考限欲滿一月前，本處聞奏朝廷除替。從之。兼上佐、令
　　　　錄、判司、主簿，亦准此指揮。」

〔註131〕《五代會要》，卷二五，頁 397，清泰二年七月，中書門下奏：「自今年三月後，
　　　　諸州刺史奏官判官九人，行之有礙。新勑應在外未知。」敕：「軍判官宜令本
　　　　州刺史自選擇舉奏，且初除本職，未得與官，或與刺史連任相隨，顯有勞能，
　　　　許本州刺史以聞，量事獎擢，仍不得枉有論薦。其三月後九人且與施行。」

〔註132〕《五代會要》，卷四，〈舉人自代〉，頁 64～65。

〔註133〕（宋）謝維新，《古今合璧事類備要・後集》，卷七十七，州官門，〈判官〉，
　　　　頁 13：「後唐長興二年詔有兩使判官、防禦推官、軍事判官等，是時判官多
　　　　本州自辟，自清泰中始擇朝士為之。」

〔註134〕《舊五代史》，卷四十四，唐書二十，〈明宗紀第十〉，頁 609：「河南府推官
　　　　尹譚，六軍巡官董裔、張九忠，河南府巡官張沇、李潮、江文蔚，並勒歸田
　　　　裏，應長流人並除名。六軍判官、殿中監王居敏責授複州司馬，六軍推官郭
　　　　晙責授坊州司戶，並員外置，所在馳驛發遣。」

〔註135〕《全唐文》，卷一百十三，後唐末帝，〈清理庶獄詔〉，頁 1154：「霖霪稍甚，

（二）五代後期

五代後期晉、漢與周三朝，對幕職官的管理亦有變革。後晉高祖石敬瑭割燕雲十六州給契丹，並自稱「兒皇帝」取得政權。面對王朝草創，國內局勢動盪不安，對地方幕職官的選授亦承襲後唐。此外，仿五代各政權，將開國有功的幕職官，加以拔擢，成爲朝廷新貴，如：節度推官竇貞固、節度掌書記桑維翰等官，擢升爲翰林學士。〔註136〕至天福二年（西元937年）才對節度使及副使的替罷，〔註137〕及節度使從事之申薦，規定「今後防禦團練、刺史所奏從事，無名官者不在申薦。」〔註138〕

整體後晉的國勢，因高祖與契丹關係良好脫離外患壓境之窘境，使中央控制力較強方有餘力，管理州縣官員的選授；隨著石敬瑭的去世，少帝石重貴，企圖擺脫稱臣契丹之窘境，〔註139〕引發契丹勃怒，大舉南侵，〔註140〕對幕職

怨伏爲災，朕燭理不明，慮傷和氣。都下諸獄。委御史臺差官慮問；西都差留守判官，藩鎮差觀察判官；刺史州委軍事判官；諸縣委令錄。據見繫罪人，一一親自錄問，恐奸吏逗留，致其淹抑。及時踈理，如是大獄，即具奏聞。」

〔註136〕《舊五代史》，晉書卷七十六，〈高祖本紀二〉，天福元年，頁991～992：「天福元年十一月己亥，帝御北京崇元殿，降制：『改長興七年爲天福元年，大赦天下。……以節度判官趙瑩爲翰林學士承旨、守尚書戶部侍郎、知河東軍府事，以節度掌書記桑維翰爲翰林學士、守尚書禮部侍郎、知樞密院事，以觀察判官薛融爲吏部郎中兼侍御史知雜事，太原縣令羅周岳爲左諫議大夫，節度推官竇貞固爲翰林學士，軍城都巡檢使劉知遠爲侍衛馬軍都指揮使，客將景延廣爲步軍都指揮使，太原少尹李玘爲尚書工部侍郎。』」

〔註137〕《五代會要》，卷二五，頁397，天福二年二月勅：「前任諸道行軍副使等，今後替罷一年後，方得赴闕。其先替在京者，宜令中書門下據見有闕員除授，仍勅諸道知。」

〔註138〕《五代會要》，卷二十五，〈幕府〉，頁397。

〔註139〕（宋）孔仲武，〈書石晉紀後〉，《清江三孔集》（北京：中華書局），卷十八，頁25：「余讀五代史，至石氏時，兵力微弱，何其甚也！蓋自阿保機以來，契丹益大，控弦百萬，有凌踩中國勢。故其喜則蕃鎮爲天子，怒則人主爲匹夫。方其盛也，嘗長驅京師，稅駕宮闕，被帝服而朝羣臣矣。然地非其據，終不自安。既而關河郡縣，皆閉壘而爲敵國，而德光亦承以病死，其闕得勢如此，而猶不能自立于中原，亦見敵之易與也。雖然，御之失其道，則宦官女子尚能搆天下之禍，況契丹乎！使少帝用桑維翰之說，勞謙屈己，以安中國，則晉之社稷，可以無患。而不忍一朝之忿，輕違先帝之盟，雖欲不亡，何可得哉！」

〔註140〕《舊五代史》，卷九十五，晉書二十一，列傳十，〈王清〉，頁1261：「天福九年春，契丹南牧，圍其城清，與張從恩守之，少帝飛蠟詔勉諭，錫之第宅。契丹退以干城。功繼遷軍額。」

官之管理與任職完全無法掌握，導致文官詮選。毫無紀律可言，〔註141〕甚至不乏有幕職官於內憂外患時，反被地方盜賊殺害。〔註142〕

　　自從少帝不願屈事契丹，經數年交戰後被俘，致契丹在短暫統治中原後，因不按中原習性，而退野大漠；待契丹退境，親信大將劉知遠，趁虛佔有天下，建立後漢；〔註143〕即位之初，制度與承襲後晉。〔註144〕對節度判官之奏薦限制：

> 其諸道行軍副使、兩使判官，今後不得行奏薦，委中書門下選。帶使相節度使許奏節度掌書記、觀察支使、節度推官；不帶使相節度使只許奏節度掌書記、節度推官。其防禦團練判官、軍事判官等聽奏薦，仍須精擇才能。其奏薦州縣官，帶使相許薦三人，不帶使相許薦二人，防禦團練、刺史許薦一人，仍舉唐朝、晉朝敕永爲規則。
>
> 〔註145〕

據規定帶使相之節度使，與一般節度使之間，是有所分別的；凡不帶節度使者，僅可奏薦掌書記、節度推官等職官。帶使相者，可對防禦團練判官、軍事判官等職官，加以奏薦；至於州縣官之奏舉，以三人爲限。

　　儘管朝廷企圖管理地方的奏薦員額，但後晉後期及後漢幕職官的選授，多掌握於藩鎮之手，相關升遷隨君主之喜好，毫無準則可言。如蘇逢吉，於

〔註141〕《舊五代史》，晉書卷八十二，晉書八，〈少帝本紀二〉，天福八年秋，頁1083：「十一月庚子，單州軍事判官趙岳奏，刺史楊承祚初夜開門出城，稱爲母病，往青州寧親，於孔目官齊琪處留下牌印，臣已行用權知州事。」

〔註142〕《舊五代史》，晉書卷九十七，晉書二十三，列傳十二，〈楊光遠〉，頁1292～1293「開運元年正月，契丹南牧，陷我博陵，少帝幸澶淵。……冬十一月，承勳與弟承信、承祚見城中人民相食將盡，知事不濟，勸光遠乞降，冀免於赤族。光遠不納，曰：「我在代北時，嘗以紙錢駝馬祭天池，皆沉沒，人言合有天子分，宜且待時，勿輕言降也。」承勳慮禍在旦夕，與諸弟同謀，殺節度判官丘濤，親校杜延壽、楊瞻、白延祚等，梟其首級，遣承祚送於守貞。因縱火大譟，劫其父幽於私第，以城納款，遣即墨縣令王德柔貢表待罪，光遠亦上章自首。少帝以頃歲太原歸命，欲曲全之，執政曰：『豈有逆狀滔天而赦之也。』乃命守貞便宜處置。」

〔註143〕郭武雄，《五代史料探源》（台北：商務印書館，1996年二版），前言，頁3。

〔註144〕《舊五代史》，漢書卷一百，漢書二，〈高祖本紀下〉，頁1339：「乾祐元年正月辛亥朔，帝不受朝賀。乙卯，制：『大赦天下，改天福十三年爲乾祐元年，自正月五日昧爽已前，犯罪人除十惡五逆外，罪無輕重，咸赦除之。』」

〔註145〕《五代會要》，卷二十五，〈幕府〉，頁398。亦可參見《舊五代史》，漢書卷一百，漢書二，〈高祖本紀下〉，頁1339～1340。

後漢開國之初，由節度判官迅速升遷拜同平章事集賢殿大學士。〔註146〕直到
後漢隱帝時期，對節度使奏薦屬官，制訂相關機制：

> 設官分職，朝廷自有規程。薦士延才，州郡合存體式。應諸道節度、
> 防禦、團練、刺史，奏薦判官、書記、支使、推官、令錄、簿、尉
> 等，親人之官不易，入幕之賓尤難。必取當仁，庶聞幹事。守臣奏
> 薦，朝廷選除，素有明文，咸拘定制。近年以來，除人或虧允當，
> 薦士多昧選求，體制既踰，紊亂滋始。遐邇將期於致理，奏除宜在
> 乎擇才，況有舊章，足為常式。其諸道行軍副使、兩使判官，並不
> 得奏薦，委中書門下選除；帶使相節度使，許奏節度掌書記、觀察
> 支使、節度推官；不帶使相節度使，只許奏節度掌書記、節度推官，
> 其防禦團練判官、刺史判官等聽奏，仍許精選才能。其唐朝晉朝前
> 項條貫，並可舉行，永為規制。所奏薦州縣官，自有銓衡，不可侵
> 越。以敕內舊人數，許奏使相三人，不帶使相二人，防禦團練刺史
> 一人為定，仍付所司。〔註147〕

隱帝對諸道節度使奏薦制訂的相當詳盡。儘管如此，節度使任意殺害官派幕
職官抗旨的情況，時有耳聞。〔註148〕郭威篡漢，創立後周，係因前朝殷鑑不
遠，為消弭藩鎮跋扈弊病，減縮府州從事之人數、〔註149〕禮遇前朝舊臣等，

〔註146〕《舊五代史》，漢書卷一百八，漢書十，列傳五，〈蘇逢吉〉，頁 1423：「高祖
建號於太原，逢吉自節度判官拜同平章事，集賢殿大學士。車駕至汴，朝廷
百司庶務，逢吉以為己任，參決處置，並出胸臆，雖有當有否，而事無留滯。
會翰林學士李濤從容侍帝，言及霸府二相，官秩未崇，逢吉旋加吏部尚書，
未幾，轉左僕射，監修國史。」
〔註147〕《全唐文》，卷一百二十一，漢隱帝，〈定節度使奏薦屬官敕〉頁 1219。
〔註148〕《舊五代史》，漢書卷一百一，漢書三，〈隱帝本紀上〉，頁 1349：「秋七月戊
申朔，相州節度使王繼弘殺節度判官張易，以訛言聞。是時，法尚深刻，藩
郡凡奏刑殺，不究其實，即順其請，故當時從事鮮賓客之禮，重足累跡而事
之，猶不能免其禍焉。……乙亥，新授鳳翔節度使趙暉奏，與八作使王繼濤
領部下兵同赴鳳翔，時王景崇拒命故也。」
〔註149〕《五代會要》，卷二十五，〈幕府〉，頁 398：「周廣順元年三月勅：『副留守、
節度副使、行軍司馬、兩京少尹、留守判官、兩使判官，共許差定當直人力，
不得過十五人。諸府少尹、掌書記、支使、防禦團練副使，不得過一十人。
節度推官、防禦團練軍事判官，不得過七人。並取本廳舊當直人力充。若數
少不及新定數目，祇仰舊人數差定，仍令逐處係帳收管，此外如不遵條制，
額外占差人戶，本官當行朝典。』亦可參見《舊五代史》，周書卷一百一十
一，周書二，〈太祖本紀二〉，廣順元年辛卯條，頁 1471。

來鞏固政權；〔註150〕對投降的幕職官，加示籠絡，如：秦州僞命觀察判官趙
玭以本城降，詔以玭爲郢州刺史。〔註151〕

面對前朝選官滯留等問題，後周太祖則提出相關措施解決：

> 仕官之流，自安進退。往者有司拘忌，人或滯流，所在前資，並遣
> 赴闕。輦轂之下，多寄食傭舍之徒；歲月之間，動懷土念家之思。
> 宜循大體，用革前規。應諸道州府，有前資朝官居住，如未赴京，
> 不得發遣。其行軍副使已下，幕職州縣官等，得替求官，自有月限，
> 年月未滿，一聽外居。如非時詔徵，不在此限，但闕員有數，入官
> 者多，苟無定規，必生躁競。〔註152〕

但值得一提的是：原本「幕職官」與「州縣官」兩種體系之職官，至後周開
始並稱，典籍上開始出現「幕職州縣官」一詞。〔註153〕至於幕職官與州縣官
兩者的合流，可藉由文官選任、官員薪俸，與職能三部份來觀察；於「文官
選任」上，最初唐代幕職官，與州縣官乃兩者不同職官體系，安史亂後，藩
鎮使職與幕職官，奪取中央對州縣官得選授，使得諸多詔令與敕文裡，愈是
趨於唐末五代，一併出現的記載也愈多；〔註154〕「官員職錢」上，儘管隨著
戶口及州郡等級有所調整，但兩者職官之薪俸皆同出一轍；〔註155〕至於「職

〔註150〕《舊五代史》，周書卷一百一十一，周書二，〈太祖本紀二〉，廣順元年辛卯條，
頁1471：「詔曰：『故蘇逢吉、劉銖，頃在漢朝，與朕同事。朕自平禍亂，不
念仇讎，尋示優弘，與全家屬。尚以幼稚無託，衣食是艱，將行矜卹之恩，
俾獲生存之路，報怨以德，非我負人。賜逢吉骨肉洛京莊宅各一，賜劉銖骨
肉陝州莊宅各一。』」

〔註151〕《舊五代史》，周書卷一百一十五，周書六，〈世宗本紀二〉，頁1532：「顯德
二年癸丑，秦州僞命觀察判官趙玭以本城降，詔以玭爲郢州刺史。」

〔註152〕《舊五代史》，周書卷一百一十一，周書二，〈太祖本紀二〉，廣順元年，頁
1468～1469。

〔註153〕《全唐文》，卷一百二十五，周世宗，〈定考滿月限詔〉，頁1260～1：「諸道
幕職州縣官，依舊制以三十箇月爲滿，起今年正月一日後，所授官並以三周
年爲月限。」

〔註154〕《唐文拾遺》卷十一，周太宗，〈命在朝文官再舉幕職詔〉，頁10485：「在朝
文資官，各令再舉堪爲幕職令錄者一人。所舉幕職，州縣官罷任後便與除官。
仍並許赴闕。」

〔註155〕《五代會要》，卷二十八，〈諸色雜料下〉，頁447，後周顯德五年：「司錄參
軍，每月正授支料錢三十千貫，考滿并差攝比正官支一半。諸曹判司官，每
月正授支料錢一十二千貫，考滿并差攝，比正官支一半。……司戶、司法，
每月料錢一十千，米麥共三石。……諸司軍事判官，一例每月料錢一十千，
米麥共三石。」

能」上，幕職官和州縣官之間，早有混雜、〔註156〕僚佐兼任。〔註157〕至後周太祖，終將兩種職官體系合而爲一；〔註158〕後周世宗時期，外在考詮制度完備，〔註159〕使幕職官及州縣官兩制度合流，衍生爲新的州縣僚佐制度，結果如圖2-1所示：

圖2-1：唐代後期州級政府行政運作圖

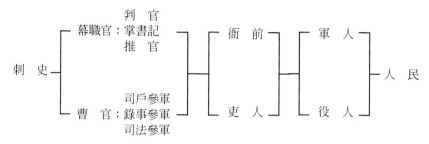

*據宮崎市定〈宋代州縣制度の由來とその特色—特に衙前の變遷について—〉論點所繪。
〔註160〕

顯德二年（西元955年）起，利用節度使調離本區，及限制節度使奏薦

〔註156〕關於唐代至五代使院相互混淆等討論，參閱宮崎市定，〈宋代州縣制度の由來とその特色—特に衙前の變遷について—〉，《宮崎市定全集 10》（東京：岩波書店，1992年7月），頁218～220。

〔註157〕《全唐文》，卷一百九，後唐明宗四，〈藩鎮幕寮不準兼職詔〉，頁1111。

〔註158〕《舊五代史》，周書，卷一百十一，周書二，〈太祖本紀二〉，廣順元年，頁1469：「戊申，詔曰：『朕祗膺景命，奄有中區，每思順物之情，從之欲。將使照臨之下，咸遂寬舒；仕官之流，自安進退。往者有司拘忌，人或滯流，所在前資，並遣赴闕。輦轂之下，多寄食僦舍之徒；歲月之間，動懷土念家之思。宜循大體，用革前規。應諸道州府，有前資朝官居住，如未赴京，不得發遣。其行軍副使已下，幕職州縣官等，得替求官，自有月限，年月未滿，一聽外居。如非時詔徵，不在此限。』」

〔註159〕《全唐文》，卷一百二十五，〈定考滿月限詔〉，頁1260：「諸道幕職州縣官，依舊制以三十箇月爲滿，起今年正月一日後，所授官並以三周年爲月限。閏月不在其內。每年常調選人及諸色求仕人，取十月一日已前到京，下納文解及陳乞文狀，委所司依舊例磨勘注授，至十二月上旬終，並須了畢。便令赴官，限二月終以前到任。……州府亦不得差署攝官替下，如是遭喪停任，身故假滿，非時闕官之時，只可差前資正官及有出身人承攝。如逐處無正官及有出身人，即選清強人承攝，仍依正官例支與俸錢，具名奏聞。」

〔註160〕據宮崎市定，〈宋代州縣制度の由來とその特色—特に衙前の變遷について—〉一文，頁220所言：「五代幕職官與州縣曹官的合流，讓原本各州院之曹官壓縮而裁減，然五代監司戶參軍一人留下外，錄事參軍與司法參軍全部廢止，至後期錄事參軍與司法參軍才逐漸恢復。」對於司戶參軍與錄事參軍的設置與廢除，則於五代前期州縣官部份討論，於此不加贅述。

員額兩種方式，來削弱諸府節度藩鎮的勢力。〔註161〕對幕職州縣官之品秩，
與刑罰懲處，則頒佈相關規定：

> 今後定罪，諸道行軍司馬、節度副使、副留守，准從五品官例；諸
> 道兩使判官、防禦團練副使，准從六品官例；節度掌書記、團判官、
> 兩蕃營田等使判官，准從七品官例；諸道推巡及軍事判官，准從八
> 品官例；諸軍將校內諸司使、使副、供奉、殿直，臨時奏聽敕旨。」
> 由是內外品官當贖之法，始有定制焉。〔註162〕

透過上述詔令，除對幕職官訂立明確品秩外，亦要求在朝文官奏舉幕職官。
〔註163〕至於幕職官之銓選考課，亦頒佈相關敕文：

> 諸道幕府州縣，起今日正月一日後，所授官並以三周年爲限，閏月
> 不在其內。其每年常調選人及諸色求任人，取十月一日以前到京下
> 納文解及陳乞文狀，委所司依舊例磨勘注授。至十二月上旬中，並
> 了，畢便令赴官，限二月終已前到任。若違程，本處不得放上。且
> 舊官在任，如是無故違限，依格殿選。其有故違程者，須分明出給
> 得所在憑由，許至前冬赴集。今年赴任者不在此限。其特敕除授，
> 及隨幕判官赴任，不拘日限。應授官人，至滿日替人未到間，宜且
> 令守本官，至張公事，依舊請俸。州縣亦不得差置攝官替下，如是
> 遭喪、停任、身故、假滿、非時缺官之時，祇可差前資正官及前有
> 出身人承攝。如逐處無正官及有出身人，即選請疆官承攝，仍依正
> 官例支與俸錢，具名聞奏。〔註164〕

依據敕文獲知幕職州縣官考課除官，以週年爲滿；又規定選人改官，需於每年
十月一日到京，納文解及文狀，每年十二月中旬，完成相關銓選項目，至次年
二月以前，前往任所赴闕，若未到準時赴任者，延長守選時限，以爲懲處。

〔註161〕《舊五代史》，周書卷一百一十五，周書六，〈世宗本紀二〉，顯德二年，頁
1531：「六月己酉，以曹州節度使韓通充西南面行營都虞候。丙辰，以亳州防
禦使陳思讓爲邢州留後。庚申，詔：『兩京及諸道州府，不得奏薦留守判官、
兩使判官、少尹、防禦團練軍事判官，如是隨幕已曾任此職者聽奏。防禦團
練刺史州，各置推官一員。』辛酉，廢景州爲定遠軍。癸亥，以前延州節度
使袁羲爲滄州節度使，以前邢州節度使田景成爲鄧州節度使。」相關史料亦
見《五代會要》，卷二五，〈幕府〉，頁398。
〔註162〕《舊五代史》，志卷一百四十七，志九，〈刑法志〉，頁1974，周顯德五年七月。
〔註163〕《五代會要》，卷四，〈舉人自代〉，頁65：「顯德四年六月敕『一應在朝文資
官，各令再舉堪充令、錄及兩使、團練、軍事判官者。』」
〔註164〕《五代會要》，卷二十一，〈選事下〉，頁346～347，周顯德五年正月十日勅。

後周世宗對州府奏薦等情形，則規定：

> 兩京及諸道州府，不得奏薦留守判官、兩使判官、少尹、防禦團練
> 軍事判官，如是隨幕已曾任此職者聽奏。防禦團練刺史州，各置推
> 官一員。〔註165〕

由上述行文，可知諸藩鎮仍有增置官員的空間、權限。但總觀後周的幕職官
編制，乃較五代其他政權完備。

（三）十國幕職的設置

十國政局的統治者，因出身軍旅，對唐末藩鎮割據特別關注。現實環境
裡，因土地縮小，境內雖不見節度使獨佔之弊，但在用人上不免任用親信為
幕僚；各統治者常隨著自我政權的強弱，企圖收回藩鎮之權限。〔註166〕但與
五代幕職官相較，十國之官制較不健全；五代幕職裡的防禦判官、留守推官、
防禦推官、軍事推官及軍監推官等，在十國政權中，並不存在。

各政權對於幕職官的管理，亦有顯著的差異。以吳來講，幕職官多由節
度使、藩鎮辟署，私屬性較強，〔註167〕主帥可任意辟署與殺奪；〔註168〕而前
蜀，幕職官的任用，多偏好名士，來提高統制的影響力和權威性。〔註169〕但
亦有現節度使與自辟的屬官，出現關係不融洽等現象，如：

> 王宗憲鎮寧江日，辟隱辭為節度掌書記。宗憲起家武人，頗務誅求，
> 多為恣橫，隱辭數數進諫。宗憲頗不平，無復賓客之禮，對將吏咄
> 責之。隱辭求退職，又不許，遂詠白鹽山灩澦堆詩刺之。宗憲聞而

〔註165〕《舊五代史》，周書卷一百一十五，周書六，〈世宗本紀二〉，頁1531，顯德二年
庚申，詔：「兩京及諸道州府，不得奏薦留守判官、兩使判官、少尹、防禦團練
軍事判官，如是隨幕已曾任此職者聽奏。防禦團練刺史州，各置推官一員。」

〔註166〕宋靖，〈十國地方行政考〉，收錄於任爽主編，《十國典制考》（北京：中華書
局，2004年），第六章，頁285。

〔註167〕清木場東，〈吳、南唐地方行政の變化と特徵〉，《東洋學報》56卷2、3、4
合刊，1975年，頁176～183。

〔註168〕〔清〕吳任臣，《十國春秋》，卷六，吳六，〈劉存〉，頁5：「（劉）存在舒州
時，常辟署儒生霍某為團練判官，已而以讒言縊之于獄。至是存征湖南，有
舒州人夢霍生，自司命祠中出，撫掌大笑曰：『吾罪得雪矣！』時霍生婦兄馬
鄴為黃州刺史，有夜叩齊安門者曰：『舒州霍判官』，將往軍前，與使君借馬，
守陴者以告鄴，歎曰：『劉公枉殺霍生，今此人往矣！寧無禍乎？』數日，存
果敗績死焉。」

〔註169〕《十國春秋》，卷四四，前蜀十，〈王仁裕〉，頁3：「年二十五始就學，而為
人儁秀，以文辭知名，秦隴間，秦帥辟為秦州節度判官。」

發怒，忽一日于江干飲酣，仰視白鹽，斜睨灩澦，曰：『剛有破揩大
欲於此死。』遂令壯士拽隱辭離席，繫手足于砂石上暴之。護軍實
幕多方救之，不可得。宗憲顧左右曰：『待吾飲罷，投入水中。』隱
辭屬聲曰：『昔鸚鵡洲致溺禰處士，今灩澦堆欲害劉隱辭。我雖不及
禰衡，足下爭同黃祖。豈有不存天子，塗炭賢良，但得留名，死亦
宜矣！宗憲怒漸解，良久舍之。明日軍府請宗憲召隱辭引謝，隱辭
竟託疾遁歸。〔註170〕

透過王宗憲與劉隱辭間的矛盾，說明隱辭雖被辟署爲寧江掌書記，但非王宗
憲的心腹，〔註171〕且因屢次建言，惹來王宗憲的不滿與殺身之禍；縱然王宗
憲未殺害劉隱辭得逞，欲顯露出前蜀鎮將對下級的掌書記之間的衝突；其次，
亦間接透露前蜀鎮將，在地方仍具有相當大的勢力。

　　至於後蜀，於廣政四年（西元 941 年）任命文臣爲「知節度事」，入各節
度州主管軍政要務，以消除藩鎮節度使自行任命僚佐，處理事務之弊。〔註172〕
之後將幕職委以官派。〔註173〕南漢部份，藉由延攬漢人入幕，及刺史改文人
等方式，來削弱藩鎮的勢力。〔註174〕而北漢，傾向多以高祖開國功臣，授予
幕職官，或將其擢升爲高官。〔註175〕南唐，於建國之初，頒佈「禁節度、刺
史給攝署牒」之詔令，〔註176〕將地方幕職官的選授，改由中央委派。〔註177〕

〔註170〕　《十國春秋》，卷四十二，前蜀八，〈劉隱辭〉，頁 290。
〔註171〕　《十國典制考》，頁 284。
〔註172〕　《十國春秋》，卷四十九，後蜀二，〈後蜀本紀〉，頁 6：「廣政四年三月甲戌，
　　　　　以翰林學士承旨李昊知武寧軍，散騎常侍劉英圖知保寧軍，諫議大夫崔鑾知
　　　　　武信軍，給事中謝從志知武泰軍，將作監張讚知寧江軍。先是節度使多領禁
　　　　　兵，或以他職留成都委僚佐知留務，專事聚斂，政事不治，民無所訴，帝知
　　　　　其弊，因使諸臣各知節度事，署與正帥有異。」
〔註173〕　《十國春秋》，卷五十五，〈後蜀八〉，頁 5：「後主命韓繼勳領雄武軍節鎮，
　　　　　而成州則其支郡也，因署玭秦成階等州觀察判官。」
〔註174〕　《十國春秋》，卷五十八，南漢一，〈列宗世家〉，頁 4：「高祖名龑，初名巖，
　　　　　代祖庶子也。……巖多延中國人士於幕府，出爲刺史，由是刺史無武人。」
〔註175〕　《十國春秋》，卷一百四，北漢一，〈世祖本紀〉，頁 2：「乾祐四年春正月戊
　　　　　寅，帝即位于晉陽，仍用乾祐年號，所有者并汾、忻、代、嵐、憲、隆、沁、
　　　　　遼、麟石諸州之地，以節度判官鄭珙爲中書侍郎，觀察判官趙華爲戶部侍郎
　　　　　並同平章事。」此外《十國春秋》，卷一百八，北漢五，〈趙弘〉，頁 2～3：「入
　　　　　洛舉進士，琦薦于主司馬裔孫擢甲科，歷徐兗陳許四鎮從事。高祖時，爲河
　　　　　東掌書記，弘給捷善戲謔，世祖雅愛之，及稱帝，累官至翰林承旨兵部尚書。」
〔註176〕　《十國春秋》，卷十五，南唐一，〈烈祖本紀〉，頁 16：「昇元六年六月，辛巳，
　　　　　禁節度刺史給攝署牒。」

各藩鎮對待中央委派之職官，完全不如前蜀，有所謂相互矛盾的現象，反對各節度藩鎮對待各幕職常頗爲禮遇。〔註178〕

南唐對幕職官編制，隨著統治者權力的增強而收歸中央。至元宗交泰年間，中央已完全控制選授權。〔註179〕至於南方的楚、〔註180〕吳越等政權，〔註181〕幕職官的選授，仍掌控在諸道藩鎮之手。至於閩，因景宗暴虐無道，景王之弟王延政數度勸諫，導致兄弟反目，進而自立國號，將藩鎮幕職之佐官，跳級晉升爲京官。〔註182〕

十國政權，以荊南幕職官編制最爲特殊，因其政權奉後唐爲正朔。後唐之際，縱然藩鎮有辟署幕職之念，但文臣常自視爲唐臣，恥爲藩鎮之屬，〔註183〕當後唐政局不穩之際，不少官員則避身於荊南。〔註184〕

二、五代十國的州縣官編制

五代十國的州縣官委派，伴隨王權勢力的消長，時有區隔；前期後梁制度如唐末制度之延續，但亦有所變革；後唐立國儘管企圖消減藩鎮氣勢過盛之弊，但隨著政權的更迭，改革聲浪亦銷聲匿跡；日後繼起的政權，如後晉與後漢，

〔註177〕清木場東，〈吳、南唐地方行政の變化と特徵〉，頁 183～207。

〔註178〕《十國春秋》，卷二十二，南唐八，〈王彥儔〉，頁 2：「元宗時，擢康化軍節度使，時給事中常夢錫用直諫左遷判官，彥儔待之盡禮，如在朝廷人士稱之。」

〔註179〕《十國春秋》，卷二七，南唐十三，〈鍾蒨〉，頁 14：「交泰時，齊王景達都督撫州，朝廷慎選僚佐，除觀察判官檢校屯田郎中。」

〔註180〕《十國春秋》，卷七三，楚七，〈拓跋恒〉，頁 4～5：「拓跋恒，本姓元，避景莊王偏諱，改今姓，少以才學見稱武穆王時，以學士兼僕射，衡陽王罷建國之制，降稱節度判官，文昭王開天策府，乃以廖匡圖、李宏皋等十八人爲天策府學士。」

〔註181〕《十國春秋》，卷八十三，吳越七，〈廣陵郡王元璙〉，頁 12：「時有丁（守節）陳（贊明）范（夢齡）謝（崇禮）四人，皆廣陵王客也，文奉署爲節度推官。」

〔註182〕《十國春秋》，卷九十二，閩三，〈天德帝本紀〉，頁 8：「天德帝名延政，景宗弟也。景宗立，拜延政建州節度使，封富沙王，景宗肆爲酗虐，延政數貽書切諫，景宗怒，舉兵相攻，兄弟遂成讐敵。久之，延政以建州開國，自立爲帝國，號曰大殷，改永隆五年爲天德元年，升將樂縣爲鏞州，以永平鎮爲龍津縣，尋置鐔州，立皇后張氏，以節度判官潘承祐爲吏部尚書，節度巡官楊思恭爲兵部尚書。」

〔註183〕《十國春秋》，卷一百二，荊南三，〈梁震〉，頁 6：「梁開平初歸蜀，道過江陵，武信王喜其才識，留之不遣，欲奏爲判官，震自以唐臣，恥爲強藩屬吏。」

〔註184〕《十國春秋》，卷一百二，荊南三，〈孫光憲〉，頁 7：「孫光憲字孟文，貴平人，……唐時爲陵州判官，有聲，天成初避地江陵，武信王奄有荊土，招致四方之士，用梁震薦入掌書記。」

因國祚過短及北方強敵壓境，對州縣官選授較少關注；直到後周立國，於君主勵精圖治的改革下，一掃五代藩鎮壟斷州縣官之選授問題；至於，南方十國政權，因外在環境的侵擾較少，多數政權皆頗重州縣官的選授。

在歷史分期上，五代後晉天福四年以前，制度多延用後唐典制，因而視為五代前期。在整體環境中，節度使權力坐大，並佔據部份州縣官的授予及任用，導致中央頒佈的律令，無法深入民間。但自後周太祖建國，對藩鎮勢力過大，加以整頓。至於十國部份則單獨討論，茲分序如下：

（一）五代前期

後梁立國之初，頒佈州縣官之配置「開封府錄事參軍及六曹掾屬，宜各置一員，兩畿赤縣置令、簿、尉各一員。」〔註185〕但開平二年起（西元908年），有意裁減諸府州六曹掾屬，如：錄事參軍、司法參軍等職官；各州僅存戶曹參軍一員，通判六曹。〔註186〕但鑑於唐末節度使奏官頻繁、縣令選用制度不嚴，〔註187〕及藩鎮支使權力過大之貌，則頒佈「天下諸州鎮使，官秩無高卑，在縣令之下」等詔令。〔註188〕

乾化二年（西元912年）對州縣官妄自請託等問題，亦訂立懲處條例：

> 夫隆興邦國，必本於人民；惠養疲羸，尤資於令長。苟選求之踰濫，
> 固撫理之乖違。如聞吏部擬官，中書降授，或緣親舊所請，或為勢要
> 所干，姑徇私情，靡求才實。念茲蠹弊，宜舉條章，今後應中書用人，
> 及吏部注擬，並宜省藩身之才業，驗為政之臧否，必有可觀，方可任
> 用如。或尚請託，猶假貨，其所司人吏，必當推窮，重加懲斷。〔註189〕

據後梁所頒佈之條例，獲知梁太祖企圖將州縣官地銓選收歸吏部注擬，至於官員銓選，如有請託，嚴加懲辦。

至於後唐，對州縣官的控制；於天成元年（西元926年）起，開始限制各藩鎮銓選州縣官之權，並公告：

> 先朝以選既無，攝官尤多，近年以來，銓注無幾，遂至諸道州縣，

〔註185〕《五代會要》，卷二十〈中外加減官〉，頁323，梁開平元年四月勅。

〔註186〕《五代會要》，卷二十〈中外加減官〉，頁323：「梁開平二年十月，省諸道府州六曹掾屬，存戶曹參軍一員，通判六曹。」

〔註187〕《舊五代史》，梁書五，〈太祖本紀五〉，頁79：「開平三年宜令河南府、開封府及諸道觀察使切加鈐轄，刺史、縣令不得因緣賦歛，分外擾人。」

〔註188〕《五代會要》，卷十九，〈縣令上〉，頁313，開平四年四月敕。

〔註189〕《五代會要》，卷十九，〈縣令上〉，頁313。

悉是攝官，既無考課之規，豈守廉勤之節？而況多因薦託，苟徇請
求，替罷不常，迎送爲弊。殘民害物，熾然成風，言念所聞，焦勞
何已！宜令三司及諸道州府，據見任攝官，如未有正官，具差攝月
日，錄名申奏。如已後或爲公事及月限已滿，乞行替移，即須具因
由，并選差將來攝官歷代職任姓名，聞奏替免，無故頻有替換。如
有內外臣僚，輒行薦託，當舉憲章。〔註190〕

按上述規定，得知明宗企圖改正藩鎮攝官、薦託請求之弊；以州縣之事
務繁簡程度分配職官的員額，〔註191〕加強對州縣官之管理。天成二年（西元
927 年）則對幕職兼職錄事參軍等現象，嚴加禁止。〔註192〕

對於各職官之工作職掌，與獎懲規則，則在天成三年（西元 928 年）頒
佈相關敕文，以示釐清：

伏以縣令之職，徵賦爲先，若違限逋懸，自有罰責。如及期了畢，
不謂功勞。況今無疆名之科徭，絕虛係之稅額，百姓據見苗輸納，
官中有指限程期，蓋緣每及徵科，事歸煩擾，未容輸納，已切催驅。
州郡則推勘吏人，縣邑則禁繫人戶，雖云提舉，貴在徵求，動涉旬
時，固須妨事，縱及期限倍困黎民。自今後請祗委主簿、縣令勾當，
不得更置監徵。每一州之中，止限畢日委錄事參軍磨勘，取最後逋
欠縣分，具本佐名銜，申三司使舉奏，明行責罰。〔註193〕

按規定縣令以徵稅爲先；提舉、催收租稅之事，則委託主簿、縣令共同負責。
當稅收徵收完畢，需向上呈報，由州級之錄事參軍查驗數額；若驗證無誤，

〔註190〕《五代會要》，卷十七，〈試攝官〉，頁 279。
〔註191〕《五代會要》，卷二十，〈中外加減官〉，頁 324：「後唐同光二年四月，三銓
奏：『准本朝故事，州府官員，府有司錄參軍外，置工曹、倉曹、戶曹、法曹、
兵曹、士曹六員；州有錄事參軍外，亦置六曹。縣置令、丞、主簿各一員，
尉三員，分判公事。自後除兩京外，都督府及諸州各置戶曹一員，餘四員並
省。縣置令、主簿各一員，丞、尉並省。除合格選人外，有郊天行事，人數
倍多。況州縣事簡，椽曹請依舊只置兩員。縣局務繁，請添佐官一員。其間
有尉無簿者，請添置主簿一員。其赤縣、次赤縣、畿縣、次畿縣，並准此除。
四京外，其判司只置司戶、司法兩員。』從之。」
〔註192〕《五代會要》，卷十九，〈縣令上〉，頁 314：「後唐天成二年九月十九日敕：『近
聞藩鎮幕職內，或有帶錄事參軍，兼鄰都管內諸州錄事參軍，從前並兼防禦
判官。設官分職，激濁揚清，若網在綱，各司其局。督郵從事，兼處尤難，
沒階則賓主之道虧，下榻則軍州之禮失。須從改革，式振紀綱，不得兼錄事
參軍。』」
〔註193〕《五代會要》，卷十九，〈縣令上〉，頁 314～315。

委由錄事參軍將縣令、佐官的姓名登載，申報至三司，爲爾後升遷改官之憑據。〔註194〕但自後唐起，君主逐漸開始委派文官，出任州縣官等現象，依長定格所示：「讓經學出身者，經一任三考，擬注縣令，下州錄事參軍；若經兩任四考，則許注中下縣令及中州錄事參軍，相關模式按照考績成績，依此類推」；〔註195〕若年過四十者，則額外參用其他的遷轉規定：

> 年四十，始得經學及第，八年合選，方受一官，在任多不成三考，
> 第二選漸向蹉跎，有一生終不至令錄者，若無改革，何以發揚。自
> 此經學出身，請一任兩考，許入中一縣令、下州錄事參軍者。〔註196〕

透過相關詔令，顯示出朝廷對經學出身者，加以拔擢外；凡過四十者，對於考選的規定，則允已放寬；此外，利用考銓機制，將州縣官一職，授予文臣。〔註197〕

後晉時期，對州縣佐官的編制，在天福四年（西元 939 年）前，制度多遵照後唐典制。整體大環境裡，節度使爲武人所充任，導致中央頒佈的敕令，無法貫徹。自天福五年（西元 940 年）起，對縣令等州縣官員之選授，及其犯罪之懲處，亦有所本：

〔註194〕（宋）王欽若等撰，《冊府元龜》，卷六百三十二，〈銓選部〉，條制四，頁 6：「同光二年三月中書門下奏：『賞善罰惡，致理之源，選材任能，爲政之本。所在刺史縣令，有政績尤異，爲所知，或招復戶口，能增加賦稅者，或辨雪冤獄，能活人生命者。及去害物之積弊，立利人之新規，有益於州縣，爲眾所推者。即仰本處逐件分明開奏，不得輒加緣飾，以爲浮詞。據事狀不虛，則加獎激，以勸能吏。如在任貪猥，誅剝生靈，公事不治，爲政急情，具事節聞奏。勘覈不虛，當加譴罰，以戒慢官。其州縣官任三考滿，即具關申送吏部格式。候敕除銓注。本道不得擅差攝官，輒替正授者，從之。』」

〔註195〕《五代會要》，卷二十一，〈選事下〉，頁 343～344：「准長定格應經學出身人，一任三考，許入下縣令、下州錄事參軍，亦入中下州錄事參軍；兩任四考，許入中下縣令、中州錄事參軍；兩任六考，許入上縣令及緊州錄事參軍。凡爲進取，皆有因依，或少年便受好官，或暮齒不離卑任。」詔曰：「參選之徒，艱辛不一，發身遲滯，到老卑低，宜優未達之人，顯示惟新之澤。其經學出身，一任兩考，元敕入下縣令、下州錄事參軍，起今後更許入中下縣令、中州下州錄事參軍；一任三考者，於人戶多處州縣注擬，如於近敕條內，資敕無相當者，即準格循資考入官；其兩任四考者，準二任五考例入官，餘準格條處分。」

〔註196〕《五代會要》，卷二十一，〈選事下〉，頁 344。

〔註197〕《五代會要》，卷二十一，〈選事下〉，頁 344：「詔曰：『參選之徒，艱辛不一，發身遲滯，到老卑低，宜優未達之人，顯示惟新之澤。其經學出身，一任兩考，元敕入下縣令、下州錄事參軍，起今後更許入中下縣令、中州下州錄事參軍；一任三考者，於人戶多處州縣注擬，如於近敕條內，資敕無相當者，即準格循資考入官；其兩任四考者，準二任五考例入官，餘準格條處分。』」

自今後，管內縣令有犯贓事發，州府不舉者，連坐錄事參軍。錄事
參軍有贓犯事發，刺史不舉者，連坐刺史。刺史有贓犯事發，觀察
使不舉，連坐廉使。……今後縣令有贓犯，錄事參軍不舉；錄事參
軍有贓犯，刺史不舉；刺史贓犯事發，觀察使不舉，其所司奏聽勑
旨。〔註 198〕

藉由長官連坐方式，使州縣官員間相互監督，避免貪贓枉法；同時，參照後
唐諸道佐官員的旌賞條例，詳細規定戶口增加，及增添租稅者，方允以加官
轉資，〔註 199〕但隨著後漢沙陀人入主中原，使得諸多規定流於形式。但整體
後漢政權，亦針對縣令及諸色選人的入仕年齡加以規定，〔註 200〕可惜政權滅
亡過速，使政令形同具文。

（二）五代後期

後周較五代其他政權，著重州縣官的詮選；除禁止差遣軍將下縣外，更
釐清州府職權與縣級關係。〔註 201〕廣順元年（西元 951 年），則頒佈道府州縣
官銓選勑文：

今後應諸道州府錄事參軍、判司、縣令、主簿等，宜令本州府以到
任月日，旋具申奏及報吏部。此後中書及銓司，以到任月日用闕，
永爲定制。其見在州縣官，限勑到仰便具先到月日，一齊分申及報
吏部。其有諸色事故及丁憂，並請假十旬滿闕，亦仰旋具申奏，兼
報吏部。其新授官，准令式給程限外，如不到任參上，致本處無憑

〔註 198〕《五代會要》，卷二十一，〈選事下〉，頁 319。
〔註 199〕《五代會要》，卷二十，頁 320，天福八年三月十八勑：「諸道州府令、佐，
在任招攜戶口，比初到任交領數目外，如出得百戶以上，量添得租稅者，縣
令加一階，主簿減一選。出二百戶以上，及添得租稅者，縣令加二階，主簿
減兩選。出三百戶以上，及添得租稅者，縣令加兩階，減兩選，別與轉官。
主簿加兩階，減一選。出四百戶至五百戶以上，及添得租稅者，縣令加朝散
大夫階，超轉官資，罷後許非時參選，仍錄名送中書；如已授朝散大夫，及
已出選門者，即別議獎酬。」
〔註 200〕《舊五代史》，卷一百四十八，志十，〈選舉志〉，頁 1985：「漢乾祐二年八月，
右拾遺高守瓊上言：『仕宦年未三十，請不除授縣令。』因下詔曰：『起今後
諸色選人，年七十者宜注優散官；年少未歷資考官，不得注授令錄。』」
〔註 201〕《舊五代史》，卷一百一十三，周書四，〈太祖本紀〉，頁 1497～1498：「京
兆、鳳翔府、同、華、邠、延、鄜、耀等州所管州縣軍鎮，頃因唐末藩鎮殊
風，久歷歲時，未能釐革，政途不一，何以教民。其婚田爭訟、賦稅丁徭，
合是令佐之職。其擒姦捕盜、庇護部民，合是軍鎮警察之職。今後各守職分，
專切提撕，如所職疏遺，各行按責，其州府不得差監徵軍將下縣。」

申奏到任月日，便仰吏部同違程不上收關使用。其諸色見關，亦不得差官權攝，輒便隱留。如違敕條，罪在本判官、錄事參軍、孔目官以下。〔註202〕

企圖將州縣官之銓選與授官，委託吏部全權負責，一改唐末五代時期，諸道藩鎮任意選授州縣官之弊端。至於文官的考課轉遷，仍以州縣官收租，〔註203〕戶口增減爲依據。〔註204〕

　　對於縣令的選授，自後周世宗起，除矯前朝之弊，更選擇留心民事者，充任刺史、縣令。〔註205〕顯德五年（西元958年）十一月，對州縣官人數的編制，亦規定「兩京五府各置少尹、司錄、錄事參軍等兩員，其他州縣僅置一員；州縣曹官僅置司戶、司法參軍一員，其餘曹官或諸州觀察支使、兩藩判官皆宜廢除」。〔註206〕

　　綜觀後周制度的整頓，除釐清州府職權與縣級關係外，對州縣官銓選的任用與銓選皆相當重視；在文官轉遷上，以租稅多寡及戶口增減爲根據。縱然至今無法證明政令對地方制度的實質改變。但整套制度卻也爲北宋初年所承襲。此外，著重州縣官人數的編制，爲宋初地方權力收編奠定基礎與先河。

〔註202〕《五代會要》，卷二十，〈縣令下〉，頁321。

〔註203〕《五代會要》，卷二十，〈縣令下〉，頁321～322：「後周廣順元年八月勅：『起今後秋夏徵賦；省限滿後，十分係欠三分者，縣令、主簿罰一百直，勒停。錄事參軍、本曹官罰七十直，殿兩選。……其州縣徵科節級所由，委本州重行決責。其本判官、錄事參軍、本曹官、孔目、勾押官典，即取一州上比較；縣令、主簿即取本縣都徵上比較分數。應州縣令、錄、佐官在任徵科，依限了畢者，至參選日，四選以上者減一選，不及四選者即與轉官。』」

〔註204〕《五代會要》，卷二十，〈縣令下〉，頁322：「（廣順元年）九月勅：『起今後，罷任縣令、主簿招添到戶口，其一千戶以下縣，每增添滿二百戶者，減一選；三千戶以下縣，每三百戶減一選；四千戶以下縣，每四百戶減一選；萬戶以下縣，每五百戶減一選。並所有增添戶口及租稅，並須分明於歷子解由內錄都數。若是減及三選以上，更有增添及戶數者，縣令與改服色，已賜緋者與轉官。其主簿與加階轉官。』」

〔註205〕《資治通鑑》，卷二百九十三，〈後周紀四〉，世宗睿武孝文皇帝中，頁9555：「顯德三年七月，辛卯朔，以周行逢爲武平節度使，制置武安、靜江等軍事。行逢既兼總湖、湘，乃矯前人之弊，留心民事，悉除馬氏橫賦，貪吏猾民爲民害者皆去之。擇廉平吏爲刺史、縣令。」

〔註206〕《五代會要》，卷二十〈中外加減官〉，頁324：「顯德五年十一月勅：『兩京五府少尹、司錄、參軍先各置兩員，今後只置一員；六曹判司內，只置戶曹、法曹各一員；其餘曹官及諸州觀察支使、兩藩判官，並宜省廢。』」

（三）十國州縣官

十國地方制度的編制，亦採取州、縣二級；但因地處邊陲，疆土較小，除南唐與後蜀，州縣官制度較為完善外，大部分各國僅置縣令或主簿，並無縣丞的設置。而較特殊的是十國各政權，對州縣官的銓選，較五代重視，與宋人認為五代任官多齪齪無能、至昏老不任之現象，有所差異。〔註207〕

以吳來說，統治者著重州縣官的銓選，貪贓受賂者加以嚴辦，〔註208〕相關懲處條例，促成不少士人願意放棄高位，擔任縣令。〔註209〕至於前蜀，於高祖立國之初，對州縣官的懲處，也有相當規準：

> 其有徭役不一、刑法不中、鄉縣凋弊、賦稅舖懸，必當分命使臣，大名黜陟。若清廉可獎，課績有聞，或就轉官資，或超加任用，並舉勸懲之名，以彰悔過之名。〔註210〕

按照規定，以州縣官的考績，作為轉遷升官之依據。政績優良者，加以超任拔擢，以勸懲之名，要求不法者改正；但後主時期，則一改高祖著重地方官銓選的局面。

後主王衍繼位後，先後發生華陽縣尉張士喬建言，反被奪職之案例，〔註211〕及不採納縣令的建言，一意孤行，終至戰爭失利等問題；〔註212〕後又因個人奢

〔註207〕〔宋〕李攸，《宋朝事實》，卷九，〈官職〉，頁156：「五代任官，凡曹掾、簿尉，有齪齪無能，以至昏老不任驅策者，始注為縣令，故天下之邑，率皆不治甚者誅求刻剝，穢迹萬狀。」

〔註208〕《十國春秋》，卷十，吳十，〈楊廷式〉，頁6：「楊廷式，字憲臣，泉州人，正直不畏強禦，武義初，官至侍御史知雜事，時張崇為德勝節度使，貪暴不法，曾廬江民訟縣令受賄，徐知誥遣廷式往訊。廷式曰：『雜端推事，其體至重，職業不可不行。』知誥曰：『何如？』廷式曰：『械繫張崇，使吏如昇州簿責都統。』知誥曰：『所按者縣令，何至于是？』廷式曰：『縣令微官，張崇使之取民財轉獻都統耳，豈可舍大而詰小乎？』都統者謂徐溫也。」

〔註209〕《十國春秋》，卷十，吳十，〈江夢孫〉，頁10：「江夢孫，字聿修，潯陽人也。博綜經史，立行高潔，太和中書令徐知誥表為秘書郎，夢孫數自言迂儒，無裨益平平讀書，欲小試於治民，求為縣令。方是時士客于知誥者率以功名富貴自許，而夢孫獨無奢望，知誥以為不情未之許也。久之，累求不已，遂補天長令。」

〔註210〕《全唐文》，卷一二九，前蜀主王建，〈郊天改元敕文〉，頁1290-2。

〔註211〕《十國春秋》，卷四十三，前蜀九，〈張士喬〉，頁3：「張士喬，乾德初官華陽縣尉，是時立高祖原廟於萬歲橋，後主帥后妃百官往祭之，祭用鼓吹及褻味，士喬以非禮之際，先帝勿饗，上疏爭之，後主大怒，欲誅士喬，順聖太后力勸得免，奪職流黎州，尋赴水死。」

〔註212〕《十國春秋》，卷四十三，〈前蜀九〉，頁3～4：「段融事後主為雒縣令，在邑多惠政，漢州推廉吏第一。乾德二年，後主下詔北巡，載妭整挾弓矢，旌旗

侈無度，所費甚多，將州縣官的官闕，加以販售。如刺史、縣令、錄事參軍等州縣官，以賄賂價格的高低，授予官爵。〔註213〕

至於後蜀州縣官的治理，乃隨著後主孟昶用人政策，有前後期之分；立國之初，孟昶勵精圖治，頒佈刺史、縣令勸農桑詔令，主張「刺守、縣令其務出入阡陌勞為本」；〔註214〕為了讓州縣官勤政理民，廣政四年五月（西元941年），親著《官箴》頒於郡縣：

> 朕念赤子，旰食宵衣，托之令長，撫養安綏，政在三異，道在七絲，
> 驅雞為理，留犢為規，寬猛得所，風俗可移，無令侵削，無使瘡痍，
> 下民易虐，上天難欺，賦輿是切，軍國是資，朕之爵賞，固不踰時，
> 爾俸爾祿，民膏民脂，為人父母罔不仁慈，勉爾為戒體朕深思。〔註215〕

希望藉由官箴的頒佈，使後蜀地方官皆能奉公守法，達到澄清吏治之效。正因如此，在北宋滅後蜀後，宋主趙匡胤，還將其中四句，作為戒銘，令郡縣刻石置於公座前，以示警惕。〔註216〕

當王朝穩固後，因用人不當，使國主日趨淪喪、荒淫；〔註217〕廣政六年（西元943年）起，大選良女以充後宮，導致州縣騷動。儘管縣令陳及之建言，後主皆不允採納。〔註218〕廣政中，朝臣章九齡等上言「政事不治，由奸

連百餘里，朝臣絕無有諫阻者，道經漢州，融輒上言：『陛下萬乘之尊，不宜遠離都邑，當委大臣征討。』後主不從，不數年竟，以是敗。」

〔註213〕《資治通鑑》，卷二百七十，〈後梁紀五〉，頁8842～8843：「蜀主奢縱無度，日與太后、太妃遊宴於貴臣之家，及遊近郡名山，飲酒賦詩，所費不可勝紀。伇內教坊使嚴旭強取士民女子內宮中，或得厚賂而免之，以是累遷至蓬州刺史。太后、太妃各出教令賣刺史、令、錄等官，每一官闕，數人爭納賂，賂多者得之。」

〔註214〕《十國春秋》，卷四十九，〈後蜀本紀〉，頁3：「明德元年十二月，頒勸農桑詔曰：『刺守、縣令其務出入阡陌勞，來三農。望杏敦耕、瞻蒲勸穡，春鵙始轉，便具籠筐，蟋蟀載吟，即鳴機杼。』」

〔註215〕《十國春秋》，卷四十九，後蜀二，〈後主本紀〉，頁6～7。

〔註216〕《十國春秋》，卷四十九，〈後主本紀〉，頁7：「後宋太祖擷其中四句為戒石銘，令郡縣刻石置公座前。」

〔註217〕《十國春秋》，卷四十九，〈後主本紀〉，頁36：「論曰：『史言後主朝宋時，自二江至眉州，萬民擁道，痛哭慟絕者凡數百人，後主亦掩面而泣，藉非慈惠素著。何以深入人心如此哉？跡其生平行事，勸農恤刑，肇興文教，孜孜求治，與民休息，要未必如王衍荒淫之甚也。獨是用匪其人，生致淪喪，所由與前蜀之滅亡有異矣。』」

〔註218〕《十國春秋》，卷四十九，頁7：「廣政六年，大選良家子以備後宮，限年十三以上二十以下，州縣騷然，民多立嫁其女，謂之驚婚，新津縣令陳及之疏

佞在朝」，以求國主勵精圖治，剷除佞臣，但卻遭後主貶官；〔註219〕自此國勢日衰，終廣政二十八年（西元963年），爲宋師所亡。〔註220〕

南漢州縣官治理，正史記載不多，僅知自高祖起，南漢州縣官多以文人擔任，〔註221〕一改五代十國藩鎮銓選州縣官之弊；同時，以文人擔任州縣官，對州縣官員素質，有莫大的提升。至於南唐各君主因鑑唐末藩鎮割據，常對節度使藉由更換統治區，來縮小節度使的權限。此外，額外設置「通判」一職，〔註222〕箝制、監督地方施政。〔註223〕朝廷對州縣官待遇優渥，使地方官人才輩出。當國家興亡之際，不少州縣官，抱持著與國家共存亡的心態面對。〔註224〕

南方楚的州縣官銓選，多掌握在各節度刺史之手，〔註225〕導致州縣官水準參差不齊；〔註226〕至於吳越，州縣官則多用儒生；〔註227〕整體縣令水準較

諫，帝嘉其言，賜白金百兩，然采擇卒不止。」又見《十國春秋》，卷五十四，後蜀七，〈陳及之〉，頁3：「陳及之廣政時爲新津縣令，會後主大選良家子以充後宮，郡邑騷然，婦女驚逸，及之上疏切諫，請止采擇之令，後主雖不從其言，頗嘉及之戇直。」

〔註219〕《十國春秋》，卷五十四，〈後蜀七〉，頁3：「章九齡事後主累官右補闕，慷慨好直言，不避權貴，廣政中上言，政事不治，由奸佞在朝，後主問奸佞爲誰，九齡指宰相李昊知樞密使王昭遠以對，後主怒以九齡毀斥大臣，謫維州錄事參軍。」

〔註220〕《十國春秋》，卷四十九，頁27：「廣政二十八年春，正月，帝聞宋師深入，大懼問計于左右老將石頵，謂宜聚兵堅守，以敝之。帝嘆曰：『吾父子以溫衣美食養士四十年，一旦臨敵不能爲吾東向發一矢，雖欲堅壁，誰能與吾守者邪？』」

〔註221〕《十國春秋》，卷五十八，南漢一，〈列宗世家〉，頁4：「高祖名龑，初名巖，代祖庶子也。……巖多延中國人士於幕府，出爲刺史，由是刺史無武人。」

〔註222〕關於通判的設置嚴格與演變，則可參閱張智偉《北宋通判制度之研究》，國立中正大學歷史研究所碩士論文，民93年。

〔註223〕任爽，《南唐史》（長春，東北師範大學出版社，1995年），頁53。

〔註224〕《十國春秋》，卷二十七，南唐十三，〈李延鄒〉，頁11～12：「李延鄒鄱陽人，元宗時官濠州錄事參軍，周師攻城急，團練使郭廷謂謀送款，令延鄒草降表，延鄒責以忠孝，不爲具草，廷謂愧其言，然業已降必欲得表，以兵脅之，延鄒投筆詬曰：『大丈夫死耳，終不負國爲叛臣作降表，遂遇害，元宗聞之悼惜，召見其子命以官。』」

〔註225〕《十國春秋》，卷七十五，楚九，〈何景山〉，頁5：「何景山，故唐進士，少有文名，入湖南爲王逵掌書記，居恒輕周行逢爲人，行逢恨之，未有以發。及據有潭州，署景山益陽縣令。」

〔註226〕《十國春秋》，卷七十五，楚九，〈侯元亮〉，頁1：「侯元亮仕武穆王爲湘東縣令，退居長沙，雅好賓客，宴會無虛日，人目之曰『鬧侯』。」

〔註227〕《十國春秋》，卷八十五，吳越九，〈鍾廷翰〉，頁7～8：「鍾廷翰人流寓湖州，

楚高，不少縣令著重賦稅治理。〔註228〕而閩自太祖王審知建國後，節儉自處，著重州縣官的銓選，並延攬唐末士人入閩教學，以提升當地文化素養；〔註229〕可惜當太祖去世，後繼著荒淫無道，又因疆土狹隘，多置州縣，導致增吏困民。〔註230〕此外，不少縣令、縣尉不黯治理，任官期間多貪贓聚斂，外加考核制度敗壞，導致貪官污吏增加。〔註231〕至於，荊南及北漢的州縣官編制，由於相關史料缺乏，不得而知。

　　總結十國州縣官制度，各政權因制度不完備，導致行政管理制度多受統治者能力不同，出現大起大落等現象。倘若君主明智，對州縣官的管理較好。反之，統治者若荒淫無度，貪官污吏等情況則較為盛行。其中以南唐、前蜀、後蜀、南漢與閩等政權最為明顯。然這些政權的君主，多於開國之際，勵精圖治，著重州縣官的銓選，待政權趨於穩定後，繼承人者大多暴虐無道、不理政安民，導致國家迅速敗亡。

素有賢名，武肅王命攝安吉主簿，牒曰：『廷翰儒素修身，早升官緒，寓居雲水，累歷星霜，克循廉謹之規，備顯溫恭之道，今者願求錄用，特議掄材，安吉屬城印曹闕吏，俾期差攝，勉効公方，倘聞佐理之能，豈恡超昇之獎，後不知所終闕。』」

〔註228〕《十國春秋》，卷八十五，吳越九，〈陳長官〉，頁7：「陳長官事武肅王，為寧海縣令，會王命增州縣賦稅，長官上書極諫，王大怒，逮之獄，長官以死爭之，得免。寧海故稱劇縣，租稅視諸邑為獨輕者，皆其力也，至今猶廟祀焉。」

〔註229〕《十國春秋》，卷九十，閩一，〈司空世家〉，頁20，「太祖雖起盜賊，而為人儉約，常衣絀袴，敗乃取酒、庫、酢、袋而補之，一日有使南方回者，以玻璃瓶為獻，太祖視翫久之，自擲于地，謂左右曰：『好奇尚異，迺奢侈之本，今泪之，俾後代無為漸也。』酷好禮下士，唐公卿子弟多依以仕宦，又拓四門學以教閩中秀士。」

〔註230〕《十國春秋》，卷九十六，閩七，〈潘承祐〉，頁4：「天德年間陳奏十事：大畧言兄弟相攻，逆傷天理，一也。賦斂煩重，力役無節，二也。發民為兵，羈旅愁怨，三也。楊思恭奪人衣食，使怨歸于上，羣臣莫敢言，四也。疆土狹隘，多置州縣，增吏困民，五也。除道裏糧，將攻臨汀，曾不憂金陵錢塘乘虛相襲，六也。括高貲戶，財多者補官，逋負者被刑，七也。延平諸津征菜魚米，獲利至微，斂怨甚大，八也。與唐吳越為隣，即位以來未嘗通使，九也。宮室臺榭，崇飾無度，十也。書上，削承祐官爵，勒歸私第，唐查文徽破建州，以禮致之。」

〔註231〕鄭學檬，《五代十國史研究》，頁58。

本章小結

本章結論有三：

其一、幕職官州縣官，本屬兩種不同的職官體系，歷史淵源與制度演變，有所殊異。「幕職官」源於唐末藩鎮延攬文人入幕；透過幕職官的轉遷，間接獲知唐末中央銓選制度，與藩鎮幕僚的銓選機制，有互通之處。不少幕職佐官，隨著幕主入朝爲官。然「州縣官」的歷史沿革，歷朝編制有所不同；大抵縣令、主簿等職官，戰國時已出現。縣尉及參軍之名，始於兩漢。至於「錄事參軍」的編制，初爲公府官名，自隋朝起，才逐漸變爲州縣佐官；安史亂後，由於藩鎮勢力的坐大，各節度佐官逐漸奪取州縣官的權力，但終唐之際，錄事參軍的地位日益提升，甚至主掌州郡事務。〔註232〕

其二，五代十國起，幕職州縣官的銓選，隨著藩鎮權力消長，與朝廷勢力的鞏固，呈現出既衝突又合作之矛盾關係。但原本兩個隸屬不同體系的職官，在唐末日趨混淆，至後周起更日趨合流。〔註233〕整個幕職制度，在經歷五代之演變更趨成熟；於工作實務上也更貼近於州縣百姓。至於前人幕職州縣官的研究，多援用嚴耕望對唐代使府僚佐的概念，〔註234〕忽略宮崎市定對唐代後期使院及州院制度合流等觀點，〔註235〕相關討論終究無法釐清「幕職州縣官」兩者職官稱謂的合併，及宋初地方制度的演變過程。

其三，南方十國幕職州縣官制，外在環境上，雖無北方外族勢力壓境；利於君主收回節度使權限。但現實問題裡，因疆域上過小，且多置州縣，使相關弊病叢生，終使政權滅亡。總觀十國政權，對幕職州

〔註232〕關於唐代錄事參軍地位的提高，可參閱嚴耕望，〈唐代府州上佐與錄事參軍〉一文。

〔註233〕《唐文拾遺》卷十一，周太宗，〈命在朝文官再舉幕職詔〉，頁10485：「在朝文資官，各令再舉堪爲幕職令錄者一人。所舉幕職，州縣官罷任後便與除官。仍並許赴闕。」

〔註234〕嚴耕望對於府州僚佐之研究，可參閱：（1）〈唐代府州僚佐考〉，《唐史研究叢稿》，第二章，頁103～176；（2）〈唐代方鎮使府僚佐考〉，《唐史研究叢稿》，第三章，頁177～236；（3）〈唐代府州上佐與錄事參軍〉，《嚴耕望史學論文選集》（臺北：聯經出版公司，民80年），頁521～547。

〔註235〕宮崎市定〈宋代州縣制度の由來とその特色－特に衙前の變遷について－〉，《宮崎市定全集10》，東京：岩波書店，1992年7月，頁216～245。

縣官的編制，雖不見五代藩鎮獨占鼇頭，但君主個人能力差異，往往促成政局動盪之要素；若國君能力不足，或無心治理國政，將使政權淪於混亂或傾覆。

第三章　北宋幕職州縣官制度
的建立與改革

　　如前章所述，自唐代後期，藩鎮幕職侵佔州縣官之職，使得兩者制度演變日趨合流；後周廣順年間產生兩職官並稱現象。至宋初，則委派儒臣擔任該職，以導正唐代五代以來藩鎮跋扈之弊。〔註1〕儘管少數學者已對宋代幕職州縣官的議題進行討論，但研究方向多未擺脫文官考銓之窠臼，〔註2〕故本章即探討幕職州縣官體系的建立與變革，進而論述北宋地方制度變革的動機與得失。

第一節　幕職州縣官之設置與任用

　　北宋幕職州縣官體系的建立，奠基於太祖與太宗兩朝；太祖時王朝初立，南方勢力未平，採恩威并濟的方式，收編南方政權；〔註3〕對幕職州縣官的銓

〔註1〕　（宋）王禹偁，《小畜集》，卷十九，〈送李巽序〉，頁271：「國初巳來，始用儒臣以蒞之。」
〔註2〕　相關研究成果，專書有：苗書梅，《宋代官員選任和管理制度》，第四章第三節。單篇論文爲：（1）朱瑞熙，〈宋代幕職州縣官的薦舉制度〉，《文史》，第27輯，1987年，頁67～88；（2）王雲海、苗書梅，〈宋代幕職州縣官及其改官制度〉，載《慶祝鄧廣銘教授九十華誕論文集》（河北：河北教育出版社，1997年2月），頁207～218；（3）祖慧，〈宋代的選人制度〉，頁461～488；（4）苗書梅，〈宋代州級屬官體制初探〉，《中國史研究》，2002年3月，頁111～126。
〔註3〕　林煌達，〈宋初政權與南方諸降國臣子的互動關係〉，《東吳歷史學報》，12期，民國93年12月，頁129～157。

選，較無定法可言；至太宗朝起，政局穩固，開始深化地方文官體系的整頓。底下以制度設立的原則、出身類型之別，及文官選任方式等三部份，剖析幕職州縣官制度的設置原則，與任用方式。

一、制度的設置原則與作用

受唐末五代藩鎮跋扈之戒，太祖獲取政權後力矯其弊，加強地方控制；除「制其錢穀、收其精兵」之外，設法收回地方文官僚佐的任用權。於當時詔令中頒佈：「自今諸道州縣有闕員處，不得更差前資官承攝。」〔註4〕至於《歷代名臣奏議》亦載：「皇朝興國初，始罷假攝，而重臣近職出臨方面，自介倅賓佐，逮諸掾吏，得自王官請辟。」〔註5〕至於節度、觀察等幕職官名與編制大致沿襲舊制；其令中央文職常參官，曾任幕職州縣官者保舉，再派往地方任職，如《宋大詔令集》所示：

> 賓佐之任，實贊於宣風，令錄之官，蓋資於撫俗，方期共理，咸在精求。雖選士之規。無時不舉，而知人之道，自古攸難，得以才升，必從類取，宜令翰林學士文班常參官曾任幕職州縣者，各舉堪爲賓佐令錄一人以聞，如有近親，亦聽內舉，即於狀內具言，除官之日，仍署舉主姓名。或在官貪濁不公，畏懦不理，職務廢闕，處斷乖違，並隨輕重，連坐舉主。〔註6〕

可見宋太祖在取得政權後，相繼取消地方長官自行奏辟屬官的權力。將地方人員的編制，改由中央官員保舉，再派往地方任職。之後又採趙普建議，將縣級政務回歸縣官治理。如《長編》建隆三年（西元 962 年）十二月癸巳所載：

> 五代以來，節度使補署親隨爲鎮將，與縣令抗禮，凡公事專達於州，縣吏失職。自是還統於縣，鎮將所主，不及鄉村，但郭內而已。〔註7〕

〔註4〕 不著撰人《宋大詔令集》（北京：中華書局，1962 年），卷一九八，〈禁攝官詔〉，頁 730：「詮衡橫注官，自有常制，郡縣丞乏，或綦彝章，將隔因循，宜自告諭。自今諸道州縣有闕員處，不得更差前資官承攝。」

〔註5〕 （宋）張方平，〈辟署之制〉，《歷代名臣奏議》，卷一六○，頁 7。見張方平《樂全集》，卷九。

〔註6〕 《宋大詔令集》，政事十八，舉薦上，〈令翰林學士文班常參官曾任幕職者各舉賓佐令錄一人詔〉，頁 629。相關史料亦見《文獻通考》，選舉考，卷第三十八，選舉十一，頁 357-3。

〔註7〕 《長編》，卷三，太祖建隆三年十二月癸巳，頁 76。

另外王禹偁《小畜集》也云：

> 舊制皆委郡縣署胥徒以掌其務，故侵漁自奉，利入於下，割剝公行，
>
> 怨歸於上。不有釐革，孰爲經久。國初巳來，始用儒臣以莅之。〔註8〕

對胥吏掌握州縣，侵漁自利等現象，改派文臣前往接事，導正其弊。唐末
五代地方割據之弊，經太祖重新整頓，〔註9〕呈現出新的格局，如圖3-1所
示：

圖3-1：北宋地方行政層級圖

中央

↓

路（承襲唐代的「道」，路級官僚機構互不統屬，有事可直接上疏朝廷。）

↓

州（府、軍、監→直屬朝廷，地方長官多用文人，且經常更換）

↓

縣

　　宋代地方行政層級改唐代「道」爲「路」，規定路級官僚機構互不統屬，
有事直接上疏朝廷；至於府、州、軍、監等皆隸屬於州級行政系統內，隨著
時間不同，加以調整；〔註10〕各京府及州置幕職官爲州級各佐官，〔註11〕雖
冒稱「節度」、「觀察」諸使判官之名，實與節度、觀察使無關。〔註12〕至於

〔註8〕　（宋）王禹偁，《小畜集》，卷十九，〈送李巽序〉，頁271。

〔註9〕　（宋）朱熹，《朱子語類》（台北：華世出版社，1987年），卷第一百二十八，
本朝二，〈法制〉，頁3073～3074：「唐制某鎮節度使，某州刺史觀察使，此藩
鎮所稱。使持節某州軍州事，此屬州軍所稱。其屬官則云某州軍事判官，某
州軍事推官。今尚如此。若節鎮屬官，則云節度推、判官，以自異於屬州。
使與州各分曹案。使院有觀察判官、觀察推官，州院有知錄，糾六曹官，爲
六曹之長。凡兵事則屬使院，民事則屬州院，刑獄則屬司理院。三者分屬，
不相侵越。司法專檢法，司戶專掌倉庫。然司理既結獄，須推、判官簽押，
方爲圓備。不然，則不敢結斷。本朝併省州院、使院爲一，如署銜，但云知
某州軍州事、軍州事，則使院之職也。」

〔註10〕朱瑞熙著，《中國政治制度通史》，收錄于白鋼主編，《中國政治制度通史》（天
津：天津人民出版社，2002年），第六卷：宋代，第五章，〈地方行政體制〉，
頁282：「北宋初，共設府、州、軍、監139個。仁宗初，設322個。熙寧八
年，減爲287個。徽宗時，增爲351個。」

〔註11〕「三京」爲開封府、洛陽，與大名府等區，（宋）樂史，《宋本太平寰宇記》（北
京：中華書局，2000年）。

〔註12〕《文獻通考》，卷第六十二，職官十六，〈總論州佐〉，頁566-2至566-3：「唐

府州層級的分類，則依照軍事重要地、轉運使所在州，及京畿附近州府等因素而立。〔註13〕不同行政層級，所屬的幕職官與曹官編制，亦有不同，結果則如表3-1所示：

表3-1：幕職官與曹官在州郡的編制情形：

等 級	幕 職 官	曹 官
三京府	留守判官、推官 京府判官、推官及軍巡判官	司錄參軍 司戶參軍 司法參軍
節度州 （觀察州）	節度判官、掌書記、推官 觀察判官、支使、推官	錄事參軍 司戶參軍 司法參軍 司理參軍 （上述各曹官依照州郡事物程度有所增減）
防禦州	防禦判官、推官	
團練州	團練判官、推官	
軍	軍判官	
監	監判官	

*據宮崎市定，〈宋代州縣制度の由來とその特色─特に衙前の變遷について─〉，頁227。

各地幕職官的編制與職務，如《宋史》所載：

> 幕職官：簽書判官廳公事、兩使、防、團、軍事推判官、節度掌書記、觀察支使，掌裨贊郡政，總理諸案文移，斟酌可否，以白于其長而罷行之。凡員數多寡，視郡小大及職務之煩簡。〔註14〕

縣級人員的編制，千戶以上之縣置縣令、主簿及縣尉各一員；四百戶以上者設縣令及簿尉，而縣令兼主簿之職；四百戶以下者，僅置主簿及縣尉，並以主簿兼知縣事。並隨著縣級人口多寡，及事務繁瑣，增減佐官人數。至於元豐改制前，幕職州縣官之職官品秩，如表3-2所示：

> 郡守稱刺史，而遂以治中、別駕為郡官屬矣，然唐州牧之官為節度觀察諸使，而其屬官則有推官、判官、書記、支使之屬，至宋而節度觀察特為貴官之虛名，初不預方岳之事。而州牧之任則自有閫帥漕憲等官，而各臺又自有掾屬，若唐節度觀察之屬官，則反為列郡之元僚，蓋雖冒以節度推官、觀察、推官、判官、書記、支使等名，而實則郡僚耳。故敘其職於州佐之後，而不並之於戶曹理掾之流，存其舊也。」

〔註13〕 余蔚，〈宋代的節度、防禦、團練、刺史州〉，《中國歷史地理論叢》，第17卷1輯，2002年3月，頁65～74。或見余蔚，〈完整制與分離制：宋代地方行政權力的演變〉，《歷史研究》，2005年04期，頁118～130。
〔註14〕 《宋史》，卷一百六十七，職官七，〈幕職諸曹等官〉，頁3975。

表3-2：元豐改制前，地方職官品階表：

官　品	職　官　稱　謂
從六品	府級：開封府判官、開封府推官
正七品	府級：開封府司錄參軍事 縣級：兩赤縣令
正八品	府級：開封府諸曹參軍事、京府判官。 縣級：京畿縣令、三京赤縣令、三京畿縣令、兩赤縣丞。
從八品	府級：諸府曹參軍事、上州諸司參軍。 州級佐官：三京府判官、留守判官、節度判官、觀察判官、防禦判官、團練判官、軍事判官、軍監判官、節度掌書記、觀察支使、節度推官、防禦推官、團練推官、軍事推官、諸州簽判。 州級曹官：上、中、下三州錄事參軍、試銜知錄事參軍事。 縣級主官：上、中、下級縣令、知縣令事。 縣級佐官：赤縣主簿、赤縣縣尉。
正九品	縣級佐官：三京畿縣主簿、三京畿縣尉、三京赤縣主簿、三京赤縣尉、諸州上、中縣主簿。
從九品	州級幕職官：三京軍巡判官。 州級曹官：司理、司法、司戶參軍。 縣級：諸州上中下縣主簿、諸州上中下級縣尉。

＊據《宋史》，職官九，頁4016～4017。

　　透過該表得知京府判官、推官位階最高；州級之錄事參軍較其他司理、司法或司戶等參軍高。至於幕職官為知州、通判的佐官，錄事參軍等曹官，依事務種類，委由各參軍負責；各州級層級的行政運作模式，如下圖3-2：

圖3-2：北宋州縣層級之行政運作

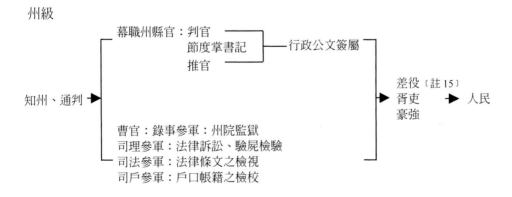

州級

縣級

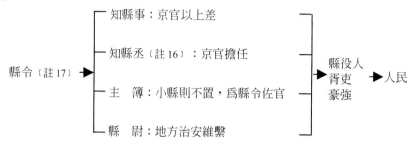

二、幕職州縣官的出身類型及差異

《宋史‧選舉志》所載，入仕有貢舉、奏蔭、攝署、流外、從軍五等之別。[註18] 至於文職入流者，有進士、補蔭、與納粟得官、百司胥吏等四種途徑；[註19] 而幕職州縣官隸屬文官體系的末端，入仕途徑與文職入流大同小異。但隨著時間不同，額外入仕等方式，亦有所調整。於此概觀的角度剖析幕職州縣官之來源與任官之別。

（一）科舉、明經與諸科取士

據《宋史‧職官志》所載，入仕途徑之別，即授予各種職務之職官，如吏部流內銓所載：

> 有出身：進士、明經入望州判司，次畿簿、尉。九經入緊州判司，望縣簿、尉。諸科、明法入上州判司，緊州簿、尉。學究、武舉得班行人換授，入中州判司，上縣簿、尉。[註20]

前、吏人、貼司、造帳司人吏、候祗典、散從官、左右司理院虞侯、雜職、斗子、撿子、欄頭、貼司、手力、解子、醫人、耆長、保正等」，隨不同時期、事物繁瑣程度而調整。

[註16] 宋代前期上縣縣丞從八品上，中縣丞從八品下，中下縣丞正九品上，下縣縣丞正九品下；元豐改制後，赤縣縣丞正八品，畿縣縣丞、諸州上、中、下縣成從八品。大抵縣丞在真宗天聖以前，小縣不置。

[註17] 縣令，由選人充之，元豐改制以後，經畿縣令、三京赤縣、畿縣令正八品。諸州上、中、下縣令從八品。

[註18] 《宋史》，卷一百五十八，選舉四，〈詮法上〉，頁3693。

[註19] 《長編》，卷三百八十六，哲宗元祐元年八月辛亥，頁9402：「竊觀今之自文職入流者凡四：進士、補蔭、與夫納粟得官、百司胥吏是也。自武職入流者凡三：武舉、補蔭與夫百司胥吏是也。」

[註20] 《宋史》，卷一百六十九，職官九，〈流內銓〉，頁4039～4040。

上述條文明瞭文人入仕管道相當多元，並依入仕途徑授予各類職官；大抵進士與明經等，因較難錄取，且名額較少，一旦錄取，可授予望州之判官、參軍，或次畿之主簿、縣尉等職。九經入仕、諸科明法入仕者，僅可授予較低級別之幕職州縣官。至於學究出身，或武舉出身者，亦許換官爲幕職官，〔註21〕但僅可入中州判司，及上縣之簿尉。

　　眞宗考銓制度確立，對幕職州縣官入仕等第，詳定考課年限與序遷之制：

> 幕職、州縣官之等三：進士第一、第二、第三名及第者，一任回改京官；自留守、府判官至縣令，理六考；自軍巡判官至縣尉，理七考。率以法計其歷任歲月、功過而序遷之。〔註22〕

隨著入仕者日趨眾多，各時期對進士入仕的授官，則愈來愈低，如天聖二年（西元1024年）八月所載：

> 新及第進士第一人宋郊爲大理評事，通判盧州，第二人葉清臣、第三人鄭戩爲奉禮郎、簽書諸州兩使判官公事，第四、第五人節察推官，餘初等職官、判司簿尉。

景祐五年（西元1053年），進士第一人授將作監丞，進士第二與第三，改授大理評事或諸州通判，其他等第者，別授兩使職官與初等職官。〔註23〕至慶曆二年（西元1042年）對進士等第三人以下，有所調整；以往第三人授奉禮郎，後改授太子中允通判；原本第四及第五人爲節察判官，後降授校書郎，及奉禮郎并簽書諸州判官事；至於第六人即授兩使職官。此外，規定進士第二甲者，授與初等職官，第三甲爲試銜知縣，第四甲授試銜簿尉，第五甲則授判司簿尉。九經第一人爲兩使推官，諸科并注判司簿尉。〔註24〕

〔註21〕北宋武官地位總體而言，是不如文官：相關研究可參見劉子建，〈略論宋代武官群在統制階級中的地位〉，《兩宋史研究彙編》，頁178～197。因鑑於此，不少武職出身者若想獲得較好的升遷機會，亦會利用相關轉遷辦法，轉換爲文階；至於相關轉遷辦法，則參閱文末附表一：熙寧五年三月訂立之文武換官表，頁78。

〔註22〕《宋史》，卷一百六十三，職官三，〈吏部〉，頁3840。

〔註23〕《宋會要輯稿》，選舉二之七，〈新及第進士呂秦等授官有差詔〉，景祐五年四月十一：「新及第進士第一人呂秦爲將作監丞，第二人李絢、第三吳擇維大理評事。諸州通判，第四人石揚休、第五人王圯獎使職官，第六人司馬光已下爲初等職官。第二甲試銜簿尉，第三甲判司簿尉，第四甲特免選，判司簿尉。」

〔註24〕《宋會要輯稿》，選舉二之七，〈新及第進士呂秦等授官有差詔〉慶曆二年四月二十三：「新及第進士第一人楊寘爲將作監丞，第二人王珪爲大理評事，第三人韓絳爲太子中允通判，第四人王安石爲校書郎，第五人曾公定爲奉禮郎、

嘉祐三年，朝廷面對科舉人數日漸眾多，則提出「高第之人驟顯，欲稍裁抑」之聲；〔註25〕因而使朝廷頒佈相關改革詔令：

> 立間歲之期，以勵其勤；約貢舉之數，以精其選。著為定式，申敕有司，而高第之人，嘗不次而用。若循舊比，終至濫官，甚無謂也。……今制科入第三等，與進士第一，除大理評事、簽書兩使幕職官；代還，升通判；再任滿，試館職。制科入第四等，與進士第二、第三，除兩使幕職官；代還，改次等京官。制科入第五等，與進士第四、第五，除試銜知縣；代還，遷兩使職官。鏁廳人視此。若夫高才異行，施於有政而功狀較然者，當以異恩擢焉。〔註26〕

由上述詔令瞭解朝廷除裁定進士高第之人數外，亦對幕職州縣官的轉遷授官有所規定。但面對入仕者多，官多闕少等現象，熙寧三年（西元1036年）四月起，進士第一人僅可為大理評事，依序降授兩使職官、初等職官，至於進士第六人以下，即授判司簿尉。〔註27〕

（二）奏蔭為官

太祖立國即對蔭補入仕者規定：「台省六品、諸司五品，登朝常歷兩任，然後得請。」〔註28〕透過相關蔭補程序，讓皇親國戚及高官士族，取得入仕資格。〔註29〕此外每逢南郊、祭祀或國主聖誕等相關節日，亦允奏薦子弟蔭補為官。〔註30〕

并簽書諸州判官事，第六人已下兩使職官。第二甲初等職官，第三甲試銜知縣，第四甲試銜簿尉，第五甲判司簿尉。」

〔註25〕《宋史》，卷一百五十五，選舉一，〈科目上〉，頁3615。

〔註26〕《宋會要輯稿》，選舉三之三六，〈裁定制科及進士高第人恩數詔〉嘉祐三年閏十二月丁丑。

〔註27〕《長編》，卷二百十，神宗熙寧三年四月丁卯，頁5095：「以新及第進士葉祖洽為大理評事，上官均、陸佃為兩使職官，張中、程堯佐為初等職官，第六人以下為判司、主簿或尉。」

〔註28〕《宋史》，卷一百五十九，選舉五，銓法下，〈補蔭〉，頁3727。

〔註29〕《宋史》，卷一百五十九，選舉五，銓法下，〈補蔭〉，頁3724～3725：「補蔭之制。凡奏戚屬，太皇太后、皇太后、皇后本服期親，奉禮郎：大功，守監簿；小功，初等幕職官；元豐前，試大理評事。緦麻，知令、錄。元豐前試校書郎。異服親亦如之。有服女之夫，則本服大功以上女夫，知令、錄；小功，判、司、主簿或尉；緦麻，試監簿。周功女之子，知令、錄；孫及大功女之子，判、司、主簿或尉；曾孫及大功女之孫、小功女之子，並試監簿；其非所生子若孫，各降一等；緦麻女之子，試監簿。」

〔註30〕《宋史》，卷一百五十九，選舉五，頁3725：「每祀南郊、誕聖節，太皇太后、

隨著入仕者管道的增加，及蔭補人數的增加，朝廷除緊縮奏蔭者的身份，
〔註31〕藉由罷除節郊恩蔭，及裁減蔭補員額等方式，裁減入仕人數。〔註32〕
此外為配合相關轉遷，讓蔭補入仕者接觸地方實務：

> 太廟齋郎。入中下州判司，中縣簿尉。郊社齋郎、試銜白衣送銓注
> 官，司士、文學、參軍、長史、司馬、助教得正官，并班行試換文
> 資，入下州判司，中下縣簿尉。〔註33〕

縱然高官子弟可透過恩蔭方式獲取官階；但有學者指出蔭補為官等制度的創
立與完善，對裁抑權貴子弟的晉用有重要意義。〔註34〕凡透過恩蔭補官者，
在考課磨勘與舉薦人員，皆要經歷較長時間，方能改官易階。〔註35〕

（三）攝官、進納與流外等三色人入仕

《宋史》職官志對攝官、進納及流外等三色人之入仕轉遷規定：

> 三色人：攝官入小縣簿、尉。進納授試銜，入下州判、司、中下縣
> 簿、尉；授太廟齋郎，入中州判、司，中縣簿；尉。流外入下縣簿、
> 尉。已上並許超折地望注授。〔註36〕

據史料所載，上述三者之入仕方式，轉授職官等有不同。但所謂的「攝官」，
初實行於嶺南等偏遠地區，因官員不願赴任，使官闕無法填補，而任用未滿
秩之官「差攝」該職。〔註37〕至於「納粟補官」，宋初本無此種入仕方法，相

皇太后並錄親屬四人，皇后二人。非遇推恩而特旨賜官，不用此法。凡諸妃
期親守監簿，餘判、司、主簿或尉；異姓親試監簿。婉容以上有服親，才人
以上小功親，並試監簿。凡大長公主、長公主、公主夫之期親，判、司、主
簿或尉，餘試監簿；子，補殿中丞；孫，光祿寺丞；婿，太常寺太祝；外孫，
試銜知縣。凡親王婿，大理評事；外孫，初等職官；女之子婿，試監簿。宗
室緦麻以上女之夫，試銜、知縣；袒免，判、司、主簿或尉。其願補右職，
依換官法，奉禮郎即右侍禁，幕職官即左班殿直，知令、錄即右班殿直，判、
司、主簿、尉即奉職，試監簿即借職。」

〔註31〕《宋史》，卷一百五十九，選舉五，銓法下，〈補蔭〉，頁 3727：「至道二年，始
限以翰林學士、兩省五品、尚書四品以上，賜一子出身，此聖節奏薦之例也。」
〔註32〕《宋史》，卷一百五十九，選舉五，銓法下，〈補蔭〉，頁 3729：「仁宗時雖罷聖
節恩，而猶行之妃、主。神宗既裁損臣僚奏蔭，以宮掖外戚尤濫，故稍抑之。」
〔註33〕《宋史》，卷一百六十九，職官九，〈流內銓〉，頁 4040。
〔註34〕苗書梅，《宋代官員選任和管理制度》，頁 69。
〔註35〕參閱苗書梅《宋代官員選任和管理制度》，第一章第三節及第三章第一節等部
份，頁 54～69 及頁 226～254。
〔註36〕《宋史》，卷一百六十九，職官九，〈流內銓〉，頁 4040。
〔註37〕《宋史》，卷一百五十九，頁 3722：「初，嶺南闕官，往往差攝。至是，詔州
長吏試可者選用之；罷秩，奏送闕下，與出身。」

關入仕途徑，始於眞宗景德二年（西元 1005 年），〔註38〕依水部郎中許元豹
所言：

> 緣河州縣和市，邊穀數少，望許進獻糧粟授以官秩，事下三司議奏
> 請令，河北、定州、廣信、安肅軍、北平寨。入穀千石，授本州助
> 教、文學，二千石賜出身，三千石授簿尉、借職。〔註39〕

由上資料所述瞭解納粟補官初施行於邊區，依所納穀之數額，授予不同的
官階，以示酬賞。〔註40〕儘管邊民可透過納粟補官獲取官爵，但朝廷亦額
外要求納粟補官者，僅授予助教、文學等文職，或賜其出身及借職簿尉等
工作，〔註41〕而非讓納粟補官者從事州縣親民官。

仁宗明道二年（西元 1033 年），面對外在環境的改變，調整納粟補官之
規定：

> 輸滿千五百石攝助教，二千石爲助教，三千石爲長史、司馬，四千
> 石爲齋郎，四千五百石試銜若同學究科，五千石者除簿尉。〔註42〕

慶曆七年（西元 1047 年）由吏部公告納粟授官之轉遷條例：

> 應納粟授官人，不除司理、司法參軍洎上州判官；資考深，無過犯，
> 方注主簿、縣尉；如循資入縣令、錄事參軍者，銓司依格注擬，止
> 令臨監物務。〔註43〕

上述詔令得知，州縣裡負責專門事物之職官，如司理參軍、司法參軍或上州
判官等，是不許納粟者擔任的。此外，納粟補官者由，需要較長資歷及考課
內限，觀察是否有無犯錯，才可注主簿、縣尉等官。若循資可爲縣令、錄事
參軍者，乃由詮司，依格注擬，授予監當官。

神宗朝熙寧年間，對遼、西夏等戰爭影響，使河北、河東等地編入納粟

〔註38〕 （宋）王栐，《燕翼詒謀錄》，卷二，〈納粟補官〉，頁 12：「納粟補官，國初無。
　　　　 天禧元年四月，登州牟平縣學究鄭河，出粟五千六百石振飢，乞補弟異。不
　　　　 從。晁迥、李維上言，乞特從之，以勸來者，豐稔即止。詔補三班借職。今
　　　　 承信郎。自後援異例以請者，皆從之。然州縣官不許接坐，止令庭參。」
〔註39〕 《長編》，卷五九，〈許入穀授官制〉景德二年正月甲申，頁 1316～1317。
〔註40〕 《宋會要輯稿》，職官五五之三一，〈許陝西諸州入穀授官制〉，景德二年按月
　　　　 甲申：「陝西州、軍，許民輸軍糧，如願于陝府西諸州軍送納者，依逐等數酬
　　　　 講。」
〔註41〕 「借職簿尉」乃指捐貲納粟。縱然獲取做官簿尉等做官資格，但實際並不參
　　　　 與其事，故掛「借職」。
〔註42〕 《宋會要輯稿》職官五五之三三，〈輸粟授官詔〉，明道二年正月。
〔註43〕 《長編》，卷一百六十，仁宗慶曆七年二月丁未，頁 3862。

授官的範圍；〔註44〕北宋末，則有商人納粟補司戶參軍之例，〔註45〕藉由諸多個案間透露北宋中後期開邊、對外征戰，使得商人透過納粟捐官方式，獲得任官資格者變多。此種入仕途徑的轉變，似乎與宋初禁止商人爲官的規定有所出入。但這群納粟爲官者，是否有心治理地方？亦或汲汲營營於獲利，導致州縣制度敗壞，是值得研究者進一步研究的。

　　至於流外補選，始于太祖開寶五年（西元 972 年）「流外選人，經十考入令錄者，引對方得注擬。」〔註46〕至神宗熙寧五年（西元1072年），樞密院對胥吏等流外補官，多不得人，因而命都承旨李評，立法參補流外選人。〔註47〕然流外補官之例，宋初較爲普遍，待科舉制度與考詮體系的確立，使流外補官之途徑，日趨緊縮，使胥吏缺乏相關升遷機制，長久深處地方州縣，衍生出諸多流弊。〔註48〕

（四）錄先聖之後爲幕職

　　北宋爲表示「崇文」之意，於太祖乾德四年（西元 966 年）即授孔子後裔爲曲阜縣主簿。〔註49〕太宗至道年間，即詔「本道轉運使、本州長吏對孔門後代，待之以賓禮。」。〔註50〕仁宗景祐二年（西元 1035 年），除將孔子四

〔註44〕《文獻通考》，卷第三十五，選舉八，〈貲選進納〉，頁 336～1：「神宗熙寧元年，行入粟補官法，出將作監主簿助教，告敕七十道，付河北安撫司，募人入粟，尋又賜河東空名敕誥。」

〔註45〕《長編》，卷三百七十一，哲宗元祐元年三月戊辰，頁 8989：「火山軍三界首唐隆鎭一商人也，入粟得司戶參軍。韓縝爲宣撫，始奏換武。邊人疑其細作，而繽與之交私，狎暱無所不至，至呼爲燕二，亦謂之二哥。割地之謀，皆出于復。」

〔註46〕《宋史》，卷一百五十九，選舉五，詮法下，〈流外補選〉，頁 3737。相關史料亦可參閱《長編》，卷十三，太祖開寶開寶五年十二月甲寅，頁 292。

〔註47〕《長編》，卷二百三十二，熙寧寧五年四月丙寅，頁 5631：「三班借職管勾經略司文字楊寘爲樞密院書令史，初上以樞密諸房案牘煩委，胥吏皆父兄保任，多不得人，因命都承旨李評立法，參補流外選人，三班使臣。」

〔註48〕關於北宋胥吏缺乏升遷管道造成北宋吏治敗壞的討論，林煌達《北宋史制研究》，國立中興大學歷史學系碩士論文有所討論。至於北宋中期王安石因鑑於胥吏長久掌控地方缺乏升遷機制等流弊，一度企圖改革，可惜改革未果，相關研究可參閱宮崎市定，〈王安石的吏士合一策〉，收錄于劉俊文主編，《日本學者研究中國史論集選譯》（北京：中華書局，1993 年），第五卷：五代宋元，頁 450～490。

〔註49〕《長編》，卷七，太祖乾德四年七月丁亥，頁 174：「是月，以孔子四十四代孫宜爲曲阜縣主簿。宜舉進士不中，因上書述其家世，特命之。」

〔註50〕《長編》，卷四十二，太宗至道三年九月戊寅，頁 881：「戊寅，以長葛縣令孔延世爲曲阜縣令，襲封文宣公，并賜九經及太宗御書、祭器，加銀帛而遣之。

十六世孫孔宗愿授國子監主簿一職外，又襲封其爲「文宣公」；皇祐三年七月（西元 1051 年）又詔「以孔氏子孫知仙源縣事。」〔註51〕

　　神宗熙寧年間，授孔子四十八代孫孔若蒙，爲沂州新泰縣主簿；〔註 52〕哲宗元祐年間，因朝議大夫孔宗翰建言，才一度廢除孔子後代兼領幕職官等情形，〔註53〕至徽宗宣和三年（西元 1121 年），又恢復文孔子後代與親屬爲判司簿尉等規定。〔註54〕

　　這種特殊之補官方式，除適用於孔門後裔外，對唐朝名將之後亦授予幕職州縣官，以示拔擢。吾人推斷北宋政權利用錄先聖後爲幕職等方式，以禮遇聖賢子祠，達到「崇文」之效。

（五）其他類型的入仕途徑與任官

　　北宋幕職州縣官的來源，除科舉取士、蔭補爲官、三色補色，及錄聖賢之後等方式獲取幕職州縣官資格，以下則分別探討其他管道的入仕途徑：

（1）布衣或方技者爲州縣官

　　國初幕職州縣官考銓、入流制度尚未確立，不少布衣，擔任主簿一職。如：太祖開寶三年（西元 970 年），舉人詞禮所對稍優者，可授予主簿之職。〔註55〕

詔本道轉運使、本州長吏待以賓禮。延世，孔子四十五世孫也。」
〔註51〕《宋史》，卷一百一十九，禮二十二，賓禮四，〈錄先聖後〉，頁 2799。
〔註52〕《宋史》，卷一百一十九，禮二十二，賓禮四，〈錄先聖後〉，頁 2799：「熙寧中，以四十八代孫若蒙爲沂州新泰縣主簿，襲封。」
〔註53〕《宋史》，卷一百一十九，禮二十二，賓禮四，〈錄先聖後〉，頁 2799～2800：「元祐初，朝議大夫孔宗翰辭司農少卿，請依家世例知兗州以奉祀。又言：『孔子後襲封疏爵，本爲侍祠，今乃兼領他官，不在故郡。請自今襲封者，無兼他職，終身使在鄉里。』朝議依所請，命官以司其用度，立學以訓其子孫，襲封者專主祠事，增賜田百頃，供祭祀之餘許均贍族人」相關史料亦可參見《澠水燕談錄》，卷五，頁 59：「元祐初，孔宗翰言：『先聖之後，世襲封爵以奉祠事，末流不競，或領官他州，至有公爵爲縣尉廷參州守者。』下至廟戶減耗，祠宇隳隤，公悉條具以聞。願下所司，講究廢墮，增錫土田，別異世俗之人，使天下知朝廷尊崇孔子之意。詔改衍聖公爲奉聖公，承爵者即除寄祿官，不領他職。其考遷改，所給廩俸，並視在官。給田畝，賜監書，置學官以訓其子弟。』」
〔註54〕《宋史》，卷一百一十九，禮二十二，賓禮四，〈錄先聖後〉，頁 2800：「宣和三年，詔宣議郎孔端友襲封衍聖公，爲通直郎、直秘閣，仍許就任關升，以示崇獎。端友言：詔敕文宣王後與親屬一人判司簿尉，今孔若采當承繼推恩。詔補迪功郎。」
〔註55〕《長編》，卷十一，太祖開寶三年十月甲寅，頁 252：「先是，詔諸道舉有德行者。於是，皆集闕下，命學士院試問吏理，而曹州所舉人孔蟾所對稍優。丙寅，以蟾爲章邱縣主簿。」

開寶四年（西元 971 年），布衣羅居因孝順，守臣表其事，進授予延長縣主簿一職。〔註56〕開寶七年（西元 974 年），密州推舉忠孝廉潔者齊得一，為章邱縣主簿。〔註57〕

太宗時期，除布衣、〔註58〕鄉里孝悌者補為主簿之外，鄉貢進士，〔註59〕因與特殊技藝者，亦補授州縣主簿。〔註60〕至仁宗、〔註61〕神宗兩朝，〔註62〕

〔註56〕《長編》，卷十二，太祖開寶四年六月丙子，頁266：「成都布衣羅居通喪親廬墓，日誦佛書，有芝草生，甘露降，守臣表其事，於是以居通為延長縣主簿。」

〔註57〕《長編》，卷十五，太祖開寶七年四月甲寅，頁319：「甲寅，以密州所舉貞廉德行忠孝人齊得一為章邱縣主簿。得一切以五經教授鄉里，弟子自遠而至。晉末遭亂，其家為州將所屠，得一脫身免，訴諸朝廷，州將坐黜。得一乃還家，布衣疏食，不復仕進。于是應詔來京師，策試中選，故有是命。」

〔註58〕《長編》，卷十九，太宗太平興國三年九月壬子，頁434：「以布衣張循為開封府襄邑縣主簿，張文旦為澶州濮陽縣主簿。上微時，嘗與遁等同肄業鄉校。至是詣闕自言，故有是命。」

〔註59〕《長編》，卷二十一，太宗太平興國五年八月甲戌，頁478：「鄉貢進士孟渝為固始縣主簿。渝、長沙人，嘗著野史三十卷。石熙載之在湖南，與渝甚厚，至是來獻所著書，熙載為言於上，故有是命。」又如《長編》，卷三十一，太宗淳化元年九月戊寅，頁705：「以鄉貢進士呂蒙叟為鄲城縣主簿，蒙莊楚邱縣主簿，蒙巽沈邱縣主簿，皆宰相蒙正諸弟，從其請而命之。」

〔註60〕《宋史》，卷四百六十一，列傳二百二十，方技上，〈苗守信〉，頁13499：「守信，少習父業，補司天曆算。尋授江安縣主簿，改司天臺主簿，知算造。太平興國中，以應天曆小差，詔與冬官正吳昭素、主簿劉內真造新曆。及成，太宗命　尉少卿元象宗與明律曆者同校定，賜號乾元曆，頗為精密，皆優賜束帛。雍熙中，遷冬官正。」如《宋史》，卷四百六十一，列傳二百二十，方技上，〈楚芝蘭〉，頁13500～13501：「楚芝蘭，汝州襄城人。初習三禮，忽自言遇有道之士，教以符天、六壬、遁甲之術。屬朝廷博求方技，詣闕自薦，得錄為學生。以占候有據，擢為翰林天文。授樂源縣主簿，遷司天春官正、判司天監事。占者言五福太一臨吳分，當於蘇州建太一祠。」此外，又見《宋史》，卷四百六十一，列傳二百二十，方技上，〈馮文智〉，頁13509：「馮文智，并州人。世以方技為業。太平興國中詣都自陳，召試補醫學，加樂源縣主簿。端拱初，授少府監主簿，逾年轉醫官，加少府監丞。」

〔註61〕《宋史》，卷三百三十一，列傳九十，〈樂京〉，頁10664～10665：「樂京，荊南人。為布衣時，鄉里稱其行義，事母至孝。妻張氏家絕，挾女弟自隨，京未嘗見其面。妻死，京寢食于外，為嫁之。嘉祐初，詔訪遺逸，以薦聞，得校書郎，為湖陽、赤水二縣令。神宗求言，京上疏以畏天保民為請。知長葛縣。」

〔註62〕《長編》，卷二百七十六，神宗熙寧九年六月癸巳，頁6747：「賜布衣馮正符同進士出身，與試銜大郡判司或縣主簿、尉。正符，遂寧人，以御史中丞鄧綰奏舉舍人院試中等也。」又如《長編》，卷二百八十八，神宗元豐元年二月辛未，頁7047～7048：「詔：『權桂州司理參軍徐伯偕、攝廉州石康縣尉徐伯

由布衣爲州縣官之例仍存，但透過布衣入仕的比率，明顯較宋初少。

（2）有功朝廷而授官

凡對朝廷有功者，政府常授予地方主簿一職，如慶曆年間因對夏用兵，詔求遺逸，王巘受范仲淹之薦，擔任主簿；〔註63〕陶弼則助朝廷征湖南有功，得陽朔主簿一職。〔註64〕亦有循吏陳靖，上言轉運使楊克巽，討伐盜賊有功，授予主簿之例。〔註65〕此外，不乏鄉里文人，因獻圖冊有功，擢爲幕職州縣官者。〔註66〕

但較特殊的是，自北宋仁宗朝起，對外族歸正人亦授予主簿一職，如：天聖年間，有兩例歸正人，歸宋而遭朝廷錄用爲州縣官的案例；〔註67〕慶曆年間，也有兩則歸明人挺身來歸，言慶曆以前契丹事甚詳，亦賜幕職官之職。〔註68〕透過這些案例，隱約顯示出幕職州縣官一職，在北宋仁宗朝起，常淪爲統治者籠絡異族來歸的獎賞。

（3）京官之轉遷與放逐

有時當京官因政治理念與當權者不合，不少京官被貶斥爲幕職州縣官。

準並追毀出身以來告敕，除名勒停，永不收敘；百姓徐建安等並杖脊，送荊湖北路編管。』以不知覺徐伯祥赦前通書交趾特斷也。伯祥初以布衣募　擊交賊，授右侍禁，爲沿海巡檢。」

〔註63〕《宋史》，卷三百二十二，列傳八十一，〈王巘〉，頁10445：「慶曆用兵，詔求遺逸，范仲淹薦之，得出身爲永興藍田主簿。」

〔註64〕《宋史》，卷三百三十四，列傳九十三，〈陶弼〉，頁10735：「慶曆中，楊畋討湖南猺，弼上謁，畋授之兵使往襲，大破之。以功得陽朔主簿。」

〔註65〕《宋史》，卷四百二十六，列傳一百八十五，循吏，〈陳靖〉，頁12692：「陳靖字道卿，興化軍莆田人。……洪進稱臣，豪猾有負險爲亂者，靖徒步謁轉運使楊克巽，陳討賊策。召還，授陽翟縣主簿。」

〔註66〕《宋史》，卷四百四十一，文苑三，〈許洞〉，頁13044：「景德二年，獻所撰虎鈐經二十卷，應洞識韜略、運籌　勝科，以負讟報罷，就除均州參軍。」

〔註67〕《長編》，卷一百，仁宗天聖元年三月甲申，頁2318：「以鎮州人侯日用爲三班奉職，睦化元、張歸正、王令從爲定城、望江、來安縣主簿。日用等頃陷契丹，嘗補僞官，至是來歸，特錄之。」此外《長編》，卷一百六，仁宗天聖六年六月戊辰，頁2474：「以契丹僞沃野縣主簿楊從簡爲北海縣主簿。從簡，安德人，嘗舉明經，後并其母陷契丹，以本科及第。至是，挈族來歸，而父無恙，上矜而錄之。」

〔註68〕《長編》，卷一百三十三，仁宗慶曆元年八月乙未，頁3169：「以契丹歸明人趙英爲洪州觀察推官，賜緋衣、銀帶及錢五萬，更名至忠。」又如《長編》，卷一百五十，仁宗慶曆四年六月庚戌，頁3635：「契丹歸明人進士梁濟世爲應天府楚邱縣主簿。濟世本涿州人，嘗主文書敵帳下，一日得罪來歸，且言將有割地之請。」

早於唐宣宗時已出現；〔註 69〕至宋初雖不見文官因政治理念不同，反遭貶官之例，但眞宗天禧起，朝廷利用黨派、地域之別，來排除異己等情況日漸浮現，如天禧四年（西元 1020 年）丁謂排斥寇準的親信，轉寇準親吏張文質、賈德潤並黜爲普寧、連山縣主簿。〔註 70〕相關論述在《東軒筆錄》裡，更有精闢的記載。〔註 71〕

至於新舊黨爭之前後，不少文官遭貶官，如：尹洙因被認爲是范仲淹同黨，貶任崇信軍節度掌書記，〔註 72〕至於鎮南節度掌書記；館閣校勘歐陽修，因營救范仲淹，貶爲夷陵縣令。〔註 73〕在王安石變法期間，凡意見相左者，

〔註 69〕《全唐文》，卷七十九，宣宗皇帝，再貶李德裕崖州司戶參軍制，頁 827～828。

〔註 70〕《長編》，卷九十六，眞宗天禧四年七月盡是年閏十二月，頁 2210；或見《宋大詔令集》，卷第二百四，政事五十七，貶責二，〈寇準貶雷州同戶參軍〉，頁 760：「爲臣之辟，莫大於不忠。治國之經，務從而去惡。劾獲罪於先帝，尚屈法於公朝，世所靡容，朕安敢捨。銀青光祿大夫道州司馬寇準，荷二聖之顧，極三事之崇，每推誠而不疑，掌捐軀而有報。而乃包藏凶德，背棄大恩，與逆寺以通謀，搆屬階而干紀，果上穹之降譴，俾渠魁之就擒。始其告變之辰，適當違豫之，阽危將發，震駭斯多。雖馳驛以竄投，蓋忌器而隱忍，靜思及此，可爲寒心，屬予一人，肇纘丕構，欲邪正之洞別，在賞罰之惟明，特貶遐方，庶塞輿議，全其微命，足示於好生，正乃常刑，式申於禁暴，諒非獲已。爾惟自貽，可貶授將仕郎守雷州司戶參軍、員外置同正員。」

〔註 71〕（宋）魏泰，《東軒筆錄》，頁 177～178：「寇準拜中書侍郎平章事，丁謂參加政事，嘗會食於中書，有羹污準鬚，謂與拂之，準曰：『君爲參預大臣，而與官長拂鬚耶？』謂顧左右，大愧恨之。章聖既倦政，而丁謂曲意迎合太后之意，有臨朝之謀。準便殿請對，言：『太子叡天縱，足以任天下之事，陛一胡不協天人係望，講社稷之丕謀，引望大明，敷照重霄？若丁謂恃才而挾姦，曹利用恃權而使氣，皆不可輔幼主，恐亂陛下家事。』因俯伏鳴咽流涕，眞宗命中人扶起，慰諭之。明日，謂之黨以急變聞，飛不軌之語以中準，坐是罷相。乾興元年二月，貶雷州司戶參軍，皆謂所爲也。」

〔註 72〕《長編》，卷一百十八，仁宗景祐三年五月乙未，頁 2786：「貶太子中允、館閣校勘尹洙爲崇信軍節度掌書記，監郢州酒稅。先是，洙上言：『臣常以范仲淹直諒不回，義兼師友，自其被罪，朝中多云臣亦被薦論，仲淹既以朋黨得罪，臣固當從坐。雖國恩寬貸，無所指名，臣內省於心，有靦面目。況余靖素與仲淹分疏，猶以朋黨得罪，臣不可幸於苟免。乞從降黜，以明典憲。』宰相怒，遂逐之。」

〔註 73〕《宋史》，卷三百一十九，列傳第七十八，〈歐陽修〉，頁 10375～10376：「范仲淹以言事貶，在廷多論救，司諫高若訥獨以爲當黜。修貽書責之，謂其不復知人間有羞恥事。若訥上其書，坐貶夷陵令，稍徙乾德令、武成節度判官。」

除置獄劾治外，〔註74〕亦不少人貶爲幕職州縣官。但也有不少人因看不慣王安石任意拔擢親信，進而自行要求免官。〔註75〕

哲宗元祐年間，舊黨執政，推翻新黨用人超資擢用等現象；但紹聖四年（西元1097年）哲宗親政後，再次擢用新黨人士後，導致黨爭問題日趨激烈。最終於哲宗元祐年間舊黨人士，王珪、〔註76〕司馬光、〔註77〕呂公著，〔註78〕及曾布等，〔註79〕皆被貶斥爲不同區域的司戶參軍。至徽宗崇寧年間，蔡京

〔註74〕《長編》，卷二百二十四，神宗熙寧四年六月甲戌，頁5454：「武寧軍節度使、左僕射、同平章事富弼落使相，以左僕射判汝州。通判亳州、職方郎中唐諲，簽書判官、都官員外郎蕭傅，屯田員外郎徐公袞，支使石夷庚，永城等七縣令佐等十八人皆衝替，坐不行新法，置獄劾治，而有是命。」

〔註75〕《宋史》，卷三百三十一，列傳第九十，〈劉蒙〉，頁10665：「常平使者召會諸縣令議免役法，蒙爲不便，不肯與議，退布條上其害，即投劾去，亦奪官。」至於整件事之評價，《宋史》，卷三百三十一，列傳第九十，頁10671～10672：「論曰：『宋室之人才亦盛矣。青苗法始行，滿朝耆壽故臣，法家拂士，引古今通誼，盡力爭之而不能止，往往多自引去。及數年之後，憲令既成，天下亦莫如之何。已而間守遠郡，尚能懇懇爲民有言。舜俞、京、蒙俱以區區一縣令，力抗部使者，視棄其官如弊屣，非畏威懷祿者能之。』」

〔註76〕《宋大詔令集》，卷第二百九，政事六十二，貶責七，〈王珪追貶萬安軍司戶參軍制〉，紹聖四年四月丁未，頁786：「王珪追貶萬安軍司戶參軍制紹聖四年四月丁未，臣無貳志，戒在懷姦，國有常刑，議難逃罪，其申後罰。以正往愆，故金紫光祿大夫、守尚書左僕射、兼門下侍郎、贈太師王珪，竊文華之上爵，躬柔險之詖行，馴致顯位，遂居冢司，先帝優容臣鄰，務盡禮節，掩覆瑕瑕，多歷歲時，邱山之恩，毫髮未報。……妄懷窺度，專務媕阿，指朝廷爲他家，用社稷爲私計，同列誚詰，久無定言，陰持兩端，不顧大義，僅免生前之顯戮，更叨身後之餘榮，公議勿容，舊疏具在，返覆參驗，心跡較然，使其免惡於一時，難以示懲於萬世，貶從散佚，追正誤恩，庶令官邪，咸知警憲，可特追貶萬安軍司戶參軍。」

〔註77〕《宋史》，卷三百三十六，列傳九十五，〈司馬光〉，頁10769「紹聖初，御史周秩首論光誣謗先帝，盡廢其法。章惇、蔡卞請發塚斷棺，帝不許，乃令奪贈謚，仆所立碑。而惇言不已，追貶清遠軍節度副使，又貶崖州司戶參軍。相關史料亦可參見《宋大詔令集》，政事六十二，貶責七，〈故追貶清海軍節度副使司馬光追貶朱崖軍司戶制〉，頁787。」

〔註78〕《宋史》，卷三百三十六，列傳九十五，〈呂公著〉，頁10777：「紹聖元年，章惇爲相，以翟思、張商英、周秩居言路，論公著更熙、豊法度，削贈謚，毀所賜碑，再貶建武軍節度副使、昌化軍司戶參軍。」相關史料亦可參見《宋大詔令集》，政事六十二，貶責七，〈故追貶建武軍節度副使呂公著追貶昌化軍司戶制〉，頁787；此外《長編》，卷四百八十六，哲宗紹聖四年四月辛丑，頁11538～11539有詳細記載哲宗元祐時期舊黨被貶官之言論。

〔註79〕《宋史》，卷十九，徽宗本紀一，崇寧二年，頁367：「五月丙戌，貶曾布爲廉州司戶參軍。」亦可參閱《宋大詔令集》，卷第二百十，政事六十三，貶責八，

擅政，除令人撰姦元祐黨碑外，又令郡國皆將元祐黨人三百零九人，除名勒停，或送至偏遠地區接收監督管制。可見自仁宗朝後，幕職州縣官等職務，亦淪為政客排除異己，及政爭失利者的安身之職。

　　但有些京官則因身體年邁或特殊原因，求充地方幕職之例，如張詠〈著作佐郎求充幕職狀〉：

> 今者雙親暮年，某亦得替到闕，若畏避觸犯，隱而不伸，是負明天
> 子愛人之心，賢宰相均物之意。又緣天闕嚴深，無緣自達，欲望憫
> 其賤類，特與奏陳。或許就除幕職一官，使得挈負親老，以就官食。
> 如此，則外任其力，而內榮于心也。〔註80〕

但上述文狀所示，文臣因雙親年邁，求充幕職官者，並不普遍；較多情況則是因官員本身年邁，乞求擔任有俸祿而無實質之「宮觀官」等現象。〔註81〕至於太宗後期嚴懲贓吏的鬆弛，〔註82〕及仁宗放鬆對官員的懲處，〔註83〕導致諸多京官則因犯罪、或收受賄賂被降黜為幕職州縣官的案例日增。〔註84〕

　　（4）武官換官為幕職州縣官

　　在天聖五年（西元 1027 年）前，文武官員子弟，只許補武階。之後則允許文臣子弟補文官，武臣子弟補武階。〔註85〕但武官的地位整體是不如文官，多為朝臣所輕視，故武官會用各種方法掩飾自己的身份，或以各種手腕轉遷

曾布廣州司戶制，頁 792～793。

〔註80〕　（宋）張詠，《乖崖集》（四庫全書本），卷十一，〈著作佐郎求充幕職狀〉，頁
　　　　　1。

〔註81〕　梁天錫，《宋代祠祿制度考實》（台北：學生書局，民 67 年 07 月）。

〔註82〕　金中樞，〈宋初嚴懲贓吏〉，《成大歷史學報》第 3 期，台南：成功大學歷史系
　　　　　編，民 65 年 7 月出版，頁 55～91，相關論文亦收錄于《宋史研究集》，第二
　　　　　十二輯，頁 21～63。

〔註83〕　《宋會要輯稿》，職官七六之九—職官七六之十，〈收敘放逐官一〉：「天聖二
　　　　　年十一月十三日南郊赦書：『應京朝官先因負犯及因轉運、提刑司奏降充監
　　　　　當，元不犯贓，後來能守廉勤無過犯者，當議卻與親民差遣。……幕職州縣
　　　　　官元非枉法受贓，別因過犯帶「達礙」二字至今滿十年者，特與除落。仍令
　　　　　後似此但及十年者，並與除落，依常選人例注官。……已經恩放逐便者，於
　　　　　刑部投狀，降責授文武職官及三班使臣，並特與敘用，已敘用者更與敘用，
　　　　　仍各具情理輕重取旨。除名、追官、停職任人，並於刑部投狀，具元犯聞奏，
　　　　　依例施行。』」

〔註84〕　《長編》，卷三百一，元豐二年十一月庚午：「國子監直講、潁川團練推官王
　　　　　沇之，因受太學生章公弼賂，補上舍不以實，遭除名，永不收敘；……至於
　　　　　河南左軍巡判官王沔之，亦因坐納賂，遭御史臺案劾。」

〔註85〕　苗書梅，《宋代官員選任與管理》，頁 72。

為文官，〔註86〕因鑑於此，朝廷於熙寧五年，特別頒佈文武官員轉遷條例，情況則如表3-3所示：

表3-3：熙寧五年三月訂立之文武換官表：

（文官）	（武官）
秘書監	防禦使
大卿、監	團練使
秘書少監，太常、光祿少卿	刺史
少卿、監	皇城使、遙郡刺史
帶職郎中	閣門使、遙郡刺史
前行郎中	官苑使、遙郡刺史
中型郎中	內藏庫使、遙郡刺史
後行郎中	庄宅使、遙郡刺史
帶職前行員外郎、前行員外郎	洛苑使、遙郡刺史
帶職中行員外郎，起居舍人，侍御史，中行員外郎	西京作坊使、遙郡刺史
帶職後行員外郎，左右司諫，殿中侍御史，後行員外郎	供略庫使、遙郡刺史
帶職博士，左右正言，監察御史	閣門副使
太常博士	內藏庫副使
國子博士	左藏庫副使
太常丞	庄宅副使
秘書丞	六宅副使
殿中丞，著作郎	文思副使
太子中允	禮賓副使
太子左右贊善大夫、中舍、洗馬	供略庫副使
秘書郎、著作佐郎	內殿丞制
大理寺丞	內殿崇班
諸寺監丞、節度、觀察判官	東庫供奉官
大理評事、節度掌書記、觀察支使	西庫供奉官
太常寺太祝、奉禮郎	左侍禁
正字，密校，堅簿，兩使職官，防、團練判官，令錄	右侍禁

〔註86〕劉子建，〈略論宋代武官群在統制階級中的地位〉，《兩宋史研究彙編》，頁178～197。

初等職官，知令錄並兩使職官，防禦、團練判官，令錄未及三考	左班殿直
初等職官，知令錄未及三考	右班殿直
判、司、簿、尉	三班奉職
試銜，齋郎並判司簿爲未及三考	三班借職
（以上京官至太常丞帶職，加一資換）	

*參閱：俞宗憲，〈宋代職官品階制度研究〉，《文史》，1983 年 21 期，頁 112～113。

　　透過上表可瞭解，三班使臣等低階武直，可轉遷防禦推官，團練推官等初等職官，及地方判司簿尉。但對於州縣親民官等職務，亦不允許武職之人擔任。

　　但綜觀幕職州縣官的出身，除進士、補蔭、與夫納粟得官、百司胥吏等四種途徑，各時期略有不同，宋初以布衣補官、及流外等方式較爲常見；仁宗朝起，歸明人授官，錄用賢能後代等兩種入仕方式，較爲普遍。雖然諸多人員可獲得幕職州縣官的資歷，但爾後會因其出身之別，影響到仕途轉遷；因幕職州縣官之來源日趨多元，使夏竦提出「愼選令佐」之議。〔註 87〕

三、幕職州縣官之選任

　　幕職州縣官的選任與銓選制度，隨著時間的不同，隸屬於不同機構管理，朝廷對於幕職州縣官的銓選規定，亦有不同，大致尚可分爲以下幾個時期：

（一）國初制度的形成

　　文官考銓制度未健全前以戶口增減，作爲州縣官轉遷升官之準則。〔註 88〕太祖乾德二年（西元 964 年），翰林學士竇儀，對幕職州縣官銓選，上奏〈四時參選條例〉作爲改官的依據：

> 諸州印發春季選人文解，自千里至五千里外，分定日限爲五等，各發離本處，及京百司文解，並以正月十五日前到省，餘季準此。若

〔註 87〕相關史，請參閱《歷代名臣奏議》（臺北：學生書局，1985 年），卷一三四，夏竦，〈擇令佐奏〉，頁 4～5。

〔註 88〕《長編》，卷三，太祖建隆三年十一月甲子，頁 74～75：「先是，案令文，州縣官撫育有方，戶口增益者，各準見戶每十分加一分，刺史、縣令各進考一等。其州戶不滿五千，縣戶不滿五百，各準五千、五百戶法以爲分。若撫養乖方，戶口減耗，各準增戶法亦減一分，降考一等。主司因循，例不進考，唯按視闕失，不以輕重，便書下考。至是，有司上言：『自今請以減損戶口一分，科納係欠一分已上，並降考一等。如以公事曠遺，有制殿罰者，亦降一等。』」

州府違限及解狀內少欠事件，不依程式，本判官罰直，錄事參軍、
本曹官殿選。諸州員闕，並仰申關解條樣，以木夾重封題號，逐季
入遞送格式，其百司技術官闕解，亦準此。季內不至及有漏誤，諸
州本判官以下罰直、殿選，京百司本官奏裁。諸司歸司官合格日，
四時奏年滿，俟敕下，準格取本司文解赴集，流內銓據狀申奏，依
四時取解參選。〔註89〕

該參選條件，主要參考後周對官員的考銓規定，〔註90〕以州縣距離遠近，分
為五等，詳細訂立考銓文解時限，要求各地官員之文解，於每年正月十五日
前，送到中央審查，以作為考選依據。倘若諸州府違限，或解狀資格不符合
者，判官、錄事參軍及各曹官等，遭殿選處分；各州若有官闕，需向上呈報，
若疏漏訛誤者諸州判官以下之官員，需受懲處。若有任官滿期、資格符合者，
依參選條例，領取文解，向吏部申奏。

至於唐末五代之州縣官，下鄉催稅擾民之弊，則頒佈「禁止縣令、簿尉
等州縣官員，非公事下鄉侵民」等公告；〔註91〕企圖加強州縣官員之管理，
以防止官員下鄉擾民。至於州級判官、錄事參軍等，具糾舉監督之職。〔註92〕

幕職州縣官的銓選，國初除令陶穀以下舉堪藩府通判官外；〔註93〕又令

〔註89〕《長編》，卷五，太祖乾德二年二月戊申，頁121～122。相關史料亦見《宋史》，
卷一百五十八，選舉四，〈銓法上〉，頁3695。
〔註90〕《五代會要》，卷二十一，〈選事下〉，頁346～347，周顯德五年正月十日勅：
「諸道幕府州縣，起今日正月一日後，所授官並以三周年為限，閏月不在其
內。其每年常調選人及諸色求任人，取十月一日以前到京下納文解及陳乞文
狀，委所司依舊例磨勘注授。至十二月上旬中，並了畢，便令赴官，限二月
終以前到任。若違程，本處不得放上。且舊官在任，如是無故違限，依格殿
選。其有故違程者，須分明出給得所在憑由，許至前冬赴集。今年赴任者不
在此限。其特敕除授，及隨幕判官赴任，不拘日限。應授官人，至滿日替人
未到間，宜且令守本官，至張公事，依舊請俸。」
〔註91〕《宋史》，卷一，〈太祖本紀一〉，頁16，乾德二年丁未詔：「縣令、簿、尉非
公事毋至村落。令、錄、簿、尉諸職官有耄耋篤疾者舉劾之。」
〔註92〕《長編》，卷五，太祖乾德二年一月丁未正，頁121：「先是，詔諸縣令尉，非
公事無得輒入鄉村，及追領人戶節級衙參。於是，又申明之，判官、錄事察
其違者劾罪以聞。」
〔註93〕《宋大詔令集》，卷第一百六十五，政事十八，舉薦上，〈令陶穀以下舉堪藩
府通判官詔〉，頁629：「宜令翰林承旨陶穀、學士竇儀、太常卿邊光範、御史
中丞劉溫叟、刑部侍郎劉熙古、樞密直學士趙逢、給事中劉載、馬士元、沈
義倫、諫議大夫王營、馮瓚、知制誥王著、盧多遜、起居郎氏居方、竇侃、
起居舍人劉兼、李鑄、左補闕宋溫故、王格古、拾遺徐雄、祕書監尹拙、左

其仿照後周廣順年間等制度，〔註94〕議定〈少尹幕職官參選條例〉：

> 應拔萃判超及進士、九經判中者，併入初等職事，判下者依常選。
> 初入防禦團練軍事推官、軍事判官者，並授將仕郎，試校書郎。滿
> 三周年得資，即入留守兩府節度推官、軍事判官，並授承奉郎，試
> 大理評事。又三周年得資，即入掌書記、防禦團練判官，並授宣德
> 郎，試大理評事兼監察御史。滿二年得資，即入留守、兩府、節度、
> 觀察判官，並授朝散大夫，試大理司直兼監察御史。滿一周年，入
> 同類職事、諸府少尹。又一周年，送名中書門下，仍各依官階分四
> 等。已至兩使判官以上，次任即入同類職事者，加檢校官，或轉憲
> 銜。觀察判官著緋十五年者，賜紫。每任以三周年為限，閏月不在
> 其內。〔註95〕

上述銓選、注官，以入仕考績的優劣，授予不同等級的職官：之後則依考績、
出身之別，改遷不同等級的官階。

　　幕職州縣官之考銓制度，經太祖朝不斷演變，日趨完備；〔註96〕乾德三

庶子楊格、鴻臚少卿轟崇義、右司郎中張鷺、吏部郎中鄧守中、兵部郎中賈
玭、張湜、司勳郎中率汀、禮部郎中李鉉、工部郎中邊玗、開封令任傲。浚
儀令柴自牧、左司外郎張澹、司勳外郎朱洞、刑部外郎和峴、司門外郎蔣元
吉、工部外郎滕白、河南少尹盧億、侍御史閻丕、高雅、殿中侍御史李穆、
雷德驤、馮炳、王祐、師頌等。於見前任幕職京官州縣官中，各舉堪為藩郡
通判官一人以聞。務在公清仍須通敏，除官之日，仍署舉主姓名，如輒敢徇
私，顯彰謬舉，致州政之有濫，在職任以乖方，並量事狀重輕，連坐舉主。」

〔註94〕《長編》，卷五，太祖乾德二年二月丁卯，頁123：「丁卯，詔曰：『周廣順中，
敕：應出選門州縣官，內有歷六考，敘朝散大夫階，次赤令，並歷任曾升朝，
及兩使判官、諸府少尹，罷任後及一周年；曾任兩蕃營田判官、書記、支使、
防禦團練判官，罷任後及二周年：並與除官。諸色選人過三選以上，及未成
資丁憂，課績官無選可減者，令於南曹投狀，準格敕考較無違礙，並與除
官。自恐虧損年限資序，願歸選門者亦聽。如曾任推、巡、軍事判官並諸色
出選門官，並據見任官選數敘理，先次除官。其昭雪官依例刑部檢勘送銓』。
準元敕資敘注擬。」

〔註95〕《長編》，卷五，太祖乾德二年七月庚寅，頁129；相關資料，亦參見《燕翼
詒謀錄》，卷一，〈選人服緋紫〉，頁3。

〔註96〕《長編》，卷五，起太祖乾德二年十二月庚寅，頁129～130：「每一周年，校
成一考。其常考，並依令錄例，書『中』、『上』，如經殿罰，即降考一等，若
校成殊考，南曹上其功績，請行酬獎。或考滿未代，更一周年與成第四考，
隨府罷者不在赴集。其奏授職事，書校考第，出給解由，並准新條，以備他
年參選。若兩任以上不成資，但通計月日及二周年，許折一任成資，及敕替
省員，則取本任解由赴上，不得即給以公憑，並非時赴集。其自以事故不得

年（西元 965 年）起，公告諸州長吏若需要找人代判者，可從幕職官內擇取
能幹者擔任，不得由佐官任意代判，革除五代以來將領多由武臣擔任不知書
的現象；〔註97〕開寶八年（西元975 年），要求幕職州縣官問訊地方耆老，察
時政所在。〔註98〕

　　太宗朝起，對幕職州縣官的考課程序，加以規定：

> 應諸道州府曹掾及縣令、簿、尉，先是吏部南曹給印紙曆子，俾州
> 縣長吏書其績用僣過，秩滿，有司詳視而差其殿最。斯舊章也。執
> 事者其申明之，無或蔽欺，以桼經制。諸州先於曆子外給公憑者，
> 罷之。敢有妄書功勞，輒隱違犯，致磨勘彰露，或爲人陳告，本判
> 官、錄事參軍悉除名，長吏重罰，曹司決配。仍令揭榜於錄事參軍
> 聽事。〔註99〕

按規定幕職州縣官的銓選，委由吏部南曹，統一發放歷子；各州縣長官，需
書其考績，吏部銓選爲憑證。若幕職州縣官妄稱考績者，由州的判官、錄事
參軍加以除名。同年並公告吏部流內銓之選人，以試判案成績，作遷轉改官
的依據。〔註100〕

資，停罷及違程不請告身，一任者二周年赴集，並兩任加一周年，並三任者
不在赴集限。若今任有下考者，殿一年入同類官，如經恩得雪者免殿。如罷
任後出給解由，每違一季殿一年，違兩季以上者殿二年。丁憂服闋及非考滿
去任者，並同罷任。如無解由或省校考牒，並殿一年。或失墜文書而給得格
式公驗者，免殿降。准格停及使闕人三周年赴集。其特敕停任及削官人曾經
徒、流不以官當者，並經恩後本職年限赴集，仍于刑部請雪牒。如無員闕願
入州縣官者，將一周年月俸比校，如有不同，即上下不過十貫者，聽與注擬。
至防、團防官以上入州縣官，罷任後止理本職事年限赴集。其諸府少尹考第，
亦以三周年爲限。從之，自是銓選漸有倫矣。」

〔註97〕《宋會要輯稿》，職官四八之五，〈太祖乾德三年三月〉，詔：「諸州長史，今
　　　　後或有須藉人代判者，許於幕職內擇公幹者充，不得更任代判。（從之）五代
　　　　以來，領節旄爲郡守者多武臣，皆不知書，所至必自置吏，稱代判，以委州
　　　　事，因緣不法。初革其弊。」

〔註98〕《宋會要輯稿》，刑法二之二，〈州縣官問訊宿德耆老以查時政詔〉：「開寶八
　　　　年正月二十六日：『今後或有丘園宿德，鄉縣耆年，並委所在州縣官等，時與
　　　　延客，親自問訊，察人民之疾苦，除胥吏之誅求。凡有諭違，咸需改正。』」

〔註99〕《宋會要輯稿》，職官五九之二，〈考課〉，太平興國二年正月十一日。相關史
　　　　料亦可參見《長編》，卷十八，太宗太平興國二年正月丙寅，頁395。

〔註100〕《宋會要輯稿》，選舉二四之九，銓選，太平興國二年十二月詔曰：「流內
　　　　銓常選人所判試，自來不較臧否，並判下者。自選人所示判三道，定爲四
　　　　等：二道全通、一道稍次而文翰具優者，爲上等；二道稍次，或二道通、

太平興國四年（西元979年），開始對部份制度作略幅的調整：

> 改司寇參軍為司理參軍，以司寇院為司理院，令於選部中選歷任清
> 白，能折獄辨訟者為之，秩滿免選赴集。又置判官一員，委諸州於
> 牙校中擇有幹局、曉法律、高貲者為之。給以月俸，如舊馬步判官
> 之例。秩滿，上其殿最以定黜陟，有踰濫者，坐長吏而下。尋又詔
> 諸州察司理參軍有不明推鞫，致刑獄淹滯，具名以聞，蔽匿不舉者
> 罪之。〔註101〕

企圖藉由相關職官的設置，治理地方推鞫之事，若刑獄淹滯，及蔽匿不舉者，
嚴加懲處。

太平興國六年（西元981年），起又頒佈「諸道節度州依舊置支使，以經
學及諸色無出身人擔任，但掌書記與觀察支使兩者，於州縣不並置」，〔註102〕
藉由相關規定，以免州縣官員過多，權責劃分不清等流弊。此外，為了提昇
幕職州縣官的法律水準，即公告〈幕職州縣官習讀法書，知通幕職州縣官秩
滿試法書詔〉：

> 應朝臣京官及幕職州縣官等，今後並須習讀法書，庶資從政之方，
> 以副恤刑之意。其知州通判及幕職州縣官等，秩滿至京，當令於法
> 書內試問，如全不知者，量加殿罰。〔註103〕

藉由相關詔令，得知朝廷企圖裁選適任之官，達到勤恤民意之效。〔註104〕至

> 一道全不通而文翰稍精者，為中等；一道通及稍次，二道全不通，或三道
> 全次而文翰無取者，為中下等；三道全不通而文翰紕者，為下等。判上者
> 即與超一資注擬，如入職事官，及不超資，與如一階；判中者即依資注擬；
> 判中下者注同類官，黃衣人即除依資，如初入令錄，內降一資注擬，至下
> 州下縣不降；判下及全不對者，落一殿一年，後殿滿日赴集。凡兩經試判
> 皆中者，擬同類官。」亦可參見《長編》，卷十八，太宗太平興國二年正月，
> 頁416。

〔註101〕《長編》，卷二十，起太宗太平興國四年十二月丁卯，頁466。
〔註102〕《宋會要輯稿》，職官四八之四，〈幕職官〉：「國初兩使各置推、判官，節度
置掌書記，觀察置支使，餘州置判，推官各一人。太平興國六年，詔諸道節
度州依舊置支使，資考、俸料同掌書記料。以經學及諸色入仕無出身人充入
仕。書記、支使不並置。」
〔註103〕《宋大詔令集》，政事五十三，刑法上，〈令幕職州縣官習讀法書知通幕職州
縣官秩滿試法書詔〉，雍熙三年九月癸未，頁742。
〔註104〕（宋）王栐，《燕翼詒謀錄》（北京：中華書局，1981年第一版），卷三，〈州縣
官秩滿試法〉，頁27：「雍熙三年九月癸未，詔：『知州、通判、幕職、州縣官秩
滿至京師，於法書內試問，如全不知者，量加殿罰，所以關防檢察癃老、昏繆、

於偏遠區域官員的選任,規定年滿六十歲者,需考量體力與能力,不堪負荷、無法勝任。〔註105〕

此外,幕職州縣官的考銓機構,在太祖、太宗二朝是有所分別的;大抵於太祖時期,幕職州縣官之注擬與考課,委由朝臣薦舉,及吏部流內銓掌握。自淳化四年(西元 993 年)起,將幕職州縣官與京官的考銓,分屬不同機構掌管;將京朝官之考課改由審官院,幕職州縣官之考銓,委由考課院主管。〔註106〕至道二年(西元 996 年),將幕職州縣官的考銓,改歸吏部流內銓來審理。〔註107〕

相關考銓流程為:吏部南曹主掌選人殿選,及考狀勘驗,判成則將相關歷子送至吏部流內銓注擬,最終由中書除授、聽旨。〔註108〕此外,因鑑於官多闕少,產生諸多幕職州縣官,於任滿之際多無法直接參與銓選,需待選若干年後,方注擬新官。據《宋史》所載:

> 兩府司錄,次赤令,留守、兩府、節度、觀察判官,少尹,一選;
> 兩府判、司,兩畿令,掌書記,支使,防禦、團練判官,二選;諸

疾病之人也。』今知州到闕必須奏事,通判而下不復舉行,殊失祖宗謹重州縣,勤恤民瘼之意,豈非不才者,多惡其害己,而不欲舉行之乎。」

〔註105〕《宋史》,卷一百五十九,選舉五,銓法下,〈遠銓〉,頁 3721～3722:「太平興國初,詔:『川峽、嶺南、福建注授,計程外給兩月期,違則本州不得放上,遣送闕下,除籍不齒。或被疾,則所至陳牒,長吏按驗,付以公據;廢痼未損,則條狀以聞。』雍熙四年,又詔:『選人年六十,勿注遠地;非土人而願者聽。』」

〔註106〕《燕翼詒謀錄》,卷二,〈考課院更名〉,頁 15:「皇朝吏銓不曰尚書吏部,而曰考課院,其上著京朝官、幕職、州縣官以別之。淳化四年二月丙戌,詔改考課京朝官院為審官院,考課幕職、州縣官院為考課院,而總謂之流內銓云。」

〔註107〕《宋史》,卷一百六十三,職官三,〈吏部〉,頁 3832:「舊制有三司,尚書主其一,侍郎二員各主其一,分銓注擬事。其後,但存尚書銓,餘東西銓印存而事廢。淳化中,又置考課院,磨勘幕府、州縣功過,引對黜陟。至道二年,以其事歸流內銓。判流內銓事二人,以御史知雜以上充。掌節度判官以下州府判司、諸縣令佐擬注對揚、磨勘功過之事。判部事二人,以帶職京朝官或無職事朝官充。凡文吏班秩品命令一出於中書,而小選院既不復置,本曹但掌京朝官敘服章、申請攝官,訃吊祠祭,及幕府州縣官格式、闕簿、辭謝,拔萃舉人兼南曹甲庫之事。流外銓,掌考試附奏諸司人吏而已。南曹掌考驗選人殿最成狀而送流內銓,關試、勾黃、給曆之事。甲庫掌受制敕黃,關給籤符優牒,選人改名廢置之事。」

〔註108〕《宋史》,卷一百五十八,選舉四,〈銓法上〉,頁 3699:「舊制,州縣官南曹判成,流內銓注擬,其職事官中書除授。然而歷任功過,須經南曹考驗,遂令幕府官罷任,並歸銓曹,其特除拜者聽朝旨。」

府司、錄、次畿令，四赤簿、尉，軍事判官，留守、兩府、節度、
觀察、防禦、團練軍事推官，軍、監判官，進士、制舉，三選；諸
府司理、判、司，望縣令，九經，四選；輔州、大都府司理、判、
司，緊上州錄事參軍，緊上縣令，次赤兩畿簿、尉，五經、三禮、
三傳、三史、通禮、明法，五選；雄望州司理、判、司，中州錄事
參軍，中縣令，次畿簿、尉，六選；緊上州司理、判、司，下州、
中下州錄事參軍，中下縣、下縣令，緊望縣簿、尉，學究，七選；
中州中下州司理、判、司，上縣簿、尉，八選；下州司理、判、司，
中縣簿、尉，九選；中下縣下縣簿、尉，十選。〔註109〕

透過上述資料得知幕職州縣官之待選，主要依照出身有無，及職務差異，而
有所不同。一般而言，進士、制舉出身者三選，九經出身須經四選，諸科出
身五選，學究八選，無出身者最高須經十一選，正因為有選數限制，使得幕
職州縣官累積任期的時間考數甚長。〔註110〕

　　此外，幕職州縣官的出身差異，亦影響到日後職官的遷轉：

留守、兩府、兩使判官，進士授太常丞，餘人太子中允。支使，掌
書記，防禦、團練判官，進士授太子中允；餘人著作佐郎。兩使推
官、軍事判官、令、錄事參軍，進士授著作佐郎，除人大理寺丞。
初等職官知縣，知錄事參軍，防禦、團練、軍事推官，軍、監判官，
進士授大理寺丞；餘人衛尉寺丞。惟判、司、主簿、縣尉七考，進
士授大理寺丞，餘人衛尉寺丞。自節、察判官至簿、尉，考不及格
者遞降等。〔註111〕

之後又對不同職官，訂立所需要之考課年限，與舉主人數之分別有所規定。〔註

〔註109〕《宋史》，卷一百五十八，選舉四，〈銓法上〉，頁3702。
〔註110〕相關論述可參閱雷家聖，《北宋前朝文官考銓制度之研究》，頁65～66。
〔註111〕《宋史》，卷一百五十八，選舉四，〈銓選上〉，頁3694。
〔註112〕《宋史》，志卷一百六十九，職官九，〈流內銓〉，頁4040～4042：「判、司、
簿、尉有出身兩任四考，無出身兩任五考，攝官出判、司三任七考，並入錄
事參軍。但有舉主四人或有合使舉主二人，並許通注縣令。流外出身四任十
考，入錄事參軍。內係驅使官。沿堂五院人，只注大郡判、司，大縣簿、尉。
進納出身三任七考，曾省試下第二任五考，入下州令、錄，仍差監當。舉縣
令，有出身三考、無出身四考，攝官出身六考、有舉主三人，進納出身六考、
有舉主四人，流外出身三任七考、有舉主六人，並移縣令。內移外人入錄事
參軍。」另外朝廷籌賞、奏薦時，官員之改官程序，亦有所不同，請參見《宋
史》，職官九，〈敘遷之制〉，頁4040～4042。

112）依轉遷程序，凡擔任下州判司簿尉，無出身者，需要相當長時間任官於地方，之後若有舉主保舉，方有機會轉遷爲京官。〔註 113〕

總觀太祖設官分職，多襲五代之制，藉由幕職州縣官的官派，革除唐末以來藩鎮氣焰過盛之弊；至太宗朝對「制度」本身的調整，使得考銓系統得以確立。但在宋朝文官的眼中，國家用人爲進退遲速，各有其法；若有才者，不惜超資擢用。〔註 114〕但超資擢用等規定，卻爲日後奔競獵官，及改官不實等現象埋下伏筆。

（二）元豐改官前制度的確立

隨著考銓制度的確立，自眞宗朝起允許選人以考第、資歷作爲轉遷的依據；若任官期間無過犯，且有勞績者，依序升遷，謂之「循資」。至於循資磨勘的升遷，在仁宗朝以前，選人改官則遵守著相關規定：

> 若磨勘應格，自縣令、錄參以上及六考者，有出身皆改著作郎；無出身及七考者，改大理寺丞，其有功賞循資者減一考。若未該磨勘，循資者，至支使及八考者，有出身改太子中允，餘改太子中舍。其四色判官及九考以上者，改秘書丞十二考。〔註 115〕

但至仁宗朝，認循資改官之人員過多，遂請各州縣之帥臣、監司、通判，保薦優秀之官員，歲以一百人爲限，加以引見擢用。〔註 116〕最初則規定「因幕職資序人缺少，命常參官二員共舉州縣官一員充幕職官。」〔註 117〕大中祥符二年（西元 1009 年），改爲「幕職、州縣官初任，未熟吏事，須三任六考，方得論薦。」

〔註 113〕《宋史》，卷一百五十八，選舉六，〈保任〉，頁 3743：「初，選人四考，有舉者四人，的磨勘遷京官。」

〔註 114〕（宋）洪邁，《容齋四筆》，卷十二，〈祖宗用人〉，頁 757～758：「祖宗用人，進退遲速，不執一端，苟其材可任，則超資越級，曾不少靳，非拘拘於愛惜名器也。宋琪自員外郎以正月擢拜諫議大夫，三月參知政事。太宗將用李昉，時昉官工部尚書，七月特遷琪刑書，遂並命爲相。而琪居昉上，自外郎歲中至此。石熙載以太平興國四年正月，自右補闕。爲兵部員外郎、樞密直學士，才七日，簽書院事，四月拜給事中，爲副樞，十月遷刑部侍郎。」

〔註 115〕章如愚，《羣書考索·後集》（四庫全書本），卷十九，官制門，〈文階類〉，頁 6。

〔註 116〕《羣書考索·後集》卷十九，〈文階類〉，頁 6：「仁宗朝議者悉以考第改官者，其員猥多，遂詔用帥臣、監司、通判保薦。而以州縣多寡定數，以歲改百員爲額。」

〔註 117〕李心傳，《建炎以來朝野雜記》，乙集，卷十四，〈建隆至元祐選人升改舉主沿革〉，頁 960～962。

〔註118〕藉由相關詔令，可視幕職州縣官「限考受薦」之始；次年四月，亦要求選人改官須經三任七考以上；起任官期間未犯私罪，有政績者，若無人薦舉，可向主管單位申請改官。〔註119〕大中祥符五年（西元1012年）六月，要求「京官二員，共舉幕職州縣官一員，充京官者，聽舉主用兩員」。〔註120〕天禧年間，對於舉主則要求需有一人為路級長官，以免濫薦，同時更將「舉主二人，增加至五人」，至此選人薦舉制度正式確立。〔註121〕

自天禧五年（西元1021年）對幕職州縣官舉奏，加以修正：

> 舉奏幕職州縣官但歷任及四考已上施行，本寺欲乞比類前敕但歷任
> 五考已上，並許保薦。仍於法官將滿前一月具名以聞，所冀精詳法
> 律，得遂公平。〔註122〕

但仁宗朝康定元年（西元1040年）後，選人改官之「舉主保薦」，日漸被重視；相關規定則如吏部流內銓吳育言所言：

> 銓司舉官條例內有曾犯贓私罪不許奏舉。今請應選人曾犯贓私罪，除
> 情理重者，無復在官；若所犯稍輕者，敘用後經兩任別無私罪、顯有
> 材能者，並許奏舉磨勘，比類流外選人，補換班行。其選人歷任有踰
> 濫罪名者更不引見⋯⋯選人非監臨，而受酒食、藥物、果菇，計贓不
> 滿足，及賣買貨利非強市，杖六十以下罪，經兩任無私，有舉主十人；
> 即因燕飲用妓樂犯踰濫者，十年無私罪，亦許磨勘引見。〔註123〕

由上述規定得知，選人犯私罪者，若有舉主保舉，仍允以磨勘引見。而相關考銓制度的調整與變革，〔註124〕會因為官員出身之別、舉主人數，影響選人

〔註118〕《宋史》，卷一百六十，選舉六，〈保任〉，頁3741。

〔註119〕《宋會要輯稿》，選舉二七之十一至二十七之十二，〈舉官〉，大中祥符三年五月：「刑獄公事，委是州縣不能結，絕須自朝廷遣官者，亦於籍內差選幕職州縣官三任七考以上，使臣在十年以上，歷任無罪，實有課績，無人奏舉者，許經所由私自敘，令主判官驗問材地可否。選人試刑名時務各三道，使臣願試邊事及刑名時務者，易聽如實，有可取，即送中書樞密院，舟加考覆。」

〔註120〕《建炎以來朝野雜記》，乙集，卷十四，〈建隆至元祐選人升改舉主沿革〉，頁961。

〔註121〕《建炎以來朝野雜記》，乙集，卷十四，〈建隆至元祐選人升改舉主沿革〉，頁962：「天禧元年五月敕，兩省五品以上，歲許舉京朝官五人，升朝官許舉三人，薦舉限員自此始。」又見《宋會要輯稿》，選舉二七之十七，舉官二。

〔註122〕《宋會要輯稿》，職官一五之三七，天禧元年五月敕。

〔註123〕《宋會要輯稿》，職官一一之一二，〈有罪選人磨勘引見事又奏〉，康定元年九月。

〔註124〕仁宗朝對於犯罪官員的鬆綁與堂除，亦見《宋會要輯稿》職官七之二六，〈省府推判官等犯罪降黜後來合入差遣並堂除詔〉至和二年六月十九，所載：「今後曾

考課升遷。〔註125〕

（三）元豐改制後制度之調整

元豐元年（西元1078年），對幕職州縣官的銓選與升遷，亦有所示：

自今諸酬獎，第一等，京朝官、大小使臣轉一官；選人，判、司、主簿、尉五考；初等職官，知令、錄四考；兩使職官，令、錄三考；支，掌，防、團、節、察判官，並因軍功、捕盜不限考第，並轉合入京朝官，不及以上資考者循兩資。第二等，減磨勘三年；選人循一資，與堂除差遣一次；軍功、捕盜轉次等合入京朝官。第三等，減磨勘二年，選人循一資。第四等，免遠、免短使、免試；無可免者，各與升一年名次。第五等，各升半年。該兩次已上酬獎者與併賞、併升，願留後任收使聽。〔註126〕

相關考銓規定，各酬賞、減磨勘及堂除差遣，論功行賞、依資轉遷兩者為主。至於文官官階高低與出身之別，將導致文官轉遷各異。

自元豐改制，對幕職州縣官的改官方式，加以調整：

元豐肇新官制，稍鐫改官之格，改觀察判官以上有出身改奉議郎；無出身改通直郎；掌書記改通直郎；支使以下一例改宣德郎而以。朝廷每以選人改官為重，必命制詮近臣引對，便殿上親閱其人材，歷任功過，降旨改令，入官或令改次等官，或令更任一任回改，官不自廟堂進擬，使此權專出主上也。〔註127〕

元豐五年（西元1082年）起，針對前朝州縣官員多給予告身，職卑事微等情況，〔註128〕加以調整：

任省府推判官及轉運、提刑差遣，因犯罪降黜，所有後來合入差遣，並與堂除」。

〔註125〕《宋會要輯稿》選舉二八之三，英宗治平三年四月詔，流內銓：「磨勘選人願入職官者，與循資注官，令任　還無贓私罪，及私罪杖已下情輕者，有舊舉主三人或新舉主二人，與磨勘引見。歲舉選人充京官者，自今以三分之一舉令、錄、判、司、簿、尉充職官；舉主滿三人，歷任無贓私罪或私罪杖以下情輕者，判、司、簿、尉有出身三考，無出身四考，與注合入職官；充縣令須到任一考乃得舉。所以分減舉者數，省京官也。」

〔註126〕《長編》，卷二百九十，神宗元豐元年七月丁酉，頁7102。

〔註127〕《羣書考索‧後集》卷十九，〈文階類〉，頁6。

〔註128〕《長編》，卷三百二十五，元豐五年四月甲戌，頁7826：「唐制，內外職事有品者給告身，其州鎮辟置僚佐止給使牒。本朝亦以品官給告身，無品及一時差遣，不以職任輕重，其中書門下給黃牒，樞密院降宣。今若盡如唐制例給告身，則職卑而事微，恐不勝盡給。」

今擬階官、職事官、選人，凡入品者皆給告身；其無品者若被勅除授，則給中書黃牒，吏部奏授則給門下黃牒，樞密院差則仍舊降宣，於事簡便。〔註129〕

透過上述規定，瞭解元豐五年官制改革，企圖釐清官職差遣不符等問題，此外，規定官員有品職者給予告身，無品秩者則給中書黃牒。至於文官之告身支給，即委託吏部負責。〔註130〕

隨著官僚人數的遽增，元祐元年（西元 1086 年），對選人奏舉陞陟始立定額：

新制，諸州軍通判每年許舉選人一名，幕職州縣官改官、判司簿尉充縣令間舉。然郡府有小大，不可無等殺。請分州軍爲三等，十邑已上歲舉三人，改官、職官、令各一；五邑已上歲二人，令一，改官、職官互舉一人；五邑已下如新制，無邑者不舉。〔註131〕

據元祐新制諸州通判每年許舉薦選人一名，幕職州縣官改官，依所在州軍等級之別，推舉不同人數之選人改官；同時，要求監司帥守，薦舉官員，於舉狀之內，詳載所在任事，與素來行業，以備詳察。〔註132〕

紹聖元年（西元 1094 年），右司諫朱勃對選人敘遷之法，加以修正：

應選人歷任未及三考上，許奏舉職官、縣令，通及三考以上及見係幕職、令錄資序，方許奏舉改官，庶稍抑權勢請託之獎，均及寒畯效職之人。〔註133〕

企圖裁抑權貴改官，對妄自請託的陋習，也企圖導正。至於選人改官規定，以恢復「元豐官制」爲主。由吏部公告相關銓選格式：

元豐選格，經元祐多所紛更，於是選集後先，路分遠近，資歷功過，悉無區別，踰等超資，惟其所欲。詔旨既復元豐舊制，而辟舉一路尚存，請盡復舊法，以息僥倖。〔註134〕

此外，對幕職州縣官之銓選規定，自元符二年（西元 1099 年）起，亦有大幅度的增修：

〔註129〕《長編》，卷三百二十五，元豐五年四月甲戌，頁7826～7827。

〔註130〕宋神宗，《兀豐官制不分卷》（台北：文海出版社，民70），〈官誥院〉，頁305：「元豐五年行官制，文武誥身屬吏部。」

〔註131〕《宋會要輯稿》選舉二八之十六，舉官二，元祐元年六月十三日。

〔註132〕《宋會要輯稿》，選舉二八之二四，舉官二，元祐四年七月二十四日。

〔註133〕《宋會要輯稿》，選舉二八之二五，舉官二1，紹聖元年四月二十三日。

〔註134〕《宋史》，卷一百五十八，選舉四，〈銓法上〉，頁3710。

> 承務郎已上及幕職、州縣官歷任兩考，非見任外官，有舉試刑法或
> 監司舉主一員，每歲聽於尚書吏部或所在官司投狀，申本部乞試刑
> 法。其舉主未足或歷任未兩考，亦許試。如得減年磨勘占射差遣以
> 上，候舉主考第足推恩，即歷任曾犯私罪徒或入己贓及失入死罪並
> 停替未經任者，並不許乞試及推恩。〔註135〕

按規定選人每年至尚書吏部，或所在官司投狀，申請試法的考試。若無舉主，
任職兩考以上，亦允許參加試法。但凡犯私罪或入己贓，及誤判人死罪者，
若替停未經任，則不許參加相關銓試，至於選人的保任改官，符合資序者，
經三考，方能要求轉官。〔註136〕

第二節　北宋中後期幕職州縣官制度之流弊

太宗末年，地方制度衍生出諸多流弊：其一、文官為升遷產生奔競獵官
的情形；其二、入仕管道的浮濫，造成官員人數與日遽增，及官員待闕過長
等問題。儘管朝廷出現冗官待闕等現象，卻有許多官員不願赴任邊陲地區。

前輩學者已對北宋官制的「三冗問題」、〔註137〕蔭補及薦舉之濫等問題加
以討論，〔註138〕部份日本學者則注意冗官奔競及地方官候選等問題，〔註139〕

〔註135〕《宋會要輯稿》，選舉一三之二四至十三之二五，〈試法〉，元符二年十二月十
　　　　六日。

〔註136〕《宋史》，卷一百六十，選舉六，〈保任〉，頁3748：「紹聖元年詔：歷任通及
　　　　三考，而資序已入幕職、令錄，方許舉之改官。」

〔註137〕（一）張希清，〈論宋代科舉取士之多與冗官之問題〉，《北京大學學報》，1987
　　　　　年5期。

　　　　（二）何忠禮，〈北宋擴大科舉取士的原因與冗官冗吏的關係〉，收錄於漆俠
　　　　　主編，《宋史研究論叢》（保定，河北大學出版社，1984年），頁87～
　　　　　106。

　　　　（三）關履權，〈宋代科舉考試制度擴大的社會基礎及其對官僚政治的影響〉，
　　　　　收錄於《宋史論集》（河南：中州出版社，1983年），頁167～176等三
　　　　　篇文章，認為對北宋廣科舉取士的結果，造成官僚冗濫，遇事相互推諉
　　　　　，不負責任，且因循苟且，行政校路低落、官員過多，相互結為朋黨與
　　　　　派系鬥爭、冗官耗費國家大量財力，加重對人民的負擔。

〔註138〕梅原郁，〈宋代の恩蔭制度〉，《東方學報》，第52冊，1980年，頁501～536；
　　　　張希清，〈論宋代恩蔭之濫〉，鄧廣銘，漆俠主編《中日宋史研討會中古論文
　　　　選編》（保定，河北大學出版社，1991年），頁213～231；及游彪，《宋代蔭
　　　　補制度研究》（北京：中國社會出版社，2001年）。等作品針對北宋蔭補制度，
　　　　及蔭補衍生的冗官問題作討論。

但對當時地方制度的流弊，較少著墨。本文欲以北宋中後期，幕職州縣官制度之流弊，做進一步的討論。

一、舉薦與保任之冗濫

北宋考銓制度的確立，是否爲朝廷找到人才，至太宗朝頗受質疑，於至道年間，監察御史王濟提出批評：

> 銓選之門，徒有其名，莫責其實。有殿者雖加厚罰，有最者莫見明揚，或驟遇寬恩，則不限其功過，靡逢舉薦，則終困於徒勞」。又曰：
> 「貢舉不嚴，則權勢爭前，而孤寒難進。」〔註 140〕

透過相關言論瞭解殿選嘉獎及奏薦利於權貴子弟；反觀，孤寒者，欲入朝爲官頗爲困難。因此，朝臣建議將升朝官之子弟，與剛入仕的文官，藉由州郡薦舉方式，升至禮部。以出身之別，分以權勢、孤寒兩等，裁選不同數額之人數，以免考選制度掌握在少數人手裡。

但選人磨勘制度的施行，至北宋中後期，衍生出諸多弊病；諸多文人認爲人仕管道多元，造成冗官的形成。以北宋中後期來說，入仕管道除科舉外，亦包含：奏舉、辟舉、舉薦及流外等方式。在當時文人眼中，多認爲奏舉、辟舉及舉薦等入選方式，是具有爭議的。儘管不少文臣建議將考銓制度悉歸吏部，反對者卻認爲歸吏部選授之人，多發生才、職不相當的窘境，希望辟舉入仕的方式繼續保留。〔註 141〕

舉薦與保舉之任，國初因闕多員少，皇帝屢次要求京官奏薦人才。但舉者頗相互縱容！使朝廷採納，知制誥高錫所言「請告人許告，得實，則有官者優擢，非仕官者授以官，或賞緡錢；不實，則反坐之。」〔註 142〕透過告發

〔註 139〕內河久平，〈宋初地方官昇進の一過程─候選制度について─〉，《東洋法史の探求島田正郎博士頌壽紀念論文集》（東京：汲古書院，1987 年），頁 227～252。該文主要討論北宋州縣下級地方官的任官辦法，及官員候選升遷的議題；最終作者以宋初到仁宗的三次郊祭封官爲例，來解釋候選制度是否存在與待闕時間長短的問題。

〔註 140〕《長編》，卷四十二，太宗至道三年九月壬午，頁 884～885。

〔註 141〕《文獻通考》，選舉考，卷第三十九，選舉十二，〈辟舉〉，頁 369～1：「神宗熙寧間，內外小職任長吏舊得奏舉者悉罷。一歸吏部以爲選闕，已而銓法所授才與職多不相當。遂又即選闕取其不可專以法，注者仍許辟置，然亦罕矣。至要司劇任或，創有興建長吏，欲得其所親信者，與相協濟，則往往特命許之。於是辟置亦不能全廢也。」

〔註 142〕《宋史》，卷一百六十，選舉六，〈保任〉，頁 3739。

犯罪等方式，來監官員的任官情形；若告發得實者，允以賞賜，若舉發不實者，將接受懲罰。仁宗天聖四年（西元 1026 年），始詔「臣僚奏薦子弟須言服紀，不許奏無服之親」；〔註143〕但因薦者人數過多，朝廷始戒近臣，非受詔勿輒舉官，勿以薦舉為阿私。此外，藉由增加選人考數及舉者人數，以彌補保任之弊，要求「選人任內復有舉者，始得升遷」。〔註144〕

　　而舉薦、保任之制，為時人所詬病，如仁宗景祐二年（西元 1035 年），睦州團練推官柳三才釋褐為官逾月，未有善狀，因知州呂蔚遽薦改官，後因改官不實，反遭降黜處分。〔註145〕此外，地方縣令妄自請託，以求改官的風氣相當盛行，〔註146〕文官劉沆對保任薦辟之弊，提出建言：

> 近臣保薦辟請，動踰數十，皆浮薄權豪之人，交相薦舉，有司以之貿易，遂使省府、臺閣華資要職，路分、監司邊防，實任役非公選，多出私門。又職掌吏人遷補有常，而或減選出官，超資換職，當除家便，先次差遣之類，乃是近臣保薦官吏之弊一也。審官、吏部銓、三班當入川、廣，則求近地，入近地則求在京，并堂除陞陟省府館職檢討類，乃是近臣陳乞親屬之弊二也。其敍錢穀管庫之勞，捕賊雪活之賞，有司雖存常格，已經裁定，尚復有僥倖之請。以法則輕，以例則厚，執政者不能守法，多以例與之。如此之類，乃敍勞干進之弊三也。願詔中書、樞密，凡三事毋得用，例餘聽如舊。〔註147〕

上述言論，獲知：其一、保任、薦辟等制度，較利浮薄豪強之人。部份官員將官職論價計酬，造成中央高官要職與地方財政收入豐厚之官，多出於私門授予。其二、豪強權貴之人，透過關係，以求近地。其三、任職地方的基層文官，常妄稱功績，聯合下層胥吏及考核官員，纂改選格，以求改官。綜觀諸多問題，於劉沆眼裡，認為若發現官員名實不符者，則不得任用，以矯正銓選之弊。

〔註143〕《燕翼詒謀錄》，卷三，〈奏薦以服屬進奉人等第推恩〉，頁 28。
〔註144〕《宋史》，卷一百六十，選舉六，〈保任〉，頁 3743。
〔註145〕《長編》，卷一百六十，仁宗景祐二年六月丁巳，頁 2736：「詔幕職、州縣官初任未成考者，毋得奏舉。先是，侍御史知雜事郭勸，言睦州團練推官柳三變釋褐到官，才踰月，未有善狀，而知州呂蔚遽薦之，蓋私之也，故降是詔。」
〔註146〕《長編》，卷一百六十八，仁宗皇祐二年七月庚午，頁 4046：「上因謂輔臣曰：『縣令與民最近，故朕設保舉之法，今易所舉猥多，必以請託故也。』遂令裁定其數。」
〔註147〕劉沆，〈近臣保薦辟請三弊奏〉，見《長編》，卷一七八，至和二年二月丙午，頁 4318。

　　鑑於舉薦、保任之弊，神宗時，罷兩府初入舉官。至於選人的薦任，依
「循資格」改官；熙寧年間，對選人改官等部份，調整為：

> 神宗即位，乃罷兩府初入舉官。凡薦任之法，選人用以進資改秩，
> 京朝官用以升任，舊悉有制。熙寧後，又從而損益之，故舉皆限
> 員，而歲又分舉，制益詳矣。定十六路提點刑獄歲舉京官、縣令
> 額。又詔察訪使者得舉官。選人任中都官者，舊無舉薦，始許其
> 屬有選人六員者，歲得舉三員。既而帝以舊舉官往往緣求請得之，
> 乃革去奏舉，而概以定格。詔內外舉官法皆罷，令吏部審官院參
> 議選格。〔註148〕

熙寧年間除罷除內外舉官之法，又將銓選改令吏部審官院，依參選格式銓選文
員。但在哲宗元祐初年，左司諫王巖叟建議，恢復「內外舉官之法」。〔註149〕
幕職州縣官之舉薦，依州軍等級，〔註150〕與官員能力，〔註151〕作為舉薦改官
的依據。

〔註148〕《宋史》，卷一百六十，選舉六，〈保任〉，頁3745。
〔註149〕《長編》，卷三百八十，哲宗元祐元年六月丙午，頁9233～9234：「左司諫王
　　　　巖叟言：『臣竊以人得於表裏不疑則可任，事出於上下相應則易成。此諸府之
　　　　辟召、群司之奏舉所以不可廢也。自辟舉之法罷而用選格，可以見功過而不
　　　　可以見人材，中外患之，於是不得已而有踏逐奏差、申差之格。踏逐者，陰
　　　　用舉官之實而明削同罪，非善法也。選才薦能而曰『踏逐』，非雅名也。必當
　　　　擇人之地而不重用人之道，非深計也。委人以權而不容舉其所知，非通術也。
　　　　伏望聖慈特賜指揮，復內外司舉官法，以允公議。」
〔註150〕《長編》，卷三百七十九，哲宗元祐元年六月己亥，頁9214：「新制諸州軍通
　　　　判，每年許舉選人一名，幕職州縣官改官、判司、簿、尉充縣令間舉。然郡
　　　　府有小大，不可無等殺。請分州軍為三等：十邑巳上歲舉三人，改官、職官、
　　　　令各一；五邑巳上歲二人，令一，改官、職官互舉一人；五邑巳下，如新制
　　　　無邑者不舉。」
〔註151〕《長編》，卷三百九十六，哲宗元祐二年三月戊辰，頁9654～9655：「文彥博
　　　　又奏：『臣觀六典三銓之法，以三類觀其異，優者擢而升之，否者量而退之，
　　　　所以正權衡，明賞罰，抑貪冒，進賢能。今之典選，一守定格，選格中有以
　　　　多舉主、有軍功者為上。多舉主者或善請求，有軍功者或容妄冒，如近時買
　　　　人頭得賞官者極多，有同配官者，故多失才，亦容濫進。臣欲乞委吏部尚書、
　　　　侍郎，大略依三類之法，定本選之人合入知州、通判、知縣、縣令，考其才
　　　　德功效，為上中下三品，送中書門下覆驗可否定詫，判銓官引對，一經聖鑑，
　　　　物無遁形，便有去留，孰不激勸。又判銓之官亦當上體朝廷委付之重，以衡
　　　　鑑自任，處之不疑。間或以人才高下絕異者，特以名聞而進退之，乃為稱職。』
　　　　詔遣給事中、中書舍人、左右司郎官、吏部、禮部看詳。」

二、奔競獵官及改官不實等現象

　　自太宗起，廣開科舉，延攬士人入朝，衍生出不少文人為求功名，以各種卑劣之法，晉升仕途；〔註152〕至於官員競奔的現象，最早源於太宗末年；太平興國二年（西元 977 年）朝廷為了改正文官奔競巧取之弊，特頒佈此敕文：

> 今後州府錄曹、縣令、簿、尉，吏部南曹並給印紙、曆子，外給公憑者罷之。自此奔競巧求者，不得以公憑營私更易改給矣。〔註153〕

儘管依詔令所示，改官者需至吏部南曹繳納印紙、曆子作為轉遷的依據，不少州縣官為了改官不擇手段。真宗年除親自檢視地方文官的判詞外，更重申太平興國所頒佈之「四等判格」，令幕職官判詞上者，升官一資，判詞中等者，應循原本資循。〔註154〕

　　但地方官妄稱考功，冀望拔昇的例子更層出不窮。如景德三年（西元 1066 年）監判官歐陽冕為改官，毛遂自薦，當真宗親自問其條目之時，歐陽冕卻啞口無言，反被貶官。〔註155〕自真宗朝起地方幕職州縣官為求改官，不惜謊報自己能力，以求高位等情形。使皇帝謂於當時宰相：「朝廷銓選耗資頗多，倘若舉主判官不用心，將導致銓選多被下吏所擾，故應設法裁選廉潔者入仕，以免僥倖者為求改官，不擇手段」。〔註156〕

〔註152〕劉子建，〈宋代考場弊端－兼論士風問題〉，《宋史研究彙編》（台北：聯經出版公司，民 76），頁 229～249。

〔註153〕《燕翼詒謀錄》，卷一，〈選人給印紙〉，頁 7。

〔註154〕《長編》，卷五十九，起真宗景德二年正月乙巳，頁 1320～1321：「是月，有司以常選人判詞來上。上聞之，有前饒陽主簿張上達所試荒繆，因謂宰相曰：『似此者豈可以治民？』乃詔有司申明太平興國中四等判格，令幕職官判上者超一資，判中應循資者，具歷任及所試引對。凡引選人，對日，方以歷任功過之狀奏裁。至是，詔有司令先一日進內，上親閱而升黜之，無不詳允。其後，審官、三班院亦如之。」

〔註155〕《長編》，卷六十三，真宗景德三年五月丙午，頁 1400：「萊燕監判官歐陽冕求應賢良方正，而大言自薦，以姬旦、皋、夔為比，且云：『使臣日試萬言，一字不改，日覽千字，一句不遺。』由是促召赴闕，令中書試五論、三頌、諸詩四十首，共限萬言。題既出，冕惶駭，自陳止應賢良，不應萬言，幸假貸。乃以所上表示之。冕不敢復言，至晡但成五論、一頌，共三千字。既奏御，上令問表中所陳條目，冕伏躁妄之罪，責授連州司戶參軍。」

〔註156〕《長編》，卷六十六，真宗景德四年八月辛丑，頁 1479：「如聞選人於所由司頗有靡費，若非主判官精心舉職，則愈為下吏所撓，朝廷既責以廉節，豈得更容其僥倖也。」

除妄稱功績、謊報己才外，諸多文官，爲求晉升捷徑，遊走於公卿之門，
〔註157〕如英宗時期，屯田員外郎夏倚及雄武節度判官章惇，本欲改官，但爲
御史台所駁回，認爲「倚素無學術，嘗任麟倅敗事；惇佻薄穢濫，向以擢第
不高，輒擲劾於廷。皆不可獎。」〔註158〕當時士大夫在改官心切的之際，高
層朝臣對低階選人超資擢用，及撓倖改官的看法爲：

> 今常調選人判超循資是其比也。陛下親御軒陛，番緊課試，非其稱
> 己，願罷此科。又禮部茂才異等，求出類之俊。頗聞鄉薦不獲，始
> 來應舉，望更爲嚴制，以革倖冒。〔註159〕

面對文臣奔競之風的增長，寶元二年（西元1038年）韓琦則建言：

> 國家祖宗以來，躬決萬務。凡於賞罰任使，必與兩制大臣，於外朝
> 公議，或有內中批旨，皆是出於宸衷。只自章獻明肅太后垂簾之日，
> 遂有奔競之輩，貨賂公行，假託皇親，因緣女謁，或於內中下表，
> 或只口爲奏求。是致僥倖日滋，賞罰倒置，法律不能懲有罪，爵祿
> 無以勸立功，唐之斜封，今之內降，蠹壞綱紀，爲害至深。〔註160〕

由韓琦建言，瞭解劉太后攝政起，朝廷奔競之風日益嚴重，進而出現各文官
爲求改官，賄賂公行，或假託皇親國戚，以求改官的現象。但面對士人鑽營
攀附，導致冗官的情況日趨嚴重；歐陽修則認爲奔競之風的形成，乃「保舉
制度」所致。〔註161〕

此外，宰相呂夷簡擔職期間，任意用人，更加邃文官爲求改官，不擇手
段等現象，因而使諫官蔡襄，在慶曆三年（西元1043年）提出嚴厲的批判：

〔註157〕《長編》，卷一百七十八，仁宗至和二年正月庚辰，頁4305：「威武節度推官
　　　劉抃爲司天監丞。抃嘗挾術數言人禍福，多遊公卿之門，於是當改官，判流
　　　內銓貫黜以爲言，故有是命。」
〔註158〕《長編》，卷二百九，英宗治平四年二月庚子，頁5087～5088。
〔註159〕（宋）李若谷，〈議科遷〉，《隆平集》，卷七，頁17。
〔註160〕《長編》，卷一百二十三，寶元二年五月己亥，頁2904。
〔註161〕《長編》，卷一百五十四，仁宗慶曆五年二月乙卯，頁3751：「歐陽修奏疏曰：
　　　『臣竊詳臣察上言，悉涉虛妄，蓋由近日陛下進退大臣，改更庶事，小人希
　　　合，欺罔天聰，臣請試辨之。據上言者云：『若令兩制以上保舉，則下長奔競
　　　之路。』方今上自朝廷，下至州縣，保舉之法多矣，只知臺官，亦是兩制以
　　　上舉。以至大理詳斷、審刑詳議、刑部詳覆等官，三路知州、知縣、通判，
　　　選人改京官，學官入國學，班行遷閣職，武臣充將領，選人入縣令，下至天
　　　下茶鹽、場務、榷場及課利多處酒務，凡要切差遣，無小大盡用保舉之法，
　　　皆不聞以奔競而廢之，豈獨於省府等官偏長奔競而可廢？此其欺妄可知也。』」

今乃並笏受事於夷簡之門，里巷之人，指點竊笑案夷簡謀身忘公，
養成天下今日之患。……是以二十年來，人人不肯尚廉隅，屬名節，
淺者因循闒茸，深者靡惡不爲，都無愧恥，但能阿附，夷簡悉力護
之，使奸邪不敗，寖成此風，天下習以爲俗。以逐利爲知能，遠勢
爲愚鈍，廢廉恥之節，成奔競之風。……文武銓院，冗官至多，而
曾不裁損。奇材異績，不聞獎拔，貪墨昏耄之人，曾經免罷責罰，
乃爲雪理，務施小惠，多與收錄，貪廉混淆，善惡無別。〔註162〕

於諫官蔡襄眼中，仁宗朝因呂夷簡的庇護下，使奸邪者坐擁權力，奔競之風
更爲嚴重，官員水準良莠不齊；慶曆四年（西元1044年）時，更出現選人張
子奭自選人二年，迅速遷至員外郎之例。〔註163〕

當奔競之風開啓，出現不少文官挾持權勢之人，謀取高職，使得地方低
階文官，爲一般文人所不齒；透過包拯的奏議，明確的指出文人「不齒爲縣
令」的現象：

臣聞古之所重，爲民父母者，縣令耳；今之所賤而不能振起風教者，
亦縣令耳。蓋擢用之際，未精其選。凡其清流素望，或稍挾權勢之
人，即苟謀他官，恥爲縣道；但庸人下品，甘於其職。雖郡隸吏卒，
皆能訶制，苟免罪戾之不暇，欲振起風教，爲民父母，其可得乎！
且今朝廷仕進清選，大臣子弟偶緣文墨，或希辟命，即自下僚擢陞
館職。不然，才出外任，例爲簽判，不縣爲縣，便作通判、知州。
洎爲長吏，昧於民情，懜然其間，不知治道之出。況四方多務，令
長尤在得人。〔註164〕

受奔競之風的影響，不少高官權貴之子，仗勢特權謀官，恥爲縣道，在未經
令知縣之職，直接擔任知州、通判等官。權貴之子，因不瞭解民情，不懂地
方治道，導致胥吏上下其手。在包拯眼中認爲「地方親民官選授，應愼選，
以得其人，不得讓僥倖奔競之風，影響地方官與親民官的銓選」。

〔註162〕《長編》，卷一百四十，慶曆三年三月壬戌，頁3367～3378。
〔註163〕《長編》，卷一百四十六，仁宗慶曆四年二月乙未，頁3534～3535：「諫官歐
陽修言：『臣風聞知汝州范祥爲相度陝西青白鹽，敕差張子奭權知汝州。子奭
自選人二年內遷至員外郎，朝廷之意雖曰賞勞，而天下物議，皆云僥倖』。蓋
以子奭宣勞絕少，止兩次而遷官賜恩已數重。」
〔註164〕（宋）包拯，〈論縣令輕授奏〉，《歷代名臣奏議》，卷一百三十三，慶曆三年
爲監察御史裏行時作，頁12。

在神宗朝王安石〈上仁宗皇帝言事書〉裡，清楚的看出小官奔相謀職不擇手段的行徑：

> 今官大者，往往交賂、遺營貲產，以負貪污之毀；官小者，販鬻乞丐，無所不爲。夫士已嘗毀廉恥以負累於世矣，則其偷惰取容之意起，而矜奮自強之心息，則職業安得而不弛，治道何從而興乎？又況委法受賂，侵牟百姓者，往往而是也。……今朝廷之法所尤重者，獨貪吏耳。重禁貪吏，而輕奢靡之法，此所謂禁其末而弛其本。然而世之識者，以爲方今官冗，而縣官財用已不足以供之，其亦蔽於理矣。〔註165〕

由王氏之奏議清楚看出朝廷文官爲了改官，上位者不惜交相賄賂、遺營貲產；小官則爲了改官，販鬻乞求，無所不爲等狀況，其認爲冗官奔競之風，乃因爲下層縣官薪俸不足，使得各文官爲求更好的官俸與發展，不惜重金賄賂，以求改官，導致世風日下，士風敗壞。

面對文官改官不實，超資擢用等情形，不少文官則具體提出相關對策，如龐籍主張立定員額，〔註166〕強制主張愼選官員，〔註167〕又如宋庠認爲文官奔競之風，是「制度本身不健全」所致；〔註168〕右諫議大夫權御史中丞魚周

〔註165〕（宋）王安石，〈上仁宗皇帝言事書〉，《臨川先生文集》（四庫全書本），卷三九，頁9～10。

〔註166〕（宋）龐籍，〈上仁宗請改復祖宗舊制〉，趙汝愚主編，《宋朝諸臣奏議》，頁104：「國朝建官，雖異於古，然於員數，未聞過多。近年以來漸異於此，蓋是好進者務干求寵名，執政者不堅守舊制故也。今資政殿翰林侍讀學士員數過多，恐增之不已，更無限局。欲望準約舊典，以立定員員，既有限，求者自息矣。……祖宗以來，謹重賜與。自前或因差遣上殿，特恩賜之，然多是已在升陟任使者。近年伏見有差遣未出常調，或祇是知縣之類，因公事上殿；亦得改賜，遂使三品之服漸成輕易。臣欲乞愛重服章，無及僥濫。」

〔註167〕（宋）強至，〈論用人〉，《歷代名臣奏議》，卷三十九，頁3～4：「凡事有以宜於人者，朝思而夕行之，即不可持循而固守。雖前世已行之熟，未嘗或憚改。天下懽呼鼓舞，拭目以觀聖人之作，而跂踵以待極治之成……今則不然。居其名不責其實，始以上進而終不以此試。又冒虛名而受實用者，或其中無以異眾人，欲人人自安，其分難矣。且不得知於左右，則不能自達於朝廷。計資級、累日月，則不能底富貴之速。以是走公卿之門，唯恐足跡之或後；望廉恥之長，而奔競之熄，抑難矣。持甚高之論者，未必無甚卑之行；聘喋喋之辯者，未必有犖犖之見。言之不可必信也。……臣愚以謂取人以言，則詭辭巧辯者出，以希一時之合，曾無益於實也。進人與其失於速也寧緩，進眞才失之緩，其德章而不可揜，終爲國家用。若庸人誤速進也，徒激不如己之憤，而於誼無所勸。然則若之何其可？用人法虞舜，斯可已。」

〔註168〕（宋）宋庠，〈仁宗時奏〉，《歷代名臣奏議》，卷一百六十，〈建官〉，頁3：「承

詢則主張藉由減少官闕，增加考課年限等方法，以抑制奔競之風；〔註 169〕儘管相關言論輩出，終究無法挽回文官奔競，改官不實的現象。至神宗朝，更出現低階文官勾結胥吏，改官不實情況惡化。〔註 170〕哲宗繼位有地方發生文官初考與覆考資歷不相符合的舞弊。〔註 171〕然當時文官為求轉遷，除帶動改官奔競之風外，更影響整體北宋士風。

三、冗官問題與幕職州縣官人數編制之出入

自真宗朝考銓制度的確立，及商品經濟的發達，使幕職州縣官的編制，隨著所在位置的不同，調整屬官之人數，如沈遘〈開封府乞增屬官箚子〉所言：

> 臣伏見開封府所治京師，其職事之劇，固非天下郡府之比。然今郡府之大者，其佐皆置通判、職事官六人。雖郡府之大，職事之劇，自不能開封什二三。而開封之佐，乃獨置推、判官四人，蓋失之從事久矣。且行尹事者，固當責以大體。夫使國家德澤不宣，法制不行，百姓失業，大眾弗治，是其咎也。若簿書期會之煩，笞榜訊驗之細，皆當責其佐。今則不然，一府之事無小大，行尹事者常與其

平寖久，仕進多門，人浮政濫，員多闕少，滋長奔競，糜費廩祿者。臣等聞欲影之正者，必端其表，欲流之潔者，必澄其源，此雖老生之常談，然實治道之要術。朝廷設官取士，固有成規，三年一開舉場，九品盡由銓選，其餘資蔭入仕，流外出身，或依託權臣謂之門客，或因緣酬獎，不累年勞，援例承恩，詭名希寵，人浮政濫，抑有由來。臣等以謂取士者政之表也，補吏者官之源也，近歲舉人殿試有老榜之目，但論舉數無取藝能釋褐，雖被朝恩參選，已登幕齒，縱分職任，盡昧廉隅，臣等欲乞將來科場罷茲一事，又每歲百司人吏出官甚眾，羣臣子弟增年就祿，員多闕少不得不然。」

〔註 169〕《宋史》，卷三百二，列傳第六十一，〈魚周詢〉，頁 10012：「陛下患承平寖久，仕進多門，人污政濫，員多闕少，滋長奔競，靡費廩祿。臣以謂國家於制舉、進士、明經之外，復有任子、流外之補，負瑕釁、服輿臺者，亦實班列。……願陛下特詔，進士先取策論，諸科兼通經義，中第解渴，無令過多。其文武班奏薦并流外出官者，權停五七年，自然名器不濫，奔競衰息矣。」

〔註 170〕《長編》，卷二百十二，神宗熙寧三年六月丁亥，頁 5160：「判刑部劉瑾舉權柳州軍事判官宋諤試刑名，中書言諤嘗試律，略吏人，竊斷案，欲不許。上批：『緣試法雖實通律，亦恐不免如此。諤令就試無害，苟不中格，自當退黜。』」

〔註 171〕《長編》，卷四百六十六，哲宗元祐六年九月丁酉，頁 11132～11133：「三省言：『御試應賢良方正能直言極諫科制策，左宣德郎、新知瀘州合江縣事王普，初考第四等次，覆考第四等，詳定從覆考；河中府司理參軍司馬樞初考第五等，覆考第四等次，詳定從初考；眉州眉山縣布衣王當初考第五等，覆考不入等，詳定從初考。」

佐雜治之，索其精神，敝其支體，朝而視事，昏而後罷，僅能給一
日之務。夫人之材力亦有分矣，事物之來則無窮也。以有分而應無
窮，雖賢智或不能盡。……臣願陛下裁擇，可增置府推官二員，與
舊爲四員，使均治獄訟；判官二員，使共治諸務。若此，則事分而
任專，處心者精，爲力者省。〔註172〕

從沈遘的建言獲知冀望增置開封府推官、判官，輔佐地方官處理地方事務。
但文官眼裡所謂冗官、冗員及冗費之「三冗問題」，與幕職州縣官總額的編制
是否有直接相關，乃爲筆者所疑惑。

　　至於北宋「冗官」問題的討論，一直爲朝臣所關懷。如眞宗朝前，許多
文臣建言裁減地方幕職州縣官人數，目的多在充實國庫，養民以備邊防。仁
宗朝以後，對冗官、冗費的言論，大異於北宋前期；如宋祁於寶元元年（西
元1038年）所上的〈上三冗三費疏〉：

國家郡縣素有定官，譬以十人爲額，常以十二加之。遞代罪謫，足以
無乏。今則不然，一位未缺，十人競逐，紆朱滿路，襲紫成林。州縣
之地不廣于前，而陛下官五倍于舊。吏何得不苟進，官何得不濫除？
陛下誠得詔三班、辨審官院、内諸司，流内銓明立限員，以爲定法，
自今以往，門廕、流外、貢舉之色，實制選限。稍務擇人。俟有闕官，
計員補吏。内則省息俸廩，外則靜一浮華，則三冗去矣。〔註173〕

宋祁眼中，北宋所謂三冗三費的問題，在入仕管道的多元，導致官闕不足，
加劇文官爲了改官，不擇手段的獵官現象。

　　自仁宗中後期，諸多文官批判州縣冗官等流弊，唯有歐陽脩對地方官銓
選未精，提出實際改革：

今請令進奏院各錄一州官吏姓名，爲空行簿以授之，使至州縣，遍
見官吏。其公廉才幹，明著實狀，及老病不材，顯有不治之迹者，
皆以朱書於姓名之下。其中材之人，別無奇効，亦不致曠敗者，則
以墨書之。又有雖是常材，能專長于一事，亦以朱書別之。使還具
奏，則朝廷可以坐見天下官吏賢愚善惡，不遺一人，然後別議黜陟
之法。如此，足以澄清天下，年歲之間，可望至治。只勞朝廷精選

〔註172〕〔宋〕沈遘，《西溪集》，（四庫全書本），卷七，〈開封府乞增屬官箚子〉，頁
　　　　21～22。
〔註173〕〔宋〕宋祁，〈上三冗三費疏〉，《宋景文集》（北京：中華書局），卷二十六，
　　　　頁336。

二十許人充使，別無難行之，事取進止。〔註174〕

歐陽脩主張朝廷委派選強幹廉明的按察使。至各州縣，慎選州縣官，淘汰不適任者。但該建議的施行並未能解決地方「冗官」之弊。范仲淹慶曆年間改革，企圖增加舉主人數及任官資格，來解決冗官待闕的部份可惜無效。〔註175〕

縱然朝廷文官猛烈抨擊地方冗官問題。但實際上地方幕職州縣官的編制，與朝臣的批評是有所落差的。底下爲北宋官員之統計簡表：

表 3-4：北宋官員人數之統計簡表：

時　間	京朝官	幕職州縣官	武　臣	總數或四選
太平興國初 976	二百人			
眞宗初				九千七百八十五人
景德中 1004～1007				一萬三千人
仁宗天聖中	二千餘		武官共四千	
慶曆中至皇祐 1041～1053	二千七八百	一萬人〔註176〕		二萬餘人
至和二年 1055				一萬五千四百多人
治平中 1064～1067		三千三百有餘〔註177〕		二萬四千餘人
熙寧四年 1071		縣令、錄事參軍三百七十六員。司理、司法、司戶、主簿、縣尉二千五百一十三員。〔註178〕		

〔註174〕〔宋〕歐陽脩，〈論按察官吏箚子〉，《歐陽文忠公集》（台灣：中華書局），冊三，卷九十七，頁 1～2。

〔註175〕慶曆改革對冗官的解決看法，參見《長編》，卷一百四十四。仁宗慶曆三年十月丙午，頁 3481。

〔註176〕筆者及諸多口試老師指出該數據可疑，但目前無找到其他資料，佐證該數字之訛誤。

〔註177〕《文獻通考》，國用考，卷第二十四，國用二，〈歷代國用〉，宋眞宗至寧宗，頁 232～1 至 232～2：「曾鞏議經費曰：『宋興承五代之敝，六聖相繼，與民休息，故生齒既庶而財用有餘……景德官一萬餘員，皇祐二萬餘員，治平并幕職州縣官三千三百有餘，其總三萬四千員。』」

〔註178〕《宋史》，卷一百七十一，志第一百二十四，頁 4127：「熙寧四年，『四年』原作『二年』，據上文「迪功郎」條注、《長編》，卷二百二十六、、《宋會要輯稿》，職官五七之四〇改。又此年下所記縣令、錄事參軍三百七十六員，司理、司法、司戶、主簿、縣尉二千五百一十三員。」

元豐初 1078	文官一萬二百人。宗室九百四十多人。在京吏人五千一百多人。		武人一萬二千八百人	二萬四千五百餘人
元豐八年 1085	三千人	四千人	大使臣一千九百人，小使臣一萬三千人	二萬一千九百人
元祐元年 1086	二千八百餘	一萬餘人	大使臣二千五百餘人，小使臣一萬三千餘人。	二萬八千三百人
元祐三年 1088	文正百官、宗室一倍皇祐；四倍景德。〔註179〕			三萬四千多人
大觀三年 119	官員之元祐已多十倍。			
政和二年 1112	吏部闕額一萬四千餘人			四萬三千多人
宣和元年 1119	缺奉職大夫至光祿大夫二百九十人。節度使八千餘人；留後觀察以下及遙郡刺史數千人，學士待制一百五十人。			四萬八千三百多人
宣和中 1119～1121	神宗時立醫官止於四人，宣和中，何安大夫至翰林醫官一百一十七人，直局至祗候九百七十九人。			四選即一萬六千餘
宣和六年 1124	合文武官三萬五千			三萬五千

：（1）方豪，《宋史》（一），台北：華岡出版社，民68年，第三章，〈宋代之官制〉，頁34～35。
　（2）李弘祺，〈宋代官員數的統計〉，《食貨月刊》，14卷5、6期，頁237，表二（3）〔韓〕曹福鉉，〈宋代官員人數的增加及其原因〉，《河北大學學報》（哲學社會科學版），第24卷，3期，1999年，頁7～10，表一。

　　藉由上表獲知幕職州縣官在北宋不同時期，略有差異。北宋中期英宗治平年間到神宗元豐八年（西元 1064～1085 年），幕職州縣官的人數，在三千三百多至四千人左右，佔整體官員之14%至18%；至於哲宗元祐元年（西元1086 年）總數為一萬餘人左右，增長幅度相較武臣由四千人，增加四倍來說，幅度並不高；至於元祐年間幕職州縣官比率的增加，與中後期添差制度，或元祐黨爭安置責降官有關。〔註180〕地方志中於仁宗後期，出現不少京官，擁有幕職州縣官頭銜者，如天聖六年何混、景祐四年尹仲舒，皆以試大理評事為常州團練判官；同年，趙誠以試大理司直為團練推官。〔註181〕神宗朝起，更有幕職州縣官官銜卻兼做他事，如元豐三年（西元 1080 年），鎮寧軍節度推官、經制熙河路邊防財用司勾當公事趙輝。〔註182〕

　　元祐三年（西元 1088 年），官員總數為「一倍皇祐，四倍景德，班行選

〔註179〕《長編》，卷三百十，元祐三年閏十二月己酉條。
〔註180〕李勇先，《宋代差官制研究》（四川：天地出版社，2000 年），第二章宋代添差官制度的形成，頁13～17。
〔註181〕〔宋〕趙懷玉，《咸淳毘陵志》，卷九，頁3030。
〔註182〕《長編》，卷三百十，神宗元豐三年十一月丙申，頁7514。

人胥吏之眾，率皆廣增」。〔註183〕與哲宗元祐以後，宗室入補添差親民、監當官者有關。至於紹聖、〔註184〕崇寧年間，〔註185〕儘管朝廷屢屢頒佈地方添差官員額限制，但宗室添差地方官，亦恐導致官員額總數不斷增加；徽宗大觀三年（西元 1109 年）「官較之元祐已多十倍官。」〔註186〕可見愈是趨於徽宗末年，地方員額增加的速度是與日遽增的。

　　正史與各文官奏折，顯示出地方官不斷增加等現象，但利用地方志卻發現除北宋徽宗年間，官員增長幅度有所變更，及職官稱謂有所調整外，其他時期幕職州縣官地編制，多依事務繁簡，增減員額。〔註187〕透過北宋官員統計表，及地方志對官員總數紀錄，瞭解北宋冗官弊病，及耗財養官的現象，〔註188〕並非完全適用於徽宗政和年間以前的幕職官人數編制。

　　但自蔡京、童貫執政後，大開宗室蔭補之門，促使地方官冗濫等現象增

〔註183〕《長編》，卷四百十九，哲宗元祐三年閏十二月庚戌，頁 10149。

〔註184〕《宋會要輯稿》，帝系五之二二，紹聖年間：「宗室一州添差親民官不得超過一員，州五縣以上，添差間當不得高超過三員，餘二員。」

〔註185〕《宋會要輯稿》，帝系五之一七，崇寧元年：「今來袒免以下親出官者人數寖多，其量試出外官者，並各于員闕外添差，每大郡通屬縣不得超十人，中郡不得過七人，小郡不得過四人。」

〔註186〕《宋史》，卷一百七十九，食貨志第一百三十二，食貨下一，〈會計〉，頁 4359。

〔註187〕地方志裡幕職州縣官編制的人數記載，參閱梁克家序，《淳熙三山志》卷二十三，〈秩官類四〉，頁 7989～7990：「錄事左右司理、司法、司戶參軍各一員。大觀二年更名，政和三年，以參軍名稱爲政，改正之分曹建掾，大藩七員八員，處至十員，司錄、司士、曹戶、曹儀、曹兵、曹刑、曹功、曹事各一員，士曹、儀曹、刑曹，各至一員，士曹掾主左右推勘，儀曹主右推勘，刑曹院主檢法議刑，改左右司理掾爲左右獄。福州置十員，宣和三年照福州省工曹，以刑曹兼。」或見趙懷玉，《咸淳毘陵志》，卷九，〈秩官三〉，頁 3030：「政和二年，令吏部與重修敕令，所別創分曹建掾之法，將簽判職官、錄參判司，以州軍大小，事務多寡曾立員數，各委知通依應撥隸。大率置司錄參軍一員，糾舉諸案稽違，在六曹官之上，其六曹曰：士、戶、儀、兵、刑、工各至曹掾，其節銜曹官曰司某曹事，掾官約某曹掾，三京備置，餘州多兼領或一人兼兩曹，或以曹官兼掾，各不同，本州亦必增創。」

〔註188〕〔宋〕韓忠彥，〈乞於戶部置司裁損浮費奏〉，元祐三年閏月十二，收錄於《宋會要輯稿》，食貨五六之七二：「臣等竊見本部近編《元祐會計錄》，大抵一歲天下所收錢穀金銀幣帛等物，未足以支一歲支出。今左藏庫見錢費已用盡，去年借朝廷封樁末鹽錢一百萬貫以助月給。舉此一事，則其餘可以類推矣，臣等聞古者制國之用，必量入爲出，使三年耕，必有一年之蓄，故三十年之間，而九年之蓄可得而備也。今文武百官、朝廷之蕃，一倍皇祐，四倍景德，班行、選人、胥吏之眾，率皆廣增，而兩稅、征商、榷酒、山澤之利，比舊無已大相過也。」

加：

> 吏員增多，蓋因入流日眾。熙寧郊禮，文武奏補總六百一十一員；
> 元豐六年，選人磨勘改京朝官總一百三十有五員。考之吏部，政和
> 六年，郊恩奏補約一千四百六十有畸，選人改官約三百七十有畸。
> 欲節其濫，惟嚴守磨勘舊法。〔註189〕

據上文所述，蔡京等人執政後，大開蔭補之員額，使得蔭補人數，相較元豐六年而言，增長了兩倍之多；而選人改官人數，較以往更增長了兩倍半以上。此外透過洪邁《容齋三筆》明確指出，宣和六年（西元1124年）宗室任職地方官，導致州縣制度腐化等現象：

> 祖宗時宗室無參選法，至崇寧初，大啓僥倖，遂使任意出官，又優
> 為之法，參選一日，即在闈選名次之上。以天支之貴，其間不為無
> 人，而膏粱之習，貪淫縱恣，出為民害者不少。〔註190〕

如洪邁所言，崇寧年間大開蔭補之門，使得北宋中後期地方官水準良莠不齊，不少宗室蔭補子弟出任地方官後，不瞭解地方施政情形。外加奢華之習，使得地方官之薪俸根本入不敷出，進而任意殘害百姓。而北宋末年之官箴書──《作邑自箴》裡，顯示出諸多胥吏、地方佐官，兩者聯合起來在奪取民脂民膏等案例。〔註191〕

自徽宗政和年間，為安置多餘的官員，故大量添注地方為添差官，〔註192〕因而加遽地方「冗官」的問題，以當時吏部所言：

> 近州郡官額外添差至多，不惟冗濫，騷擾州縣，實茲交結營私之弊，
> 侵紊官制，莫甚于此。〔註193〕

可見北宋後期的冗官，乃由於入仕管道多元，及添差官眾多導致冗官待闕等問題日漸嚴重，最終出現一州添差官，達百餘員等現象。〔註194〕

〔註189〕《宋史》，卷一百五十八，選舉四，〈銓法上〉，頁3711～3712。相關史料亦可參見《文獻通考》，卷三十八。
〔註190〕〔宋〕洪邁，《容齋三筆》，卷十三，宗室參選，頁572。
〔註191〕佐竹靖彥，〈《作邑自箴研究》研究─對該書基礎結構的在思考〉，《中國法制史考證》，丙編，第三卷，日本學者考證中國法制重要成果選譯，宋遼西夏元卷，2003年09月，頁261～294。
〔註192〕李勇先，《宋代差官制研究》〈北宋添差官地冗濫〉，頁222。
〔註193〕《宋會要輯稿》，選舉二三之一○，政和八年九月二十九日。
〔註194〕〔宋〕陸游，《老學庵筆記》卷二，頁27：「天下州郡又皆添差，就明官一州至百餘員，通判、鈐轄多者置於餘員。」

四、偏遠地區官員不願赴任

偏遠不赴任現象，早于唐代官員奏議裡，有官員不願赴任的言論。儘管統治者增加嶺南官員課料錢，提高官員前往偏遠赴任，但願意就任者寥寥無幾。〔註195〕歸咎官員不願赴任之因，有三：其一、地形險惡，影響赴任意願；其二、亦邊陲瘴癘之氣，易使人染病，官員亦恐客死異鄉；其三、邊陲鄰近之區，因官方人力不足，事務繁重，在惡性循環之下，使得奉派者視為畏途。至於官員不願赴任的結果，產生諸多任期到期之官，寧願遊走京城，或變相從事其他行業，伺機而動，以待官闕。使京畿與偏遠兩地的官員數，呈現兩極對立的局面。

自太宗太平興國二年（西元977年），對偏遠地區赴任等問題，提出解決措施，除仿效唐代增加官俸、〔註196〕預借俸錢，〔註197〕並額外給予官俸，奉養其父母。〔註198〕但詔令層出不窮，但終究無法提高士人赴任邊區的意願；真宗咸平年間，劉綜則指出官員不願至河北赴任的關鍵點，及相關解決措施：

> 河北承兵寇之後，民戶凋弊，吏部所銓幕職州縣官皆四方之人，不習風俗，且有懷土之思，以是政事多因循不舉。綜議請自今並以河朔人充之，冀其安居，勤於職事。〔註199〕

〔註195〕《全唐文》，卷六百九十三，孔戣，〈奏加嶺南州縣官課料錢狀〉，頁7110～1：「右伏以前件州縣，或星布海壖，或雲絕荒外，首領強點，人戶傷殘，撫御緝綏，尤藉材幹，刺史縣令，皆非正員。使司相承，一例差攝。貞廉者懇不願去，貪求者苟務徇私。臣自到州，深知其弊，必若責之以理，莫若加給料錢。今具分析如前，并不破上供錢物，輒陳管見，務在遠圖，伏乞天恩，允臣所請。」

〔註196〕《宋大詔令集》，卷第一百七十八，政事三十一，俸賜，〈劍南幕職官增俸詔〉，太平興國二年四月壬寅，頁639～640：「劍南諸州幕職官，聿捐本土，從官異鄉，皆祇畏於簡書，宜稍增於廩祿。於常俸外月更給錢五千，仍許令依州縣官例，分舊俸之半於鄉里，給其父母妻子。」

〔註197〕《宋史》，卷一百七十一，職官十一，奉祿制上，〈職錢〉，頁4115～4116：「太平興國元年四月，令西川諸州幕職官奉外，更增給錢五千。雍熙三年，文武官折支奉錢，舊以二分者，自今並給以實價。」

〔註198〕《宋會要輯稿》，職官五十七之二一，〈請許官分俸共養父母奏〉，太平興國八年十一月：「西川、廣南、兩浙等幕職、州縣官，朝廷以其遠地，並許分割一半請俸與本家骨肉。切見兩京、諸到州府應幕職。切見兩京、諸到州府應幕職、州縣官，有父母垂老，岐路稍遙，多不遂于般迎，乃有虧于侍奉。自今有願分支請俸者，望許其請。」

〔註199〕《宋史》，列傳卷二百七十七，頁9431～9432。

依劉綜所言，京師派至河北赴任之官，常因風俗文化不通，衍生出思鄉情懷。而諸多官員，期待早日調回中央，根本無心治理地方。導致事物處理上，多因循苟且疏於政事。因鑑於相關問題，則委請朝廷將河北幕職員額，委以河朔之人擔任，冀以安居，勤於職事。

　　仁宗時期，吏部流內銓則對偏遠地區的赴任狀況，提出「如願就遠地赴任者，可填新簿員闕；如果本無資闕，願折資者，允許支前任或今任合入資敘俸料」。〔註200〕朝廷亦藉由選序折資等方法，提升幕職州縣官前往邊區赴任的意願：

> 幕職如無本資願折資者，聽支前任俸。合入江、浙、荊湖近地判司、簿尉、一任或兩任及三考無贓私罪，或三次公罪杖以下，許選填江南萬戶簿尉、司理司法參軍四十一員。餘有過犯及選敘合入江、浙、荊湖、河北、河東等遠近者，自依舊規入江、浙、荊湖遠地，乞注西川見闕宜不行。〔註201〕

並規定江、浙荊湖地區之判司簿尉，合資且無犯私罪者，可轉遷江南萬戶之州縣官。若任職期間有過犯，需至江浙、江湖、河北等遠地赴任者，依法前往該地，不可注西川之官闕。然相藉由該詔令，表示出朝廷頗為注意邊緣地區官員選任，及官員轉遷改官的順序。

　　天聖五年（西元 1027 年），鑑於官員不依照時間赴任等現象，規定「川陝、廣南及福建等區，幕職州縣官一年以上未到任者，令吏部收回其員闕，重新允擬注官」，〔註202〕企圖針對偏遠地區官員期滿無代，及無官赴任等弊病改進；〔註203〕天聖七年（西元 1029 年），給予館券等方式，鼓勵官員至偏遠地區赴。〔註204〕縱然朝廷提出相當優渥的待遇，彌補官員不願赴任的現象，但相關優惠根本無法「治本」。仁宗時，著名文人張方平，則提出：「官員不

〔註200〕《長編》，卷一百一，仁宗天聖元年九月庚寅，頁 2334～2235。

〔註201〕《長編》，卷一百一，仁宗天聖元年九月庚寅，頁 2335。

〔註202〕《長編》，卷一百五，仁宗天聖五年四月丙申，頁 2440：「詔選人注川峽、廣南、福建路幕職州縣官，除給程限外，違一年以上不到任者，無問有無事故，並許格式司收使員闕。」

〔註203〕《宋史》，卷一八五，選舉四，頁 3703：「仁宗初，吏員猶簡，吏部奏天下幕職、州縣官期滿無代者八百餘員，而川、廣尤多未代。」亦可參見《清波雜志》，卷一，〈赴調期限〉，頁 27。

〔註204〕《長編》，卷一百七，仁宗天聖七年四月甲戌，頁 2503：「詔廣南、福建幕職州縣官赴所任，如川峽例，給以館券。」

願赴任，是宋朝制度本身之弊，爲擇官不精等現象所致」。〔註205〕

　　神宗熙寧三年（西元 1070 年）對官員不願赴任，研擬「遠官就移之法」，即所謂「定差法」：

> 欲應川、峽、廣南、福建七路，除堂除堂選知州外，委本路轉運司置逐等差遣員闕簿，錄逐官到任月日。成資替者，到任及半年，三十月替者及一年，三年替者及一年半，收爲闕次，依審官東院、流內銓例，逐月上旬檢舉員闕，牒所部州軍闕報本處官。如見任官去替期半年以下，或已得替人，並許依本資序指射員闕。內京朝官監當合入親民、合闕陞差遣，選人合入職官、令錄及循資，並聽依今任滿日合入資序指射差遣。〔註206〕

偏遠地區官員選任，委以本路轉運司考核，按差遣年限與成資，指射差遣，以免除遠地官員回京師參選注之舟車勞頓，更節省州縣官員之來往旅費與迎送開支。〔註207〕同年十二月，對荊湖南路官員選任，亦要求遵守「川廣地區官員選授條例」來實行；〔註208〕

　　總攬神宗朝所定之法條，得知川、峽、廣南、福建與荊南等區，因地處邊陲，官員選授方式，則不同於中央。爲了額外鼓勵官員赴任，朝廷即律定「八路定差法」。〔註209〕至於八路定差法的頒佈，稍微解決偏遠官員赴任的問題，但不少中原人士，仍不願適遠任，導致「土人知州非便，法應遠近迭居，

〔註205〕（宋）張方平，〈川嶺舉人便宜〉，《歷代名臣奏議》，卷一百六十四，頁29：「臣嘗見禮闈川、廣之貢士，各纔百人，夫豈眾之謂乎！且二方之士，趨赴試集，往復幾年，驅涉萬里，與四海之眾多，角無涯之得失，或數罷退，鮮不告勞。今使不出鄉關，坐而就舉，藝學相委，名稱相聞，就有取捨，皆其土人。擇一方之官吏，考百人之所試，取之必精，又何濫之長？退之以禮，復何怨之召？故臣謂之便，理可詳矣。」

〔註206〕《長編》，卷二一四，熙寧三月八月戊寅，頁5216。

〔註207〕《長編》，卷二一四，熙寧三月八月戊寅，頁5216：「中書又言：『奉手詔以天下戍兵迎送役苦，欲開遠官就移之法，勘會川廣等路遠官往還，動涉年歲，道路艱難，行李靡費，以此赴任稽遲，或多方規，免致在任者過期不得代，或久闕正官差注不行，兼遠方兵民迎送勞敝。』」又見《宋史》，卷一百五十九，選舉舞，〈遠州銓〉，頁3722：「始詔：『川峽福建、廣南，之官罷任，迎送勞苦，其令准運司立格就注，免其赴選。』」

〔註208〕《宋會要輯稿》，職官四八之六四，熙寧三年十二月一日：「有溪洞蠻傜處縣分主簿縣尉，及逐州監銀、銅、鉛、錫坑冶監官，令轉運司依川廣七路指射員闕，就差條貫施行。」

〔註209〕關於官員差定法的研究，可參閱苗書梅，《宋代官員選任和管理制度》，第二章，〈官員除授制度〉，頁196～206。

而川人許連任本路，常獲家便，時太偏濫」。〔註210〕哲宗年間，御史上官鈞則上奏「八路定差法之任官方式不均，請求將偏遠地區的銓選，悉歸吏部，依常格差除」。〔註211〕

　　隨著新黨人士的執政，哲宗紹聖年間，對偏遠地區官員的選授，又恢復八路定差法的模式，允許蔭補宗室子弟，赴任偏遠地區。徽宗重和年間，臣僚再次針對「八路定差法之弊」提出建言：

　　　　轉運以軍儲、吏祿、供饋、支移爲已責，而視差注爲末務，往往付
　　　　之主案吏胥定擬，而簽廳視成書判而已。注闕之高下，視賄之厚薄。
　　　　無賂，則定差之牘，脫漏言詞，隱落節目。及其上部，必致退却，
　　　　參會重上，又半歲矣。〔註212〕

透過大臣之言，獲知原本八路定差法的機制，寄望中央委派轉運使，考核官員之考績，作爲升遷轉授的依據。但行之有年，制度本身卻產生其他弊病：轉運使將軍儲、胥祿、供饋，及支移作爲己責，反將偏官員之除授視爲末務，使得注擬之判決權，全由胥吏操縱。甚至不少官員，爲求注擬的高低，不惜重金賄賂掌管定擬的胥吏。諸多不肖的胥吏，則依照賄賂程度的多寡，竄改注擬高低。

五、部份地區縣尉參用武官

　　隨著商品經濟的興盛，及對外戰爭的巨斂，北宋中期之後，盜賊問題日漸浮現；〔註213〕如仁宗慶曆三年（西元 1043 年），諫官歐陽脩，首先對西南地區盜賊盛行，且州縣官無法勝任等問題，提出堪慮：

　　　　近日四方盜賊漸多，皆由國家素無禦備而官吏賞罰不行也。臣謂夷
　　　　狄者皮膚之患，尚可治；盜賊者腹心之疾，深可憂。朝廷終未嘗處

〔註210〕《宋史》，卷一五十九，選舉五，〈遠州銓〉，頁 3723。

〔註211〕關於上官均對於差定法之弊，參見《宋史》，卷一百五十九，選舉五，頁 3723。亦可參見《長編》，卷三八〇，元祐元年六月，〈論八路差官七弊〉。至於元祐年間，對官員選授制度的調整，與使闕之研究，可參見渡邊紘良，〈宋代八路差定法與使闕〉，收錄於漆峽主編，《宋史研究論文集－國際宋史研討會暨宋史研究會第九屆年會編刊》（保定：河北大學出版社），頁 62～71。

〔註212〕《宋史》，卷一百五十九，選舉五，頁 3724。

〔註213〕該論點源於廖隆盛老師，其主張中後期西北對夏的征戰，導致西北當地受到嚴重的徵稅、巨斂，進而導致該陝西一代百姓苦不堪言；亦可參閱廖師隆盛所著，《國策、貿易、戰爭：北宋與遼夏關係研究》（臺北：萬卷樓，民 91年）一書中，關於宋夏關係的討論。

置。遇有一火賊，則倉黃旋發兵馬而不思經久禁止之法。今沂州軍
賊王倫所過楚、泰等州，連騎揚旗，如履無人之境。而巡檢、縣尉
反赴賊召，其衣甲器械皆束手而歸之。假令王倫周游江海之上，南
掠閩、廣而斷大嶺，西入巴、峽而窺兩蜀，殺官吏，據城邑，誰爲
捍禦者？此可謂心腹之大憂。〔註214〕

依歐陽脩之見，認爲邊區盜賊日趨興盛，州縣官無法防禦盜匪，亦恐爲朝廷
之心腹大患。此外，朝廷對州縣官之毫無防備能力，短兵相接之際，棄械投
降，束手無策等弊病，歐陽脩更主張利用嚴刑峻法、重賞罰以利誘等方式，
讓州縣官趨於緝盜；〔註215〕同年，右正言余靖，對盜賊興盛之捕盜模式，與
歐陽脩類似，認爲「今天下至大而官吏弛事，細民聚而爲盜賊，不能禁止者，
蓋賞罰不行也。」〔註216〕期望朝廷督責州縣官賞罰條例；若失職之官，以除
名、追官等方式懲處。

自仁宗後期西北地區因對夏用兵，物力窮困，民心怨嗟，遂使官逼民反，
如張海、郭邈山等人，趁朝廷戰亂與飢荒之際，聚眾作亂，〔註217〕然盜賊興
起之際，則有巡檢、縣尉等官員，不但不敢迎敵作戰，反向京師求援；〔註218〕
故樞密使富弼主張：

乞選差京西轉運、知州、知縣，不可稽緩，蓋擾攘之際，全藉有才

〔註214〕《長編》，卷一百四十一，仁宗慶曆三年六月癸丑，頁3388。
〔註215〕《長編》，卷一百四十一，仁宗慶曆三年六月癸丑，頁3388～3389：「爲今計
　　　者，必先峻法令，法令峻則人知所畏，自趨而擊賊。請自今賊所經州縣奪衣
　　　甲，官吏並追官勒停，巡檢、縣尉除名。且如知州本號郡將，都監、監押專
　　　領兵在城，若賊入而不能捕，知州亦勒停，都監、監押仍除名。若賊發而朝
　　　廷別差人捕獲，其本界巡檢、縣尉仍坐全火不獲之罪，賊多於所領兵士、弓
　　　手者差減之。縣尉比多新進少年，皆不能捉賊，虛陷罰罪。宜下流內銓，別
　　　議選擇之格，重賞罰以誘之。」
〔註216〕《長編》，卷一百四十一，仁宗慶曆三年六月甲子，頁3389。
〔註217〕《長編》，卷一百四十五，仁宗慶曆三年十二月庚申，頁3519：「韓琦既至陜
　　　西，屬歲大饑，群盜嘯聚商、號之郊，張海、郭邈山、黨君子、范三、李宗
　　　者，爲之渠率，眾相合涉京西界，劫掠州縣。環繞號州盧氏之東，洛陽長水
　　　之西，脅從者僅千餘人。」
〔註218〕《長編》，卷一百四十三，仁宗慶曆三年九月丁丑，頁3450：「伏見西鄙用兵
　　　以來，騷動天下，物力窮困，人心怨嗟。朝廷不無撫存，遂使爲盜。今張海、
　　　郭邈山等數人，驚擾州縣，殺傷吏民，恣凶殘之威，淺憤怒之氣，巡檢、縣
　　　尉不敢向前。遂從京師遣兵，仍令中使監督，尚猶遷延日月，偃蹇山林，以
　　　至白晝公行，平入州縣，開發府庫，劫取貨財，散募凶徒，嘯聚漸。」

謀轉運使，往來按察經營，又藉逐處知州、知縣守護城池，安集百
姓，及設方略，驅除寇盜。，餘有朝廷意所不到，指揮不及者，其
良守宰必自能就便處置，不至失事。州、縣既各得一人，又得要郡
所屯之兵，掎角救應，則盜賊不難擒捕矣。至於巡檢、縣尉，亦可
並委轉運、知州揀選，不煩朝廷費力。〔註219〕

由富弼所言瞭解，朝廷希望委託轉運使、知州檢選地方官吏，淘汰贓濫老病
之官，揀選合適之人，以禦盜賊之亂。熙寧十年（西元1077年），面對京東、
河北等地區，盜賊肆意作亂的現象，彭汝勵則主張「裁選明智之吏，更領州
事，以禁盜賊」。〔註220〕

　　而神宗元豐起，隨著地方秩序的混亂，部份地區之縣尉，以改用武人。
〔註221〕但哲宗元祐起，蘇轍則提出：「以往縣尉皆用文官充任，而近歲以來，
縣尉多用武臣，使地方叛亂遇到疏解。故委請朝廷，將邊區縣尉改以武夫，
其餘地區皆差（文官）充之。〔註222〕至於縣尉改用武人，亦衍生出諸多流弊：

臣伏見舊法，縣尉皆用選人，自近歲民貧多盜，言事者不知救之於
本，遂請重法地分縣尉並用武夫。自改法以來，未聞盜賊為之衰少，
而武夫貪暴不畏條法，侵漁弓手，先失爪牙之心；騷擾鄉村，復為
人民之患。〔註223〕

據蘇氏論述，瞭解縣尉改用武夫之後，地方捕盜成效並未加強，反而在地方
利用權力，貪暴不法，剝削下層弓手，騷擾鄉里，反淪為地方之患。

　　綜觀整體，北宋中後期地方制度的調整，因外在環境的變遷，作現實制
度之調整；在舊黨人士蘇轍眼裡，認為「應從祖宗之法」，將幕職州縣官委以
儒臣。但在冗官待闕的爭議上，新、舊兩黨皆主張「裁減蔭補任官」的員額，
以減輕冗官耗資等現象。但無論新舊黨人士哪一派執政，但最終主導權，多
掌握在皇帝之手。

〔註219〕《長編》，卷一百四十三，仁宗慶曆三年九月，頁3453。
〔註220〕彭汝礪，〈乞選擇仁明智略之吏更領州事以禁盜賊奏〉，《長編》，卷二百八十，
　　　　熙寧十年正月，頁6864。
〔註221〕《長編》，卷三百四十四，神宗元豐七年三月乙巳，頁8255：「其知縣、捕盜
　　　　官皆用舉者，或以武臣為縣尉。」
〔註222〕《文獻通考》，卷六三，職官一七，〈縣丞〉，頁574～1：「元祐元年，蘇轍言：
　　　　『舊法縣尉皆用選人，近歲並用武臣。自改法已來，未聞盜賊為之衰息，請
　　　　復舊法。』詔除沿邊縣尉依舊外，餘並差選人。」
〔註223〕《長編》，卷三百八十五，哲宗元祐元年八月癸巳，頁9374。

第三節　幕職州縣官制度的調整與變革

北宋幕職州縣官制度，多為各朝君主所關注。以往對北宋官制的討論，以元豐改制等部份，[註224] 對地方制度與基層文官等部份，甚少著墨，該節主要針對不同時期，幕職州縣官制度編制，及地方編制之問題解決作討論：

一、真宗及仁宗兩朝問題之解決

鑑於真宗中後期，幕職州縣官保薦不實等問題，天禧年間則頒佈相關詔令規定：「幕職州縣官之考選升遷，除需經四考以上，有舉主保薦方可改官」；[註225] 乾興年間，更要求幕職州縣官改官時，需額外考核判案情形，以彌補保薦不實等缺失。至於幕職州縣官曾犯私罪者，需額外增加舉主人數，以保舉改官。[註226]

天聖六年（西元 1028 年），除要求京官舉幕職者，需通曉法律，對薦舉保任則額外規定「有舉者，乃聽試。試律三道，疏二道，又斷中小獄案二道，通者為中格。」[註227] 但鑑於薦舉保任，充斥著營私舞弊，故規定選人轉遷京官的考課年限，「由四年增加至六年」，舉主則「由四人增至五人」。在御史王端的建議下，規定幕職州縣官，若有舉主始得遷官，若無舉主，即按照資循格式升遷。[註228] 天聖九年（西元 1031 年），大理寺對幕職州縣官斷官之

[註224] 關於元豐官制的探討，則有：佐伯富，〈元豐官制の改革に就いて〉，收錄於中島敏，《東洋史學論集－宋代研究とその周邊》（東京：汲古書院，1988年），頁 608～610。賴瓊，〈熙寧官制改革論〉，《甚江師範學院學報》，24卷，第 2 期，2003 年，頁 43～47。相關文章主要討論宋代元豐改制對官僚制度之影響，及元豐改制以增加薪俸的方式，對北宋吏制進行相關整頓。

[註225] 關於幕職州縣官的薦舉部份，請參閱本論文第三章第一節，頁 87。

[註226] 《宋會要輯稿》，選舉二七之一九，〈保舉有私罪選人事詔〉，乾興元年十一月：「近降舉官約束，或慮選人因小可私過，致有滯淹。應合該舉官陳僚等，自今所舉選人，歷任中有私罪止是杖以下，許轉運或提點刑獄二人圖保，即依舊施行。准運或提點刑獄一員，即更候朝臣二人同罪保舉。如無轉運、提點刑獄，及許朝臣七人同罪保舉奏聞，方與磨勘。」

[註227] 《宋史》，卷一百六十，選舉六，〈保任〉，頁 3742～3743。

[註228] 《宋史》，卷一百六十，選舉六，〈保任〉，頁 3743：「自天聖後，進者頗多，始戒近臣，非受詔毋輒舉官。又下詔風屬，毋以薦舉為阿私。……。初，選人四考，有舉者四人，得磨勘遷京官；始詔增為六考，舉者五人，須有本部使者。御史王端以為：『法用舉者兩人，得為縣令。為令無過譴，遷職事官、知縣；又無過譴，遂得改京官。乃是用舉者兩人，保其三任也。朝廷初無參伍考察之法，偶幸無過，輒信而遷之。是以碌碌之人，皆得自進，因仍弗革，其弊將深。』乃定令：被薦為令，任內復有舉者始得遷，否則如常選，毋輒升補。」

任用，則要求曾歷錄事參軍兩年以上，有監司一人，及常參官兩人，同罪保舉者，又通過律義、奏疏合格者可改官爲京官。〔註229〕

仁宗天聖年間起，因矜憐幕職州縣官職微事繁，允許放鬆宋初對於官員犯罪不許任用的懲處，允許犯私罪較爲輕者，仍得以擢升，〔註230〕相關銓選規則爲：

> 文武臣僚，非有勳德善狀，不得非時進秩；非次罷免者，毋以轉官帶職爲例。兩省以上，舊法四年一遷官，今具履歷聽旨。京朝官磨勘年限，有私罪及歷任嘗有罪，先以情重輕及勤績與舉者數奏聽旨；若無私犯而著最課及有舉者，皆第遷之·請自釐物務於京師，五年一磨勘，因舉及選差勿拘。有善政異績，準事大小遷升，選人視此。
>
> 又定監物務入親民，次升通判，通判升知州，皆用舉者。舉數不足，毋輒關升。〔註231〕

自仁宗天聖年間起，文武臣僚私罪者，可依犯罪程度、地方治績，與舉者人數等三項條件，作爲文官改官轉遷的憑藉；倘若，無私犯且考課成績優異，且有舉主薦舉，可依照程序改官，若舉主人數不足，需遵守循資，不許申請改官。

對於地方冗官待闕，恩蔭浮濫等問題，仁宗「慶曆變法」（西元 1043 年）即提出具體措施：

(一) 明黜陟：對京官百司之選授，與考績之法，規定非大功大善不遷。此外，規定幕職官需任職滿三年，京官年需滿五年，方能轉遷磨勘。

(二) 抑僥倖：對少卿、監以上，乾元節恩澤加以罷除；此外，正郎以下之監司、邊任，須在職滿二年，始得蔭子。至於大臣，不得薦子弟任館閣職，使任子之法，無以冗濫。

〔註229〕《長編》，卷一百十，仁宗天聖九年二月庚寅，頁 2553〜2554：「自今舉詳斷官，須有出身，入令錄、幕職官人，曾歷錄事參軍見任二年以上，有監司一人若常參官二人同罪保舉者；其嘗乞試律者，須及五考已上，乃聽舉之。凡試律義三道，疏二道，以三同爲合格，二同亦留。別試中小案三道，每道約刑名三條，其斷重罪一同若二粗，與除京官；其中粗或書箚稍堪引用可取者，送寺試斷案三二十道，保明以聞。法直官試律義外，以舊案三道，計刑名十分爲率，以六分爲合格，用法不及六分、約律不及二同者罷了。」

〔註230〕《宋史》，卷一百六十，選舉六，〈考課〉，頁 3759：「仁宗尤矜憐下吏，以銓法選人有私罪，皆未聽磨勘，諭近臣：『凡「門謝弗至」與「對易失儀」，其毋以爲罪。』又曰：『州縣秩卑，而長吏多 掫細故，文致之法，使不得自進，朕甚閔焉。』宰相王曾曰：「引對時，陛下酌其輕重而稍擢之，則下無滯才矣。」

〔註231〕《宋史》，卷一百六十，選舉六，〈考課〉，頁 3759〜3760。

（三）精貢舉：對進士、諸科糊名法，允已廢除，但任官順序為：先進
　　　士，後為策論、詩賦。入仕之後，更依照官員能力，授予官爵。

（四）擇長官：先委託中書、樞密院先選轉運使、點刑獄、大藩知州；
　　　其次委兩制、三司、御史臺、開封府官、諸路監司舉知州、通判；
　　　最後再由知州、通判薦舉知縣、縣令，並對薦舉人數加以限制；
　　　〔註232〕利用分層負責的方式，選出因才適任的刺史、縣令等地
　　　方首長。

（五）均公田：對州縣官官廩不均的狀況，加以調整。至於貪贓枉法者，
　　　加以免官。〔註233〕

（六）偏遠地區赴任等問題，除給予館券外，〔註234〕亦給予官員額外的
　　　職田。〔註235〕

　　蓋觀慶曆變法，除對於選人職田注官不實問題，重新整頓外；並依所在
區域的物價貴賤，劃分三等。若有職處之選人，則不許連任。偏遠地區的官
員，除增加薪俸外，〔註236〕又透過奏舉模式，銓選地方縣令。〔註237〕

〔註232〕《長編》，卷一百四十三，仁宗慶曆三年九月丁卯，頁3437～3438：「轉運使
　　　　並提點刑獄按察列城，當得賢於者。……逐路轉運使、提點刑獄各同舉知州
　　　　五人，知縣、縣令共十人；逐州知州、通判同舉知縣、縣令共二人。得前件
　　　　所舉之人，舉主多者先次差補。仍指揮審官院、流內銓今後所差知州、知縣、
　　　　縣令並具合入人歷任功過，舉主人數聞奏，委中書看詳。委得允當，然後引
　　　　對。如上舉擇，則諸道官吏庶幾得人。」
〔註233〕《宋史》，卷三百一十四，列傳第七十三，〈范仲淹〉，頁10273～10274。至
　　　　於范仲淹所提改革內容，亦可參見《范文正公奏議》上，政體，〈答陳詔條陳
　　　　十事〉，收錄於李勇先生編，《范仲淹全集》（成都：四川大學出版社，2002
　　　　年），頁523～538。
〔註234〕《長編》，卷一百七，仁宗天聖七年三月甲戌，頁2503：「詔廣南、廣建幕職
　　　　州縣官赴所任，如川峽例，給以館券。」
〔註235〕《長編》，卷一百二十三，仁宗寶元二年二月癸亥，頁2895，吏部流內銓言：
　　　　「舊選人並以有無職田注官，而州縣所上頃畝多不實，今以諸路物價貴賤定
　　　　為三等，京東西、河北、淮南、兩浙、江南幕職、令錄，以歲收百五十石，
　　　　判、司、主簿、尉、百百；陝西、河東、荊湖、福建、廣南幕職、令錄以二
　　　　百石，判、司、主簿、尉、尉以百五十石：益、梓、利、夔路幕職、令錄以
　　　　百石，判、司、主簿、尉五十石，並為有職田。計諸路凡得六百八十餘處，
　　　　其有職田處，即不許連任。」
〔註236〕《宋會要輯稿》，職官四八之二八，〈乞今後差遣縣令如移僻小縣分可全增
　　　　俸祿詔〉，康定二年三月：「流內銓調貫，諸處所舉縣令，只差擬十五千及
　　　　十二千俸錢去處。銓司見有十千縣令員闕甚眾，豈可以縣戶稍少，不則宰
　　　　字之官？況今處差典到強壯人等，逐年進退丁口，均量差役，須在得人，

　　對於幕職州縣官貪濁昏耄不堪其任者，委託朝廷加以對換轉任。〔註238〕
至於選人遷改過快，終至濫官躁競等爭議，則規定：

　　　自今制科入第三等，與進士第一，除大理評事、簽書兩使幕職官；
　　　代還，升通判；再任滿，試館職。制科入第四等，與進士第二、第
　　　三，除兩使幕職官；代還，改次等京官。制科入第五等，與進士第
　　　四、第五，除試銜知縣；代還，遷兩使職官。鑲廳人視此，若夫高
　　　才異行，施於有政而功狀較然者，當以異恩擢焉。〔註239〕

上述規定，獲知選人依照入仕等第之別，授予不同之職官，並對科舉改官、
任官方式，重新調整，以避免科舉高第之人，改官過快之弊病。

　　嘉祐五年（西元 1060 年）更依照出身得差別，規定「幕職州縣官員闕有
出身者經四考，無出者五考，外加京官舉主三人保舉則可改官」。〔註240〕至於
盜賊興盛的問題，要求縣尉、巡檢等俸祿，凡願意捕盜者給予現錢，不許折
支，以激勵州縣官捕盜之意願。〔註241〕

二、英宗及神宗兩朝制度之變革

　　儘管英宗的皇帝在位甚短，對幕職州縣官制度及館閣選材，亦有所關注；
〔註242〕即位後之二年（西元 1065 年），對選人待闕留滯之弊，提出相關解決

　　　則民不受弊，乞令後所舉縣令，如移十千俸錢處，權與十二千，如差常選
　　　人，即自依舊數。」
〔註237〕《長編》，卷一百三十二，仁宗慶曆元年六月甲申，頁3138：「舉縣令之法，
　　　　本欲試其治能，而流內銓乃注過滿。見闕僻小之處，自今令所部指定繁劇，
　　　　或久不治縣奏舉之。」
〔註238〕《長編》，卷一百三十三，仁宗慶曆元年八月辛巳，頁3160：「中書言，近令
　　　　淮南等路添差弓手督捕盜賊，慮縣尉或有貪濁昏耄不堪其任者，乞令流內銓
　　　　選歷任無贓罪、年未六十者注授，仍體量見在任不堪者對換。從之。」
〔註239〕《宋史》，卷一百五十五，選舉一，〈科目上〉，頁3615～3616。
〔註240〕《長編》，卷一百九十二，仁宗嘉祐五年八月乙丑，頁4640。
〔註241〕不著撰人，《宋大詔令集》，卷一百七十八，政事三十一，俸賜，〈巡檢縣尉俸
　　　　給見錢詔〉，慶曆四年三月壬申，頁 643：「國家設巡檢、縣尉，所以佐郡邑
　　　　制姦盜也。朕每念其勤勞，而俸入未優，何以責其盡力乎？自今巡檢、縣尉
　　　　月俸，並特給見錢，更不折支。」相關史料亦參見《長編》，卷一百四十七，
　　　　仁宗慶曆四年三月壬申，頁3556。
〔註242〕（宋）江少虞，《宋朝事實類苑》，卷五，祖宗聖訓五，〈英宗皇帝〉，頁48：
　　　　「英宗謂輔臣曰：『館閣所以育俊才，比欲選人出使無可者，豈乏才邪？』參
　　　　知政事歐陽脩曰：『今取才路狹，館閣止用編校書籍選人進用，稍遲，當廣任
　　　　才之路，漸入此職，庶幾可以得人。』趙概曰：『養育人才，當試其所長而用

措施：

> 天下之治，在於得人：人之賢愚，繫乎所舉，舉而失當，猥濫至多，
> 今吏部磨勘選人待次者二百五十餘人，二年方克引對，留滯之弊，
> 乃至於斯。且歲限定員，本防其濫。而舉者不問能否，一切取足以
> 聞、徒有塞詔之名，且非薦賢之體。以致奔競得售，而實材者見遺；
> 請託得行，而恬守者被棄，蓋其毀譽是徇，殊非淑慝之能明。章交
> 公車，充數而已。以是齊治，已可得乎！宜令中外臣僚合舉選人者，
> 務在得人，不必滿所限之數。所貴材品辨別，仕途澄清。惟爾輔臣，
> 當體朕意。〔註243〕

英宗對選人待闕的選任，要求「以得人為首務」，相對於選人考課年限與考數，
較不如仁宗朝著重。至於選人犯贓，及私罪以下，情況較輕微者，有舊舉主
三人，新舉主三人，允以磨勘。

熙寧四年（西元1071年）對選人待闕、蔭補冗濫等問題，制訂銓選相關
制度，要求每年二月、八月試以斷案、律令及經義，倘若成績優等者，免選
注官；若選人無出身者，但判試成績優異，可賜以同進士出身；此外，若有
舉主五人，亦免試注官。選人改官，則要求於該職務上，任滿三年，方許注
擬新官。雜流入仕者，不得轉任專門技能、重要之幕職官州縣官，如縣令、
司理及司法參軍等。高官子弟蔭補，須年滿三十，方許參加注官，但年滿二
十，銓試及格三年者，方可出官免試。〔註244〕

「舉薦之制」自神宗朝起，允許地方薦舉選人，凡所屬六員者，歲可舉
三員；但見於請託之流弊，神宗皇帝亦罷除「內外舉官之法」，將地方文官之

> 之。』上曰：『卿等為朕各舉才行兼善者數人，雖親戚世家勿嫌，朕當親閱可
> 否。』」
〔註243〕《宋會要輯稿》，職官十一之一五，〈令中外選人者務在得人不必滿所限之數
　　詔〉，治平二年四月。
〔註244〕《宋史》，卷一百五十八，選舉四，頁3705：「熙寧四年，遂定銓試之制：『凡
　　守選者，歲以二月、八月試斷案二，或律令大義五，或議三道，後增試經義。
　　法官同銓曹撰式考試。第等三等，上等免選注官，優等升資如判超格，無出
　　身者賜之出身。自是不復試判，仍去免選恩格，若歷任有舉者五人，自與免
　　試注官。任子年及二十，聽赴銓試。其試不中或不能試，選人滿三歲許注官，
　　惟不得入縣令、司理、司法。任子年及三十方許參注，若年及二十授官，已
　　及三年，出官亦不用試。……選人應改官，必對便殿。舊制，五人一引，不
　　過二人。至是，待次者多，有踰二年乃得引。帝閔其留滯，詔每甲引四人以
　　便之。」

考銓，委託吏部、審官院，擬訂參議選格。〔註245〕熙寧十年（西元 1077 年）知制誥孫洙，即熙寧四年官告文辭過於溢美等陋規，認為相關銓選格式，看似容易，實過簡陋，並無法顯示文官的真才實學。〔註246〕

　　元豐二年（西元 1079 年），李清臣對宋初官職、差遣與寄祿格不相符合等現象，提出建言：

> 本朝官制踵襲前代陳跡，不究其實，官與職不相準，差遣與官職又
> 不相準，勳、階、爵、秩又皆不相準，乞詔有司並加釐正，以成一
> 代之法。〔註247〕

次年（西元 1080 年），即為北宋歷史著名官制的「元豐改制」。對於元豐改制的討論，前輩學者已有相關成果，於此不凡贅述。〔註248〕但元豐改制的焦點，以北宋官職不符等部份，作改革的重點，〔註249〕且較特殊的是，自元豐改制之際，將地方銓選制度的考詞，加以罷除。〔註250〕元豐五年（西元 1082 年），

〔註245〕《宋史》，卷一百六十，選舉六，〈保任〉，頁 3745：「凡薦任之法，選人用以進資改秩，京朝官用以升任，舊悉有制。熙寧後，又從而損益之，故舉皆限員，而歲又分舉，制益詳矣。定十六路提點刑獄歲舉京官、縣令額。又詔察訪使者得舉官。選人任中都官者，舊無舉薦，始許其屬有選人六員者，歲得舉三員。既而帝以舊舉官往往緣求請得之，乃革去奏舉，而概以定格。詔內外舉官法皆罷，令吏部審官院參議選格。」

〔註246〕《長編》，卷二百二十二，神宗熙寧十年，六月丙申，頁 6926：「熙寧四年，建言者患制誥過為溢美，以為磨勘遷官，非有績效，不當專為訓詞。又謂典誥之臣皆有兼官，殫費文辭，慮妨其他職事。遂著令磨勘皆為一定之辭，文臣待制、武臣閤門使以上，方特命草制，其餘悉用四句定辭。……伏望皆令隨事撰述，但不得過為溢美，以失實事。詔：『舍人院撰詞，少卿監以下奏薦、敘封，每遇大禮一易；恩澤舉人，每科場一易；封宗室婦女，逐時草制；文武轉官、致仕，并選人改京朝官、知縣，並隨等撰定。』」

〔註247〕李清臣，〈乞詔有司講求官制本末奏〉元豐二年五月己丑，《九朝編年備要》，卷二十，頁 51-1。

〔註248〕元豐官制的探討，則有：佐伯富，〈元豐官制の改革に就いて〉，收錄於島敏，《東洋史學論集－宋代研究とその周邊》（東京：汲古書院，1988 年），頁 608～610 及張復革，《北宋中期以後官制改革》（台北：文史哲出版社，1991 年），頁 5～50。對於元豐改制以前官制紊亂之根源，則可參考孫國棟，〈宋代官制紊亂在唐制的根源－宋史職官志述宋代亂制根源辨〉，《中國學人》，第 1 期，香港新研究所出版，民 59，頁 41～54。

〔註249〕《宋史》，卷一百六十八，選舉八，〈合班之制〉，頁 4001：「元豐制行，參以寄祿官品高下，更格概多，別為班序。」

〔註250〕《宋史》，卷一百六十三，職官三，〈吏部〉，頁 3840：「舊制，考課院其定殿皆有考詞，元豐官制行，悉罷。」

對幕職州縣官試法轉遷，頒佈新法：

> 諸承務郎以上及幕職、州縣官並未入官人，歷任無私罪徒及入己贓
> 失人罪，併勒停衝替後已經一任者，許試刑法。無人奏舉，聽於尚
> 書吏部及所在官司投狀乞試。〔註251〕

藉由上述詔文，獲知幕職州縣官未入官者，或歷任無私罪，及入己贓罪者，
若經停職一任，可參加刑法之試，若無人奏舉，則聽於吏部及所在官司，投
狀乞試，相較於熙寧年間，贓罪官員的銓選規定，已有出入。〔註252〕

　　幕職州縣官制度除內部考銓流弊之外，面對外在環境的改變，不同主事
者的態度則有所不同。然比較仁宗、神宗兩朝，對縣尉捕盜的態度與相關手
腕，神宗朝較趨於嚴刑峻法，積極懲辦失職之官，如元豐七年（西元1084年）
三月所示：

> 自嘉祐六年，始命開封府諸縣盜賊囊橐之家立重法，後稍及曹、濮、
> 澶、滑等州。熙寧中，諸郡或請行者，朝廷從之，因著為令。至元
> 豐，更定其法，於是河北、京東、淮南、福建等路用重法，郡縣浸
> 益廣矣。……雖非重法之地，而囊橐重法之人，並以重法論。其知
> 縣、捕盜官皆用舉者，或以武臣為縣尉。盜發十人以上者，限內捕
> 不獲半，劾罪取旨。〔註253〕

根據上文所述，神宗朝除將重法地增加河北、京東、淮南及福建等地區，對
於非重法地之縣，若出現盜賊盛行等問題，縣尉則改用武官。若該地區有十
人以上之盜賊，官員若無法如期捕獲半數者，加以降罪懲處。最終統治者期
望透過相關懲處辦法，讓縣尉趨於積極捕盜。

〔註251〕《宋會要輯稿》，選舉一三之二十一，試法，元豐五年十二月三十日詔。
〔註252〕《宋會要輯稿》，選舉十三之三十三，〈試法〉，神宗熙寧元年十二月十二日詔：
　　　　「自今被舉試刑法部，試官者流內銓收闕，便住正官，如就試不中，別與
　　　　差遣，並以後來到詮名資序注擬，先是赴試刑法官，往還為有日限，往往
　　　　因事規避州縣多闕正官，至是始立法。三年三月二十五日，詔京朝官選人
　　　　歷官二年以上，無贓罪許是刑名，委兩制刑法寺主判官，諸路監司奏舉，
　　　　歷任有舉主二人，亦聽就試日，試斷獄一道，刑名十事，為一場，五場止，
　　　　又問刑統大義五道，斷獄通八分以上，不失重罪，合格分三等，第一等選
　　　　人改京朝官，進一官，並補審行大理刑部官；第二等選人免徇一資，京朝
　　　　官減二年磨勘，第三等選人，免選京朝官減一年，磨勘法官闕，亦聽補考
　　　　試，關妨如試科法。」
〔註253〕《長編》，卷三百四十四，神宗元豐七年三月乙巳，頁8255。

三、哲宗朝前後期統治措施的不同

哲宗朝則因新舊黨執政的不同，導致元祐與紹聖兩時期，對幕職州縣官制度的態度亦有所別；元祐初期（西元 1085～1093 年）因高太皇太后聽政，除重用舊黨人士外，對元豐改制所衍生相關缺失，進行彌補。〔註254〕

反觀冗官待闕及幕職州縣官的編制，元祐元年（西元 1085 年），司馬光則提出「十科舉士」之議。企圖藉由「十科」分類，〔註255〕保舉擢用人才。假若本科職任有闕，則委託相關執政當局，親自逐簿檢選名實相稱之文官。若舉主保薦不保，舉主則從科罪。若被保舉者，日後任官資歷裡有貪贓枉法的情況，舉主亦需減三等，連坐科罪。但若發現官員因徇私受賄，保舉他人者，除求處重法，更不加以寬宥；非十科之內者，若有舉官，亦許改官，改官不當者。亦受連坐處分。〔註256〕至於朝廷引對之數，由元豐朝每歲一百四十人，降為一百人，目的以抑止選人改官過快，冗官待闕等問題。〔註257〕元祐八年（西元 1093 年），對幕職官改官過快、待闕人數較多等問題，即頒佈「元祐薦舉令」。〔註258〕

高官子弟蔭補過濫及冗官待闕等爭議，上官均上奏〈乞清入仕之源〉之

〔註254〕張復華，《北宋中後期以後官制改革》，第二章，〈哲宗朝官制改革〉，頁52～54。

〔註255〕司馬光，〈乞以十科舉士劄子〉，《宋朝諸臣奏議》，卷七一，哲宗元祐元年上，頁784：「欲乞朝廷設十科舉士：一、曰行義純固、可為師表科。二、曰節操方正、可備獻納科。三曰智勇過人、可備將帥科。四曰公正聰明、可備監司科。五曰經術精通、可備講讀科。六曰學問該博、可備顧問科。七曰文章典麗、可備著述科。八曰善聽獄訟、盡公得實科。九曰善治財賦、公私俱便科。十曰練習法令、能斷情讞科。應職事官自尚書至給舍、諫議，寄祿官自開府儀同三司至太中大夫，職自觀文殿大學士待制，每歲須得於十科內舉三人。」並見《宋會要輯稿》，選舉二十八之一七及選舉二十八之一八，舉官二，元祐元年七月辛酉。

〔註256〕關於司馬光十科取士之研究，可參閱金中樞，〈從司馬光十科舉士看北宋的舉官制度〉，《新亞書院年刊》，第9期，頁75～94亦可參見《宋史研究集》第十九輯，頁31～48。

〔註257〕《宋史》，卷一百五十八，選舉四，〈銓法上〉，頁3710：「初，選人改官，歲以百人為額。元祐變法，三人為甲，月三引見。」

〔註258〕《長編》，卷四百七十四，頁11305：「致今來吏部待次改官人數稍多，欲將上條餘數聽從便員數，並權改作奏舉幕職官，其不及三員者，即通計三年合舉員數，以三分之一舉幕職官。謂如舉二員者，前一年舉改官二員，餘二年各舉改革、幕職官各一員。合舉一員者，前二年各舉改官一員，餘一員舉幕職官，共三員。仍自元祐八年正月一日為始，候改官待次人稀空，令吏部申尚書省。從之。」

議，〔註259〕與〈州縣考課之法〉等建言；〔註260〕針對部份幕職州縣官參用武官等現象，新舊兩黨的意見乃有所分歧：元祐元年（西元1086年）起，朝臣蘇轍駁斥元豐年間，將縣尉改用武夫，導致武人侵漁弓手，侵擾鄉民。〔註261〕命令盜賊盛行之縣，縣令知縣任滿，即委託監司撰寫治狀，將捕盜數額多寡程度，交付吏部考校以示酬賞。〔註262〕

四、徽、欽二朝稱謂與職權之調整：

徽宗登基年後，在蔡京、鄧洵武等人的倡議下，將神宗元豐改制推至極端。崇寧二年（西元1103年）聽從鄧洵武之建言，將選人官階名實不符的現象，加以導正。〔註263〕結果如表3-5所示：

表3-5：崇寧改制前後之職官稱謂與品秩對照表：

	北宋前期的幕職州縣官	崇寧改名	品　秩
兩使職官	三京府判官，留守判官，節度判官，觀察判官	承直郎（崇寧改名）	從八品
	節度掌書記，觀察支使，防禦判官，團練判官	儒林郎（崇寧改名）	從八品

〔註259〕上官均，〈上哲宗乞清入仕之源〉，《宋朝諸臣奏議》，卷七十，元祐元年八月，頁769。

〔註260〕上官均〈上哲宗乞定州縣考課之法〉，《宋朝諸臣奏議》，卷七二，元祐元年四月，頁792。

〔註261〕《長編》，卷三百八十五，哲宗元祐元年八月癸巳，頁9374：「臣伏見舊法，縣尉皆用選人，自近歲民貧多盜，言事者不知救之於本，遂請重法地分縣尉並用武夫。自改法以來，未聞盜賊為之衰少，而武夫貪暴不畏條法，侵漁弓手，先失爪牙之心；騷擾鄉村，復為人民之患。……今改用武夫，未必皆敢入賊，而不習法律，先已擾民。」

〔註262〕《長編》，卷三百九十一，哲宗元祐元年十一月丙子，頁9520，吏部言：「準敕：『尚書、侍郎、內外學士、待制、兩省、臺官、左右司郎官、諸路監司，各限一月，同舉公明廉幹、材堪治劇及係合入知縣或縣令一員，令吏部不依名次，差充重法地分知縣、縣令，次差賊盜多處萬戶已上縣。任滿，委監司保明治狀，作三等推賞。有任滿酬獎者，聽從重。仍令吏部詳立考較等第以聞。』今詳到考較等第，其舊有任滿酬獎聽累賞。」

〔註263〕《宋史》，卷一百五十八，選舉四，〈銓法上〉，頁3711：「初，未改官制，大率以職為階官。如以吏部尚書為階官，而同中書門下平章事則其職也。至於選人，則幕職、令錄之屬為階官，而以差遣為職，名實混淆甚矣。元豐未及革正。崇寧二年，刑部尚書鄧洵武極言之，遂定選人七階：曰承直郎，曰儒林郎，曰文林郎，曰從事郎，曰通仕郎，曰登仕郎，曰將仕郎。」亦可參見〔宋〕葉夢得，《石林燕語》（北京：中華書局，1984年第一版），卷三，頁45~46。

	京府推官，留守推官，節度推官，觀察推官，軍事判官	文林郎（崇寧改名）	從八品
初等職官	防禦推官，團練推官，軍事推官，軍判官，監判官	從事郎（崇寧改名）	從八品
令　錄	縣令、錄事參軍	通仕郎（政和年間改爲從政郎）	從八品
	試銜知縣、知錄事參軍	登仕郎（政和年間改爲修職郎）	從八品
判司簿尉〔註264〕	軍巡判官，司理參軍，司法參軍，司戶參軍，縣主簿、縣尉	將仕郎（政和年間改爲迪功郎）	從九品

＊該表據《宋史》，卷一五八，選舉四，〈詮法上〉，頁3711所做。

　　崇寧四年（西元1005年）令州縣仿效向書六曹，分以六案，並要求各曹各主其事，使其中外事務歸爲一體。〔註265〕至於盜賊興盛之重法地，縣尉等州縣官，仍仿效元豐時期，改以武人擔任縣官。〔註266〕

　　但鑑於崇寧四年之官制改革，並未對官吏的訂立統一之規定，故自大觀二年（西元1108年）起，規定開封府依事物繁瑣程度，分曹置掾，先自四輔實施，次行於諸州。〔註267〕政和二年（西元1112年）爲了緩和吏部員多闕少情形，對各州縣曹掾員額加以增減，〔註268〕如表3-6所示：

〔註264〕《石林燕語》，卷三，頁45～46：「國朝選人寄祿官，凡四等七資。留守節察判官、掌書記、支使、防團判官、留守節察推官、軍事判官，爲兩使職官；防團軍事推官、軍監判官，爲初等職官；司錄、縣令、知縣爲令錄；軍巡判官、司理、司戶、司法、簿尉，爲判司簿尉。其陞遷之序，則自判司簿尉舉令錄遷令錄；舉職官，遷初等職官。自職令薦書及格，皆改京官，不及格而有二薦書，則遷兩使職官，謂之『短骰』；以勞敘賞，謂之『循資』。崇寧中，鄧樞密洵武建言，以爲名實混淆不正，乃改今七等名。」

〔註265〕《宋史》，卷二十，徽宗二，頁373：「閏月壬申，復元豐銓試斷按法。令州縣倣尚書六曹分六案」。

〔註266〕《文獻通考》，卷第六十三，職官十七，縣尉，頁573～574：「宋朝建隆三年，始每縣復置尉一員在主簿之下，奉賜與主簿同。……元豐五年，詔重立法地縣尉並差使臣；元祐元年，蘇轍言：『舊法，縣尉皆用選人，近歲並用武臣自改法已來，未聞盜賊爲之衰，息請復舊法。』詔除，沿邊縣尉依舊外餘並差選人；崇寧元年，詔重立法地縣尉舊差武臣，處並依元豐法。」

〔註267〕（宋）陳鈞《九朝編年備要》（台北：商務印書館，四庫珍本七集），卷二十七，頁39：「二月置諸州曹掾官」；或見《宋史》，卷一百六十六，職官六，頁3943：「又詔天下州郡並依開封府分曹置掾。」

〔註268〕〔宋〕施宿，《嘉泰會稽志》，卷三，職官，頁6764～2：「崇寧四年始命諸州分六案，以倣尚書省六曹然官名猶未改也。政和二年，乃議分曹建掾猶修改久之，乃定有司錄事、有司士曹事、司戶曹事、司儀曹事、司刑曹事、司工

表 3-6：政和二年州府曹掾設置情形表：

	三京府（河南、大名、應天府）	大藩		其他州郡					
		繁難者四	繁者四十六處	繁者一三處	繁者四十處	簡者四十處	簡者五二處	簡者四九處	簡者十四處
舊額	九至十一人	九人	七至八人	七至八人	六至七人	六人	五人	四人	一至二人
今額	十五人	十三人	十人	十人	九人	七人	六人	五人	三人
司錄參軍	一人	一人	一人			一人	一人	一人	
士曹參軍	一人	一人	一人	一人	一人	一人	一人兼管左推勘公事	一人兼儀曹管左推勘公事	一人兼儀曲推勘公事
士曹掾	一人	一人兼管儀曹	一人兼戶曹管左推勘公事	一人兼戶曹	一人兼戶、儀曹				
戶曹參軍	一人	一人	一人	一人管左推勘公事	一人管左推勘公事	一人	一人	一人	一人兼管兵曹
戶曹掾	一人	一人	一人						
儀曹參軍	一人	一人	一人	一人	一人	一人兼管左推勘公事	一人		
儀曹掾	一人		一人管兵曹管右推勘公事	一人兼兵曹					

曹事、有士曹掾、戶曹掾、兵曹掾、刑曹掾、、司錄曹官、承務郎以上掾官，
並差將仕郎。」

兵曹參軍	一人	一人	一人	一人管右推勘公事	一人管右推勘公事	一人		一人兼工曹管右推勘公事	
兵曹掾	一人	一人兼工曹			人兼刑曹				
刑曹參軍	一人	一人	一人	一人	一人兼檢法議刑	一人兼檢法議刑	一人兼檢法議刑	一人兼檢法議刑	一人兼工曹並兼管檢法議刑
刑曹掾	一人	三人分左右二人，管推勘公事；一人兼管檢法議行	一人兼工曹、管檢法議刑	一人兼工曹					

＊上表據《皇宋十朝綱要》，卷十八，頁 11 及張復華，《北宋中期以後之官改革》，頁 97 所繪。

　　上表爲尚書省因鑑於中後期冗官待闕問題過長，趨緩吏部員多闕少等壓力，斟酌添差地方官五百多人，並公告於次年正月施行。〔註269〕政和三年（西元 1113 年），又由尚書立法修訂「選人之考限」，規定承直郎至登仕郎需六考，任滿三年後，有舉主一人，則可改官；倘若因公犯私罪，則依犯罪的輕重，增加考限與舉主，方能改官。〔註270〕

　　政和六年（西元 1116 年），因朝臣建議：假版官行於衰世，不可尋用，故將假承直郎改爲登仕郎，假承奉、承事郎改爲通仕郎，以此三階奏補未出官人。〔註271〕後通仕郎改爲從政郎，登直郎改爲修職郎，將仕郎改爲迪功郎。

〔註269〕張復華，《北宋中後期之官制改革》，頁 96。

〔註270〕《文獻通考》，卷第三十八，選舉十一，〈舉官〉，後唐至宋寧宗，頁 363～3：「政和三年，尚書省修立改官格，承直郎至登仕郎六考。將仕郎七考，有改官，舉主而職司居其一，即與磨勘，如因坐公私懲犯，各隨輕重加考，及舉官有差，從之。」

〔註271〕《文獻通考》，卷第六十四，職官十八，〈朝議郎以下〉，頁 578～1：「宋崇寧初，以將仕郎換軍巡判官、司理、司法、司戶、簿尉以上七階，係選人用舉考，及功賞改官。政和既以從政、修職、迪功郎，易通仕、登仕、將仕郎，其通仕、登仕、將仕三階係奏補未出官人。」或見《宋大詔令集》，卷一百六十四，政事十七，官制五，〈改將仕郎等官名御筆手詔〉，頁 627：「假板官、行於衰亂之世，姑從板授，蓋非真官，不可循用。可依下，假將仕郎可去假

〔註272〕政和年間，選人奏薦改官規定爲：承直郎以下之選人，需本路監司、郡守等官員勘與改官狀五紙，方能改官爲京官；但於時人眼裡，求得改官奏狀，是相當困難。〔註273〕至於偏遠地區州縣官的銓選，全由吏部差注，若強行差注之官，路途毋過三十驛。但整體徽宗朝對幕職州縣官稱謂與職責調整，則爲表3-7所示：

表3-7：徽宗朝對幕職官稱謂之調整簡表：

大觀以前	大觀二年	政和二年	政和三年
節度判官 節度掌書記 觀察判官	司錄參軍	司錄參軍	司錄事
觀察支使 節度推官 觀察推官 以上幕職	戶曹參軍	戶曹參軍	司戶曹事
錄事參軍	士曹參軍 兼儀曹參軍	士曹參軍 儀曹參軍	司士曹事
司理參軍	左治獄參軍		
司戶參軍	右治獄參軍		
司法參軍	議刑參軍	兵曹參軍 刑曹參軍 工曹參軍	司刑曹事 司工曹事

＊據宮崎市定〈宋代州縣制度の由來とその特色－特に衙前の變遷について－〉，頁229。

概觀徽宗朝對幕職州縣官制度的調整，除崇寧改制，「選人七階」外，對幕職州縣官制度本身做大幅的改變。至於選人七階之頒佈，亦可視爲北宋中後期寄祿格、職官稱謂之調整。如上表3～7所述，自大觀二年（西元1108年）蔡京再次執政，爲了讓職官的名實相合，故對幕職官的稱謂進行調整；並將節度州之屬官改爲「司錄參軍」；觀察州之幕職官改稱「戶曹參軍」；州郡曹官之「錄

字，與初官人猶未入仕、可爲將仕郎。假承務郎可爲登仕郎。假承事郎承奉郎可爲通仕郎，舊將仕郎已入仕，不可稱將仕郎，可爲迪功郎。舊登仕郎可爲修職郎，舊通仕郎可爲從政郎，餘並依舊，通爲十階。」或見《九朝編年備要》，卷二十八，頁9。
〔註272〕《宋史》，卷一百五十八，選舉四，頁3711；或見《宋大詔令集》，卷一百六十四，政事十七，官制五，〈改將仕郎等官名御筆手詔〉，頁627。
〔註273〕《清波雜志》，卷一，〈改秩〉，頁32：「承直郎以下選人，有任須俟得本路帥撫、監司、郡守舉主保奏堪與改官狀五紙，即趨赴春班改官謝恩，則換承務郎以上官序，謂之京官，方有顯達。其舉主各有格法限員，故求改官奏狀，最爲艱得。」

事參軍」則改稱「士曹參軍」，並額外兼職儀曹參軍之事；至於原屬州縣之司理、司戶及司法參軍，依序變更爲左治獄參軍、右治獄參軍及議刑參軍等。

政和二年起（西元 1112 年）起，朝廷復古改制的聲浪再起，幕職州縣官的工作職責與職官稱謂，更動與中央六部一致，將大觀二年士曹參軍兼儀曹參軍者，獨立爲士曹參軍及儀曹參軍；至於宋初的司法參軍，雖在大觀二年改爲議刑參軍，但政和二年又分兵曹參軍、刑曹參軍與工曹參軍等三者。但推行後不久，則又將參軍事之名，變更爲「曹事」。

因鑑徽宗對幕職州縣官的稱謂與職責等變異，欽宗宣和七年（西元 1125年）即不在變更職官稱謂，由制度內部進行改革，變革措施爲：其一、制訂納粟補官的新法；〔註274〕其次、對政和以來，文臣重內輕外，輕縣令之選之弊，加以革除。〔註275〕靖康元年（西元 1126 年）七月，下詔規定：凡改官爲任知縣等州縣官者，不許別除差遣；宗室蔭補參選之制也規定「不讓高官之子注郡守、縣令」。〔註276〕但隨著金兵南下，使北宋官制改革，劃下句點。

本章小結

綜觀北宋地方官制，國初因制度草創，藩鎮勢力未除，典制多承襲前朝；自太祖、太宗二朝制度建立，至眞宗朝制度趨於完備，但自眞宗中後期起，地方制度衍生出相關弊病，如：改官不實、冗官待闕、偏遠地區官員不願赴任等現象。在諸多高官權臣眼中，儘管針對冗官、蔭補等考銓制度等弊病，提供相關建言與改革，可惜改革未果。至仁宗朝起，地方基層文官的銓選，日益著重薦舉之制與舉主資格等部份；但對貪贓受祿者的懲處改官，亦與太祖、太宗二朝，嚴懲贓吏的態度有所不同。〔註277〕

〔註274〕《宋會要輯稿》，職官五五之四二至職官五五之四三，欽宗靖康元年六月三日詔。

〔註275〕《文獻通考》，卷六十三，職官十七，縣令，頁 573。

〔註276〕《宋史》，卷一百五十八，選舉四，〈銓法上〉，頁 3712：「初，宗室無參選法，祖宗時，間選注一二，不爲常制。徽宗欲優宗室，多得出官，一日參選，即在合選名次之上。而膏梁之習，往往貪恣，出任州縣，黷貨虐民，議者頗陳其害。欽宗即位，臣僚復以爲言，始令不注郡守、縣令，仍與在部人通理名次。」

〔註277〕金中樞〈宋初嚴懲贓吏〉，《成大歷史學報》第 3 期，（台南：成功大學歷史系編，民國 65 年 7 月出版），頁 55～91。

　　然自唐末五代至宋初，寄祿官與差遣不符的問題，終至神宗元豐改制，加以調整。〔註 278〕然北宋地方制度編制，受到外在環境的改變，與盜賊興盛之現象，出現違背祖宗之法的思想，以武人擔任縣尉等現象；但相關改革的爭議，亦導致新舊黨人士意見的分歧。至於北宋官制改革，並未因神宗元豐改制的終止。〔註 279〕反而在王安石變法圖強後，衍生出黨爭問題。

　　相關黨爭與批判，爲爾後哲宗、徽宗二朝，政治動盪埋下伏筆；然自北宋中後期起，隨著統治者的更迭，與新舊黨人士的主政，使地方官制改革亦有所不同；如元豐八年（西元 1085 年）至元祐年間，高太后聽政，舊黨執政，則對新法改革加以修正；至哲宗親政，紹聖（西元 1093～1097 年）、元符（西元 1098～1100 年）年間，新黨掌權，對舊黨制度提出批評。北宋中後期執政黨派之略表，如下表 3-8：

〔註 278〕《宋史》，卷一百五十八，志第一百一十一，選舉四，〈銓法上〉，頁 3693～3694：「太祖設官分職，多襲五代之制，稍損益之。凡入仕，有貢舉、奏廕、攝署、流外、從軍五等。吏部銓惟注擬州縣官、幕職，兩京諸司六品以下官皆無選；文臣少卿、監以上中書主之，京朝官則審官院主之；武臣刺史、副率以上內職，樞密院主之，使臣則三班院主之。其後，典選之職分爲四：文選曰審官東院，曰流內銓，武選曰審官西院，曰三班院。元豐定制而後，銓注之法，悉歸選部：以審官東院爲尚書左選，流內銓爲侍郎左選，審官西院爲尚書右選，三班院爲侍郎右選，於是吏部有四選之法。文臣寄祿官自朝議大夫、職事官自大理正以下，非中書省敕授者，歸尚書左選；武臣升朝官自皇城使、職事官自金吾階仗司以下，非樞密院宣授者，歸尚書右選；自初仕至州縣幕職官，歸侍郎左選；自借差、監當至供奉官、軍使，歸侍郎右選。凡應注擬、升移、敘復、廕補、封贈、酬賞，隨所分隸校勘合格，團甲以上尚書省，若中散大夫、閤門使以上，則列選敘之狀上中書省、樞密院，得畫旨，給告身。」

〔註 279〕依據張復華，《北宋中後期官制改革》，頁 38～39：「檢討神宗朝改制，因寄祿官階數太少，遷轉之時又完全不考慮流品，造成遷敘太亟、清濁流並進的不合理現象。舊制名雖不正，事猶公充，新制名固正矣，事反失公。矯枉過正，是元豐改制『正官名』工作基本的缺失。」

表 3-8：北宋中後期執政黨派之略表：

	元豐三年九月 至 元豐八年十月	元豐八年十一月 至 元祐八年十二月	紹聖元年正月 至 元符三年正月
採用之政制	新制	舊制	新制
推行之政策	新法	舊法	新法
執政之人物	新黨〔註280〕	舊黨〔註281〕	新黨〔註282〕

至於整體北宋官制改革的情況，如圖 3-3 所示：

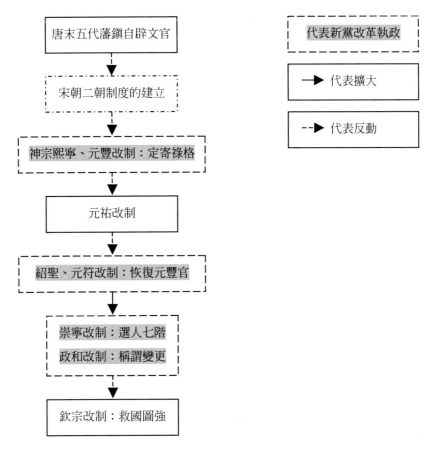

本圖據參閱張復華，《北宋中後期以後之官制改革》，頁 147，圖三修改而成。

由上圖得知，宋初對於幕職州縣官的編制，多沿於唐代中葉藩鎮自辟僚

〔註280〕舊黨司馬光、呂公著首於元豐八年五、七月分任門下仕郎、尚書左丞。
〔註281〕新黨至元祐二年四月全部去職。
〔註282〕舊黨至紹聖元年五月始全部去職。

佐，自宋朝立國雖繼承唐末職官稱謂，〔註283〕但為了擺脫唐末以來藩鎮割據勢力，將地方官銓選改由中央吏部統合處置；但自唐末以來官職、寄祿不相符合的問題，亦為宋初所承襲；儘管神宗元豐改制，企圖將官職、寄祿兩者不符等現象，加以改正，但改革未果，卻衍生其他弊病。

元祐初年，舊黨執政，企圖恢復宋初二朝之制；但事隔不久，隨著哲宗的親政，紹聖、元符年間，企圖恢復元豐之法；徽宗朝起，在蔡京、鄧洵武等新黨人士之操控下，除將哲宗改革加以擴大外，亦想恢復元豐官制之榮。但反觀對宗室參選之制，自徽宗朝起，因廣開入仕、蔭補之途，導致冗官闕等問題更加嚴重。〔註284〕此外，自仁宗後期，朝臣重內輕外等現象，使文官多無心於地方施政。儘管欽宗繼位，有心革除相關弊病，在金兵南侵的前提下，迫使北宋官制改革無疾而終。

選人薦舉之制，自仁宗皇祐朝起罷常參官薦舉；康定年間，罷知雜御史以上薦舉；治平年間，罷通判薦舉。至徽宗宣和時期，選人改官之舉主人數，已由國初的四人外，外置一員；磨勘考限的時間，愈至末期，愈趨於延長。〔註285〕

〔註283〕《朱子語類》，卷一百二十八，本朝二，〈法制〉，頁3072：「初，蔡京更定幕職，推、判官謂之『分曹建院』。以為節度使、觀察使在唐以治兵治財，今則皆是閒稱呼，初無職事，而推、判官猶襲節度、觀察名，甚無謂又古者以軍興，故置參軍。今參軍等職皆治民事，而猶循用參軍之號，亦無意謂。故分曹建院推、判等官，改為司士曹事、司儀曹事，此類有六。參軍之屬改為某院某院，而盡除去節度參軍之名，看來改得自是。」

〔註284〕《容齋四筆》，卷十五，〈討論濫賞詞〉，頁788～789：「自崇寧以來，創立法度，例有泛賞，……種種濫賞，不可勝述。其曰應奉有勞、獻頌可採、職事修舉、特授特轉者，又皆無名直與，及白身補官，選人改官，職名礙格，非隨龍而依隨龍人，非戰功而依戰功人等，每事各為一項，建議討論。又行下吏部，若該載未盡名色，並合取朝廷指揮，臨時參酌。追奪事件，遂為畫一規式，有至奪十五官者。雖公論當然，而失職者胥動造謗，浮議蜂起。」

〔註285〕《雲麓漫鈔》，卷四，頁60～61：「選人之制，始於唐。自中葉以來，藩鎮自辟召，謂之『版授』，時號『假版官』，言未授王命，假攝耳。國朝收諸鎮權，自一命以上，皆注吏部選，而選人有七階：留守判官至觀察判官為一等，今承直郎；節度掌書記、觀察支使為一等，今儒林郎；防禦團練、軍事判官京府至觀察推官為一等，今文林郎；防禦團練、軍事推官為一等，今從事郎；縣令、錄事參軍為一等，今從政郎；試銜知縣、知錄事為一等，今脩職郎；軍巡判官、司戶等參軍、主簿尉為一等，今迪功郎。宣和間方改從今制，有舉官五員，及六考以上無過，許改入京官。國初任子，進士甚鮮，內而侍從官、常參官，外而監司守倅，皆得薦舉；歷任及四考，有舉官四員，許改官，增考為六考，舉官為五人。於皇祐罷常參官薦舉；於康定罷知雜御史以上薦舉；於治平罷通判薦舉；於熙寧禁補發。」

但反觀朝廷對貪贓者入仕的規定，自仁宗朝逐漸鬆弛，允許增加舉主，即可改官。自仁宗朝起，因憐憫低階文官升遷過慢，強調舉薦制度的升遷，兩者交替之下，使得北宋後期改官不實，與奔競獵官等問題與日邂增；地方官員無心治理下，使百姓生活日趨困頓，終至使地方問題叢生，造成百姓苦不堪言，進而群起造反（如：方臘之亂、李小波之亂）。

第四章　幕職州縣官之職能與遷轉

　　幕職州縣官制度在北宋中後期衍生出諸多流弊，但趙宋政權亦利用相關制度，分散地方首長之權。前輩學者已對選人改官，〔註1〕及單一職官考核部份做討論。〔註2〕本章進而探討幕職州縣官的職能、遷轉，及其在官僚體系中的角色。

〔註1〕幕職州縣官的升遷與改官之研究成果有：（1）朱瑞熙，〈宋代幕職州縣官的薦舉制度〉，《文史》，第27輯，1987年，頁67～88；（2）祖慧，〈宋代的選人制度〉，載《岳飛研究》，第四輯，中華書局，1996年8月出版，頁461～488；（3）王雲海、苗書梅，〈宋代幕職州縣官及其改官制度〉，載《慶祝鄧廣銘先生九十華誕論文集》（河北：河北教育出版社，1997年），頁207～218；（4）金宗燮，〈唐五代幕職官的任用與功能〉，《東洋史學研究》，2000年，第七十一輯，頁1～41；（5）苗書梅，〈宋代州級屬官體制初探〉，《中國史研究》，2002年3月，頁111～126。

〔註2〕關於單一職官的升遷與考課等研究成果有：（1）金圓，〈宋代州縣守令的考核制度〉，收錄于鄧廣銘主編，《宋史研究論文集》（杭州：杭州人民出版社，1987年），頁297～307；（2）齊覺生，〈北宋縣令制度之研究〉，《國立政治大學學報》，第18期，頁275～313；（3）柳田節子，〈宋代の縣尉について〉，《宋より明清にいたる科舉・官僚制とその社會的基盤研究》，科學研究費補助金總合研究成果報告書，1992年，頁13～21；（4）李立，〈宋代縣主簿初探〉，《城市研究》，1996年04期，頁59～64；（4）陳振，〈論宋代的縣尉〉，收錄于鄧廣銘主編，《宋史研究論文集》（杭州：杭州人民出版社，1984年），頁309～323；（5）邢琳、李豔玲，〈宋代知縣、縣令考課制度述論〉，《許昌學院學報》，第23卷第1期，頁77～79；（6）林煌達，〈宋代縣衙主簿初探〉，《中國史學》，第14卷，2004年9月，頁87～106及〈宋代州衙錄事參軍〉，《唐研究》，第十一卷，（北京：北京大學出版社，2005年12月），頁459～484。

第一節　幕職州縣官之工作職能

太祖藉由任命幕職州縣官與通判等職官方式，分散地方長官的權限，中央掌握地方人事任命權，與地方財政資源；〔註3〕從地方制度角度來看，幕職州縣官存在意義，為州縣長官之僚佐，除輔助知州、知縣處理大小事務外，不同職官所擔負工作也有所差別。

此外，自太祖起，屢屢頒佈禁止幕職州縣官下鄉擾民之令，〔註4〕但若探究工作職能，會發現幕職州縣官的諸多工作，是需與民接觸的。至於幕職州縣官的設置，常因地方層級不同，及實際環境差異，有所調整；而各自的權力，及負責的工作實務常有交集與重疊之處。茲依行政文書處理、社會秩序維繫、稅賦財政徵收管理、刑罰訴訟之審理及其他事務等五類，分述如後：

一、行政文書之處理

北宋幕職官的設置，不少官稱皆沿用唐末五代「節度」、「觀察使」別名，但所負責的工作，實與節度、觀察使無關，僅為州郡屬官；依府、州的不同，設置不同類別之職官，〔註5〕並冠以府州名稱以視區別，如絳州防禦判官、明州觀察推官等。

但幕職州縣官雖為知州、通判之下屬，但所在府州位階之不同，官品高

〔註3〕《宋史》，卷一百七十九，食貨下一，〈會計〉，頁4347～4348：「太祖周知其弊，及受命，務恢遠略，修建法程，示之以漸。建隆中，牧守來朝，猶不貢奉以助軍實。乾德三年，始詔諸州支度經費外，凡金帛悉送闕下，毋或占留。時藩郡有闕，稍命文臣權知所在場務，或遣京朝官廷臣監臨。於是外權始削，而利歸公上，條禁文簿漸為精密。諸州通判官到任，皆須躬閱帳籍所列官物，吏不得以售其姦。主庫吏三年一易。市征、地課、鹽麴之類，通判官、兵馬都監、縣令等並親臨之，見月籍供三司，秩滿較其殿最，欺隱者寘於法，募告者，賞錢三十萬。而小民求財報怨，訴訟煩擾，未幾，除募告之禁。」

〔註4〕《宋大詔令集》，卷第一百九十八，政事五十一，禁約上，〈禁令簿尉無事下鄉詔〉，頁730：「張官置吏，所以為人，吏或不循，人將受弊。故於近歲曾降明文，如聞比來多有踰越，奉吾詔以不謹，致斯民之未康，宜示申明。俾令遵守，應諸縣令尉、無事不得下鄉，宜一準建隆四年五月戊辰詔書從事。自今令簿尉，委本州判官錄參等常切覺察，如有不因公事，輒下鄉村，及追領人戶，節級銜參，兼勘罪以聞。」

〔註5〕關於幕職官及曹官在各州設置的情況，請參閱本論文第三章第一節表3-1幕職官與曹官在州郡的編制情形，頁64。

低亦不同；〔註6〕並隨事務繁簡程度，調整員額配置。〔註7〕在地方實際工作，如《宋史》所載：

> 節度州有三印：節度印隨本使，使缺則納有司；觀察印，則州長吏用之；州印，晝則付錄事掌用，暮納于長吏。節度使在本鎮，兵仗則節度判官、掌書記、推官書狀，用節度印；田賦則觀察判官、支使、推官書狀，用觀察印；符刺屬縣，則本使判書，用州印。〔註8〕

由上述資料，獲知宋代節度州有三印，一印由節度使掌握，另外州印的鑑晝夜分別交給不同官員管理，白天則委託錄事參軍掌管，晚上則交付長吏管理。至於節度判官、節度掌書記、節度推官，主要負責節度使府內文狀處理，田賦之事則委由觀察判官、觀察支使，及觀察推官等用「觀察印」；對於不同層級的文書用印，亦有明確的區別，利用分層負責等方式，除免除地方守長獨攬大權外，亦可減少職權重複不清等部份。

二、社會秩序之維繫

北宋州級囚犯的押送審理，多委由軍事判官、〔註9〕節度推官、〔註10〕與軍事推官等職官負責；至於縣級社會秩序維護，則由縣尉、縣令管轄弓手，

〔註6〕《宋會要輯稿》，職官四十八之八：「哲宗正史·職官志：幕職官掌助理郡政，分案治事。其簿書、案牘、文移付受催督之事，皆分掌之。凡郡事與守、倅通簽書。」

〔註7〕《職官分紀》，卷三十九，〈幕職官〉：「國朝兩使各置判官，推官一人，節度掌書記、觀察置支使，餘州置判官推官各一人，事簡者不具設。」

〔註8〕《宋史》，卷一百五十四，輿服六，〈印制〉，頁3591。

〔註9〕《長編》，卷四十八，真宗咸平四年四月丁未，頁1057：「初，王均連陷綿、漢，勢張甚，彭州人謀殺兵馬都監以應之。時晉江陳從易實為軍事判官，攝州事，斬其首謀者，召餘黨曉以禍福，赦之，眾皆伏悅。乃率屬將吏，嚴守械，戒其家僮積薪舍後，曰：『吾力不足以守，當死於此。』賊聞有備，不敢入境。」或見《宋史》，卷三百，列傳五十九，〈陳從易〉，頁9978。

〔註10〕《長編》，卷九十五，真宗天禧四年四月丙申，頁2188～2189：「初，士瑤祖希夢事劉鋹為府掾，專以掊克聚斂為己任，兼并恣橫，用致鉅富。至士瑤累世益豪縱，郡境畏之，過於官府。士瑤素帷簿不修，又私蓄天文禁書、兵器。姪溫裕先有憾，常欲訟之，士瑤懼，乃繫之密室，命范辛等三僕更守，絕其飲食，數日死，即焚之。又嘗怒鎮將張珪，遣家僮張正等率民夫伺珪於途中毆殺，棄其尸。頃之，珪復蘇，訟於州，典級葦悉受士瑤賂，出其罪。承前牧宰而下，多與亢禮，未嘗敢違忤。及鎮海節度推官孫昌知臨淄，憤其凶惡，有犯必訊理之。」

率兵巡警。〔註 11〕進而規定各級官員，若假公濟私，以補盜之名，騷擾民戶者，嚴加懲處。〔註 12〕

隨著仁宗朝後期，社會經濟發達，盜賊問題日漸浮現；地方缺乏武力的前提下，不少地方官爲了捕盜疲於奔命；如儂智高反叛，州級節度推官、觀察推官及司戶參軍等幕職官，英勇抗敵而慘遭殺害，〔註 13〕至於縣級官員在儂賊叛亂之際，也有主簿兼縣令的黃固，在圍廣州城後，自行招募兵員千人，夜襲叛軍，使儂智高軍倉皇逃竄。〔註 14〕同時，亦有番禺縣令蕭注，募土丁及海上彊壯二千餘人，與儂智高軍格鬥，焚其戰艦之慘烈情況。〔註 15〕

在亂事平定後，仁宗康定元年（西元 1040 年）則對地方官匿亂賊不報，或不捕盜賊訂立懲處規則：

> 如聞諸路盜賊剽劫，而官司匿不以聞，其令轉運使、提點刑獄司督
> 巡檢、縣尉以便宜使方略捕逐，敢有匿者以違制論；其懦不任事，

〔註 11〕《宋會要輯稿》，職官五之四八：「縣尉職在巡警及其獲盜解縣。」

〔註 12〕《宋會要輯稿》，兵一之十三，〈言緝捕寇盜事奏〉，天聖九年八月：「乞許巡檢、縣令、尉、軍士、弓手緝捕盜寇，事下法寺，請只聽於本軍縣擇弓手一名緝探，每季一代，仍與諸縣輪差，常切鈐轄，無縱搔擾閭里，恐嚇財物，即有贓數，違者重治其罪。」

〔註 13〕《長編》，卷一百七十二，仁宗皇祐四年五月乙巳，頁 4142：「初，賊圍城，珙令乾祐守來遠門，權都監、三班奉職李肅守大安門，指使武吉守朝天門。張立自賓州來援，即入，珙犒軍城上，酒行而城破。珙、立、乾祐及節度推官陳輔堯、觀察推官唐鑑、司戶參軍孔宗旦皆被執，兵死者千餘人。」

〔註 14〕司馬光，《涑水記聞》，卷十三，〈黃固救廣州〉，頁 267：「儂智高圍廣州既久，城中窘急，而賊亦疲乏，又不習水戰，常懼海賊來抄其寶貨。東莞縣主簿兼令黃固素爲吏民所愛信，偵知賊情，乃募海上無賴少年，得數千人，船百餘艘，沂流而下，夜趨廣州城，鼓譟而進，賊大驚，即時遁去。廣州命固率所募之眾，沂流追之，而賊棄船自他路去，追之不及。」

〔註 15〕《宋史》，卷四百九十五，列傳二百五十四，蠻夷三，〈廣源州〉，頁 14216：「是時，天下久安，嶺南州縣無備，一旦兵起倉卒，不知所爲，守將多棄城遁，故智高所嚮得志，相繼破橫、貴、龔、潯、藤、梧、封、康、端九州，害曹覲于封州、趙師旦馬賁于康州，餘殺官吏甚眾。所過焚府庫，進圍廣州。初，智高將至，守將仲簡不許民入保城中，民不得入者皆附智高，智高勢益張。先是，魏瓘築州城，鑿井畜水，作大弩爲守備。至是，智高爲雲梯土山，攻城甚急，又斷流水，而城堅，井飲不竭，弩發，中輒洞潰，智高力屈。會知英州蘇緘屯兵邊渡村，扼其歸路；番禺縣令蕭注募土丁及海上彊壯二千餘人，與智高軍格鬥，焚其戰艦；轉運使王罕亦自外至，並修守備。智高知不可拔，圍五十七日，七月壬戌，解去。」

選所部官代之。〔註16〕

上述懲處條例，可知宋廷企圖透過相互監督等方式，以免縣尉、巡檢隱匿消息不報。縣尉、巡檢等繫職官，若懦不任事者，委由選官銓選適合的人選取代之。

三、稅賦財政之徵收與管理

財賦稅務的管理，主要按照州縣層級，委派不同類別的屬官；如州級軍推官、監推官為軍監之僚佐。至於司戶參軍主掌「掌民口、籍帳、婚姻、田宅、雜徭道路之事」。〔註17〕縣級部份委由「縣令」統轄一縣民政，包含戶口、賦稅、錢穀、賑濟、給納等財政管理；〔註18〕「主簿」主掌出納官物、銷注簿書。〔註19〕各職官所處理事務之別，以下針對戶籍徵稅、財物管理與平糶賑濟三部份來討論：

（一）戶籍徵稅

殷鑑唐末五代的紛擾，太祖特罷諸道屯田賦稅歸於州縣。州級戶籍賦稅、倉庫收納，掌握於司戶參軍之手；〔註20〕縣級之戶籍賦稅，委託縣令、主簿負責。〔註21〕並要求縣令、佐官等官，以租稅之十分之一，為官員的俸祿，以達到休息養民之效。〔註22〕若出現官員徵稅不實者，允許人民自相糾舉。〔註23〕建隆四年（西元963年）起，下令州縣判官、錄事參軍等官員，按照州縣戶口製造版籍，作為州縣徵稅之依據，亦規定州縣官交替之際，需將州縣版籍送往銓曹點檢。

〔註16〕《長編》，卷一百二十九，仁宗康定元年十月戊戌，頁3053。

〔註17〕《古今合璧事類備要·後集》，卷七十八，〈司戶〉，頁12。

〔註18〕《宋史》，卷一百六十七，〈縣令〉，頁3977：「掌總理民政、勸課農桑、平決獄訟，有德澤禁令，則宣佈于治境。凡戶口、賦稅、錢穀、振濟、給納之事皆掌之，以時造戶版及催理二稅。」

〔註19〕《宋史》，卷一百六十七，職官志七，〈主簿〉，頁3978。

〔註20〕《宋史》，卷一百六十七，職官志七，頁3976：「戶曹參軍掌戶籍稅賦、倉庫收納。」

〔註21〕《宋史》，卷一百六十七，職官志七，〈縣令〉，頁3977。

〔註22〕《長編》，卷二，太祖建隆二年秋七月，頁48：「罷諸道屯田務歸本州縣。……至是，悉罷使職，委所屬縣令佐與常賦俱徵，隨所租入，十分賜一以為祿廩，民稍休息焉。」

〔註23〕《長編》，卷三，太祖建隆三年五月乙酉，頁68：「詔縣令佐檢察差役，務底均平。或有不當者，許民自相糾舉。」

太宗淳化四年（西元 993 年）對戶口帳籍不實等問題，頒佈〈令知州通判等規劃均平賦稅招葺流亡等事上聞詔〉：

> 知州、通判、幕職州縣官各具規劃，何以得均平賦，招葺流亡，惠恤孤貧，止絕奸幸，及鄉縣積弊、民間未合便行條貫事，令知州、通判共爲一狀，縣令、簿、尉共爲一狀，限一月內附驛以聞。如有異見，亦許別上封章，須並畫一指陳，直書實事。已差中書舍人看詳可否，如是理優長，當議旌賞；若公然魯莽，今後不得任親民官。〔註24〕

根據詔令規定，知州、通判、縣令與簿尉等官員，需將地方租稅、流亡與撫卹之實況，書於狀紙，事隔一月，狀紙將傳至中央作爲旌賞的依據，若爲書申報不實者，則不得擔任親民官。

自眞宗朝起，縣令除負責徵稅事務外，亦需負責勸農植麻等工作；若國家軍需告急，需將稅務徵收，改以實物，以錢鹽折變收市。將人民所繳之額外稅額，折換爲桑棗之數，依例書曆爲課，使民免其算稅。〔註25〕仁宗慶曆年間起，更要求知州、通判每年巡視諸縣，倘若發現州縣軍不健康，器械不完備、行列不整、訓習不精、帳登錄不清，及任意減削糧食等諸事，加以勘罰；若州縣官弛怠、治理州縣不妥者，嚴加懲辦；〔註26〕反觀若能增賦入稅，加以旌賞。〔註27〕

神宗王安石變法期間，對地方賦稅之徵收，與上報流程則爲：

> 諸州稅籍，錄事參軍按視，判官振舉，形勢戶立別籍，通判專掌督

〔註24〕《宋會要輯稿》，食貨十二之一，〈令知州通判等規劃鈞平賦稅招葺流亡等事上聞詔〉，淳化四年三月。

〔註25〕《長編》，卷四十三，眞宗咸平元年六月乙未，頁 913：「臣以國家軍須所急，布帛爲先，因勸諭部民廣植麻苧，以錢鹽折變收市之，未及二年，已得三十七萬餘疋。自朝廷克平交、廣，布帛之供，歲止及萬，較今所得，何止十倍其多。今樹藝之民，相率競勸，杼軸之功，日以滋廣。欲望自今許以所種麻苧頃畝，折桑棗之數，諸縣令佐依例書曆爲課，民以布赴官賣者，免其算稅。如此，則布帛上供，泉貨下流，公私交濟，其利甚博。」詔從之。」

〔註26〕《長編》，卷一百三十一，仁宗慶曆元年二月戊戌，頁3108：「每歲教閱之時，乞令逐州知州、通判一次巡行諸縣，以按閱之。或所點人非壯健，器械不完利，行列不整，訓習不精，移易簿帳，減削糧食諸事，其逐縣令佐各行勘罰；其弛慢甚者，具事聞奏，嚴加黜責。」

〔註27〕《長編》，卷一百四十四，仁宗慶曆三年十月丁未，頁 3482：「詔天下稅籍有僞書逃徙，或因推割，用俾走移，若請占公田而不輸稅，如此之類，縣令佐能究其弊以增賦入者議賞。」

之。二稅須於三限前半月畢輸。歲起納二稅，前期令縣各造稅籍，
具一縣戶數、夏秋稅、苗畝、桑功及緣科物爲帳一，送州覆校定，
用州印，藏長吏廳，縣籍亦用州印，給付令佐。造夏稅籍以正月一
日，秋稅籍以四月一日，並限四十五日畢。〔註28〕

上述資料所載，各縣之版籍、戶數與稅務徵收完畢，送至州級校定；至於諸
州版籍稅務，由錄事參軍，負責視察，由判官振舉，通判監督，並在規定時
限內完成版籍製作。對於「差役法」的施行、地方丁產簿之定差，委託縣令、
佐親自揭五等丁產定差，送至刑部檢驗。綜觀這些行爲於舊黨眼裡，除擾民
傷財外，更被視爲增加縣令、佐官的負擔。〔註29〕

（二）財政監督

太祖開寶元年起（西元968年），下令各地錄事參軍，依諸道文簿帳籍記錄，
躬親視察。〔註30〕州級由團練推官專掌笯榷，〔註31〕縣則由縣令負責商稅徵收。
自眞宗天禧二年（西元1018年）起，州府幕職州縣官〔註32〕，需額外擔負押綱、
籌程〔註33〕、督餉〔註34〕等工作，在征戰之際，額外負責措置糧餉，紓與邊饋
等工作。

〔註28〕《宋史》，卷一百七十四，志一百二十七，食貨上二，〈賦稅〉，頁4203～4204。
〔註29〕《長編》，卷三百六十五，哲宗元祐元年二月乙丑，頁8759～8760：「陛下近
　　　詔臣民，各上封事，言民間疾苦。所降出者約數千章，無有不言免役錢之害
　　　者，足知其爲天下之公患無疑也。以臣愚見，爲今之計，莫若直降敕命，應
　　　天下免役錢一切並罷，其諸色役人，並依熙寧元年以前舊法人數，委本縣令、
　　　佐親自揭五等丁產簿定差，仍令刑部檢會熙寧元年見行差役條貫，雕印頒下。」
〔註30〕《長編》，卷九，太祖開寶元年五月甲午，頁202：「詔諸道州府追屬縣租，以
　　　籍付孔目官，擅自督攝逋賦，因緣欺詐，破擾吾民，自今令錄事參軍躬按文
　　　簿，本判官振舉之。」
〔註31〕《宋史》，卷二百八十一，列傳四十，〈畢士安〉，頁9518：「乾德四年，舉進
　　　士。邠帥楊廷璋辟幕府，掌書奏。開寶四年，歷濟州團練推官，專掌笯榷，
　　　歲課增羨。」
〔註32〕《宋會要輯稿》，食貨四二之六，〈給因便押綱得替幕職州縣官驛券詔〉，天禧
　　　二年十一月：「諸路州府軍監，自今後應發上京綱運，所差因便押綱得替幕職、
　　　州縣官等，並給與驛券，仍令起發綱運州軍責勒文狀，委得在路躬親鈐轄，
　　　依程赴京，不得取便別路行，犯者從違定斷。」
〔註33〕《長編》，卷二百六十二，神宗熙寧八年四月癸酉，頁6398：「上批：『熙河路
　　　全乏錢糧，恐誤邊計，可速議經畫。』迺遣濰州團練推官杜常相度措置，增
　　　招弓箭手。欲以減戍兵，紓邊饋也。」
〔註34〕《宋史》，卷三百三，列傳六十二，〈陳安石〉，頁10048：「官軍西征時，遣縣
　　　令佐督餉。」

　　隨著時間的改變，幕職州縣官的職掌工作日漸加重，像國初將商稅委由小使臣，或流外校尉、副尉等管理，但鑑於部份官員，將商稅佔為己有，〔註35〕真宗景德二年（西元 1005 年）起，即下令州縣官除原本職務外，亦需額外監督地方商稅：

> 商稅三萬貫以上，選親民官監給，通判添支。所以重譏征之寄。近
> 時理親民資序為監當者，未之聞也，往往以為浼己不肯褻就矣。然
> 朝廷以場務之寄，責之長貳、縣令，知監當之難於其人也。〔註36〕

康定元年（西元 1040 年），更將州縣課利場務的盈虧，納入官員考課、罰俸之處分，規定「十分虧五釐以下，知州、通判、縣令罰俸一月；一分以下，兩月；二分降差遣。增二分，陞陟差遣。」〔註37〕使得縣令（佐）、錄事參軍等職官，〔註38〕除原本職事工作外，額外進行鹽酒場務的管理。但益、梓、利、夔路等路川蜀地區，則因朝廷訂立失策，導致縣令佐官為求羨贖，強征於民。〔註39〕

　　（三）平糴賑濟

　　自真宗景德三年（西元 1006 年）始詔：

> 京東、京西、河北、河東、陝西、淮南、江南、兩浙，各置常平倉，
> 併託本州委幕職一員，專掌其事。〔註40〕

〔註35〕《燕翼詒謀錄》，卷五，〈親民官監商稅〉，頁 47：「商稅之任，今付之初官小使臣，或流外校尉、副尉，州郡縣令亦鄙賤之。曾不思客旅往來，鄉民入市，動遭竭澤，又復營私，掩為己有，害民有甚焉者。」

〔註36〕《燕翼詒謀錄》，卷五，〈親民官監商稅〉，頁 47。

〔註37〕同註 36，《燕翼詒謀錄》，卷五，頁 47。

〔註38〕《宋史》，卷一百八十一，食貨下三，〈鹽上〉，頁 4429：「久之，緡錢所入益耗，皇祐中，視舊額幾亡其半。陝州錄事參軍王伯瑜監滄州鹽山務，獻議商人受鹽滄、濱二州，以囊貯之，囊毋過三石三斗，斗為鹽六斤，除三斗為耗勿算，餘算其半。予券為驗，州縣驗券縱之，聽至所隸州軍併輸算錢；即所貯過數，予及受者皆罰，商人私挾它鹽，并沒其貲。」關於親民官監商稅的資料。」

〔註39〕《長編》，卷一百九十，仁宗嘉祐四年九月癸酉，頁 4596：「益、梓、利、夔路州軍進奉南郊、乾元節銀，自今止令進空表。邛州鑄錢權住十年。諸路轉運司如於二稅上重疊科折，以困農民，並令逐州軍畫時以聞。仍不許更進羨餘，若以本路錢帛密申三司取發上京者，必當黜降。諸縣令佐兼監酒稅等場務，其有羨贖，更不酬獎。」

〔註40〕《宋會要輯稿》，食貨六八之三三，〈請各縣置簿理納太倉借貸民粟數奏〉，真宗景德三年四。

並委由幕職官掌管常平倉，以備賑濟；隨著各州義倉日漸傾廢，每當災旱之時，朝廷即出太倉粟，借貸於民。縣級的賑貸工作，即委託各縣主簿依時理納。〔註41〕

王安石變法期間，於京東等路置常平、廣惠倉，在各地別置三司條例司，要求以諸路錢物的多寡，由選官負責治理。〔註42〕熙寧三年（西元 1070 年）九月更頒佈：

> 轉運司及提舉官，每州於通判、幕職官內選差一員，不妨本職，專切管勾，令通點檢在州及諸縣錢斛。遇有糶糴、俵散、收納，即許往來點檢催促，務令濟辦。〔註43〕

藉由上述規定得知王安石保甲法施行，對地方佐官的編制，與其負責的工作皆有所調整：部份地區除增置縣丞、主簿人數外，〔註44〕更委派縣級主簿，除本職外需安察地方農田水利、常平，及差役法；至於各州則派遣不少京官與幕職官，提舉折納民戶所欠之負。〔註45〕

但哲宗元祐年間，舊黨執政，除恢復以往地方編制，裁減各級增置的主簿員額外；〔註46〕亦要求慎選縣令及佐官，負責賑濟米糧的發放。至於各州縣佐官的治災情況，委由提點刑獄司監督，將其成果上報，作為酬賞磨勘之依據。〔註47〕

〔註41〕 同前註《宋會要輯稿》，食貨六八之三三，真宗景德三年四月：「伏睹國初場置義倉，以備賑濟。今義倉以廢，每州郡小有水旱，朝廷即詔出太倉粟借貸農民，及稔歲復躝放，慮有損軍食。今後如有賑貸，望本縣置簿以時理納，庶獲兼濟。」

〔註42〕 《宋會要輯稿》，職官四三之一，〈提舉常平倉司〉，神宗熙寧二年九月九日。

〔註43〕 《宋會要輯稿》，職官四三之五，〈提舉常平倉農田水利差役〉，熙寧三年九月四日。

〔註44〕 《宋史》，卷一百七十六，食貨上四，〈常平義倉〉，頁 4286：「熙寧七年，帝患俵常平官吏多違法，王安石請縣專置一主簿，主給納役錢及常平，不過五百員，費錢三十萬貫耳。從之。」

〔註45〕 《長編》，卷二百八十三，神宗熙寧十年七月癸丑，頁 6932：「中書言：『開封府界、諸路今秋豐稔，欲遣官提舉折納民戶欠負：虞部員外郎楊景芬淮南西路，太子右贊善大夫曾孝綽兩浙路，山南東道節度推官李孝博永興、秦鳳等路，澶州司戶參軍黃好信河北東、西路。』」

〔註46〕 《宋史》，卷一百七十六，食貨上四，〈常平義倉〉，頁 4287：「元祐元年，詔：『提舉官累年積蓄錢穀財物，盡椿作常平錢物，委提點刑獄交管，依舊常平倉法行之。罷各縣專置主簿。』」

〔註47〕 《長編》，卷三百七十四，哲宗元祐元年四月辛卯，頁 9065～9066：「伏竊近降朝旨，令戶部指揮府界諸路提點刑獄司體量州、縣人戶，如委是闕食，據見在

四、刑罰訴訟之審理

　　為免除唐末五代藩鎮跋扈，任意殘害人民，朝廷姑息不問之弊；建隆三年（西元 962 年）起，頒佈諸州大辟案件，需至刑部詳覆。各州獄訟，委由錄事參軍與司法參軍，負責刑事案件之審理。〔註48〕並以其判案成果，作為循資改官之憑據：

> 幕職、州縣官、檢法官因引問檢法雪活得人命乞酬獎者，自今須躬
> 親覆推，方得敘為功勞。……。若雪活一人者，幕職循一資；州縣
> 官、幕職二人以上加章服；已有章服，加檢校官；檢校至五品以上
> 及合賜章服，并京朝官雪活，並許比附奏裁。或覆推官妄欲變移，
> 希冀酬獎，卻為元推勘官對眾憑者，其元駁議及覆推官各以出入人
> 罪論。〔註49〕

依照規定，幕職州縣官若辨別冤獄，可循一資，以視酬賞。若有幕職州縣官為求改官，妄欲變移判詞，進而導致判案失誤者，則「與出入人罪論」。透過相關規定，間接顯示出朝廷除獎勵幕職州縣官明辨冤獄外，亦制訂相關懲處辦法，以防止各司法文官，為求改官，壓榨百姓。

　　宋代州級法律機構有兩：一為州院，一則即為司理院；州院、府院，負責司法的官員，兩者亦有分別。總體而論，諸府法律處理多委由司錄參軍，諸州即委由錄事參軍；〔註50〕此外，宋朝法律審裡的程序，「縣級」是最基層司法機構，除審判民事案件外，其他刑事判決權限於杖刑。〔註51〕徒刑以上

義倉及常平米穀速行賑濟。仍丁寧指揮州、縣多方存卹，無致流移失所，此誠得安民之要道。然所以能使流民不移者，全在本縣令、佐得人。欲令更令提點刑獄司指揮逐縣令、佐，專切體量鄉村人戶，有闕食者，一面申知上司及本州，更不候回報，即將本縣義倉及常平倉米穀直行賑濟。……仍令提點刑獄司常切體量逐縣令、佐，有能用心存卹闕食人戶，雖係災傷，並不流移者，保明聞奏，優與酬賞。其全不用心賑貸，致戶口多有流移者，取勘聞奏。」

〔註48〕《宋史》，卷一百九十九，〈刑法一〉，頁 4967：「先是，藩鎮跋扈，專殺為威，朝廷姑息，率置不問，刑部按覆之職廢矣。建隆三年，令諸州奏大辟案，須刑部詳覆。尋如舊制，大理寺詳斷，而後覆于刑部。凡諸州獄，則錄事參軍與司法掾參斷之。自是，內外折獄蔽罪，皆有官以相覆察。又懼刑部、大理寺用法之失，別置審刑院讞之。吏一坐深，或終身不進，由是皆務持平。」

〔註49〕《宋會要輯稿》，刑法四之九三，太祖建隆二年九月詔。

〔註50〕《文獻通考》，卷六十三，職官十七，頁 571～3：「宋朝沿唐制，州有錄事參軍然不盡置也。諸府為司錄。諸州為錄事。」

〔註51〕《宋會要輯稿》，刑法三之一二，訴訟，咸平元年七月十七日詔曰：「國家選擇群才明慎，庶獄列州縣之直屬，在審詳，委漕運之臣，俾其聽察而詣闕，越訴

需送至上州級審理。〔註52〕然幕職州縣官處理地方法律問題，茲以刑事訴訟與民事訴訟兩部份來討論：

（一）刑事訴訟

宋代刑事案件裡，對檢驗、實證部份甚爲重視。〔註53〕於不同地方層級，負責刑事檢驗的官員有所異；據《宋會要輯稿·刑法》所載：縣級檢驗殺傷者爲縣尉；州級則爲司理參軍。若闕正官，即命次官差之；相關驗屍流程爲：一人詳驗死者致命所在；待檢驗結果無誤，由州級官員委派部下複驗，方可埋屍。至於偏遠地區，檢驗程序較州級檢驗流程更爲複雜；除要求本縣檢驗死者死因後，即委託鄰近縣令、縣尉或主簿，進行覆檢。覆檢詳實後，才將屍首埋葬。〔註54〕

但刑事訴訟之檢驗流程，至仁宗景祐五年（西元1038年），略幅的調整：

> 伏睹編敕：應殺傷及非理致命，在縣委尉，在州委司理參軍，晝時躬親集眾檢驗。委的要害致命去處，申本屬州軍差官覆檢，給與埋殯。縣尉即檢驗迄，於最近州縣有雙員處請官覆檢，受請官不得推避。竊詳諸縣只當於最近州縣有二員處那官覆檢。……每有非理死傷公事，縣尉檢驗饒畢，多就近移牒本縣令佐便行覆檢。欲乞今後縣尉檢驗訖，於別州縣最近處請官覆檢，不得一例移牒。〔註55〕

頑滑亦多不顧憲章，忘陳文壯，泊行推鞫，彼紊繁，特舉詔條，用清刑辟，應訴公事，不得奪越，需先經本縣勘問，該徒罪以上送本州，杖罪以下在縣斷遣，如有不當，即經州理論本州勘鞫；若縣不當，返送杖罪，並勘官吏情罪，依條例施行。若本州區分不當，既轉運司陳狀，專委官員，或躬親往取勘，盡理施行，情理重者被錄申奏，仍於鄰路差官鞫問；斷遣若實有不當，干繫官吏一處勘訖，結案申轉運，流罪以下，先次決，放死罪及命官具按奏聞。」

〔註52〕不著撰人，《慶元條法事類》（台北：新文豐出版社，民65年），卷七三，〈刑獄門三〉，頁499～450：「諸犯罪皆于事發之推斷，杖以下縣決之，徒以上及編配之類此位者同及應奏者，并須追政勘結圓略方得送州。」

〔註53〕宋慈之《洗冤錄》，即可視爲當時刑事檢驗技術之成果集結。〔南宋〕宋慈著，楊奉琨校譯，《洗冤集錄》（北京：群眾出版社，1982年第二刷）。

〔註54〕《宋會要輯稿》，刑法六之一，〈殺傷公事檢驗詣實詔〉，咸平三年十月：「今後殺傷公事，在縣委尉，在州委司理參軍，如闕正官，差以次官，晝時部領一人恭親檢驗，委的要害致害之處。……若是非理致命，即有他故，及檢驗畢，晝時申州，差官覆檢，方可給與殯埋。其遠處縣分，先委本縣爲檢驗畢，取鄰近相去一程以下縣內分，牒請令、尉或主簿；一程以上，只關報本縣令佐覆檢，獨員處亦取鄰州縣最近者。覆檢詣實，即給屍首殯埋，申報所隸州府，不得推延。」

〔註55〕《宋會要輯稿》，刑法六之三，〈非理死傷公事乞於別州縣請官覆檢奏〉，景祐五年七月。

然利用檢驗、覆檢兩者機制，相互對象與驗證，顯露出趙宋政權對刑事案件的審理頗爲謹愼。

縱然學者多認爲宋代法律審判機制，沿襲唐代舊制，但兩者間卻有所差異，如：唐代司法參軍負責「鞫獄立法」，[註56] 負責審訊與斷刑，但宋代的司法參軍，僅掌議法斷刑。[註57] 至於審問案情，則委託司理院及州院負責；並由司法參軍選出適用得法條，提供斷刑的依據。[註58] 在審判的進程中，嚴禁檢法官與鞫獄官接觸，此爲宋代的「鞫讞分司」制度。[註59] 此外，州、縣兩級負責主掌刑事訴訟的官員，也有不同：在「州」由司理參軍主持司理院，主掌獄訟勘驗之事；在「縣」則委託主簿，負責相關事宜。爲避免判案失利，特別規定檢驗官與斷刑者，需委由兩個不同職務者負責；於「州級」之刑法、斷刑多委以司法參軍；[註60] 但「縣級」則委託縣令處理較爲輕微的刑事案件。[註61]

以今日角度來看，司理參軍較似檢察官，專門負責現場檢驗與罪證蒐集，[註62] 而司法參軍似法官，負責法律條文，及獄訟審理。錄事參軍則負責掌管州、軍監獄事務，糾察諸曹官之職；[註63] 至於囚犯稱冤，則遣縣尉前往覆檢，以免枉濫。[註64]

[註56] 《新唐書》，卷三十九，百官四上，〈十六衛〉。

[註57] 《文獻通考》，卷六十三，職官十七。

[註58] 《慶元條法事類》，卷七十三，刑獄門三，〈檢斷、斷獄令〉，頁 498：「諸事應檢法者，其檢法唯得檢法事狀，不得輒言予奪。」

[註59] 關於宋代司法審判，可參閱王雲海主編，《宋代司法制度》（河南：河南大學出版社，1992 年），第一章，〈宋代的司法機構〉。

[註60] 《古今合璧事類·後集》，卷七十八，〈司法參軍〉。

[註61] 《宋史》，卷一百六十七，〈縣令〉，頁 3977：「掌總治民政、勸課農桑、平決獄訟，有德澤禁令，則宣佈於治境。」，相關研究可參見屈超立，《宋代地方政府民事審判職能研究》（成都：巴蜀書社，2003 年），第三章，頁 56。

[註62] 《宋史》，卷三百三，列傳六十二，〈唐肅〉，頁 10041：「唐肅字叔元，杭州錢塘人。……舉進士，調鄺縣主簿，徙泰州司理參軍。有商人寓逆旅，而同宿者殺人亡去，商人夜聞人聲，往視之，血沾商人衣，爲捕吏所執，州趣獄具。肅探知其　，持之，後數日得殺人者。」又見《折獄龜鑑譯注》，卷一，釋冤上，頁 1：「姚仲孫龍學爲許州司理參軍時，民有被盜殺者，其妻言：『里胥常責賄於夫，不與而怨之。此必盜也。』乃捕繫獄，將傅以死。而仲孫疑之，知州王嗣宗曰：『若保非盜耶？』『然亦不敢遽決。後數日，果得真盜。嗣宗復喜曰：「察獄當如是也。」改資州。轉運使檄往富順監按疑獄，全活者數十人。』」

[註63] 《宋史》，職官志七，〈諸曹官〉，頁 3976：「錄事參軍長州院庶務。」與《宋會要輯稿》，職官四八之十四。

[註64] 《長編》，卷七十二，眞宗大中祥符二年七月辛巳，頁 1626：「光化軍民曹興

（二）民事訴訟

按大宋律令：「人戶訴訟，在法先經所屬，次本州。」〔註65〕至於州縣兩級對於民事訴訟的審理，由不同的屬官負責。「州」即委由錄事參軍掌管州院，負責民事案件的審訊，在做出相關判決後，由長官知州做出最後的裁決。

縣級則由「縣令」主管民事案件之審理，〔註66〕「縣丞」協助縣令處理縣級政務，及接受民訟。若該地不設縣丞者，由主簿協助縣令，處理民事案件審理。如王禹偁〈單州成武主簿廳記〉所載：

> 至於理簿書，課農事、供賦調、求考績者，固主簿之職。然爾其間有鬪訟相高、婚田未決、畜產交奪、契券不明者，在乎察其情僞、正其曲直，助令長詳而決之，使刑罰得其中，則百里之人手足知所措矣。〔註67〕

由上述廳記所載，一縣之戶口、稅收帳目等，皆由主簿主管；此外亦需協助縣令處理地方民事訴訟的審理，但諸多民事訴訟的判決僅由知縣、縣令本人做出最終的裁決。〔註68〕

五、其他事務之處理

除地方行政文書、社會秩序維繫、財物金融、及訴訟審理外，地方水土之營造與修繕、薦舉地方賢良能士、調度邊區守糧、校閱軍事等雜事，亦由幕職州縣官所統籌。但部份特殊事情，朝廷亦會臨時徵調幕職州縣官處置，茲分述如下：

（一）農田水利之修築

幕職州縣官除擔任知州之佐官外，判官則負責州級農田水利之事。〔註69〕

為盜，將刑稱冤，軍遣縣尉覆按。刑部言尉本捕盜，復令鞫案，慮其避收逮平民之罪，或致枉濫。乃詔：『自今大辟案具，臨刑稱冤者，並委不干礙官覆推之。如闕官，即白轉運、提點刑獄使者，就鄰州遣官按之。』」

〔註65〕　《宋會要輯稿》，職官三之三十一。
〔註66〕　《宋史》，卷一百六十七，〈縣令〉，頁3977：「掌總治民政、勸課農桑、平決獄訟：有德澤、禁令則宣佈於治境，凡戶口賦役、錢穀振濟給納之事皆掌之。」
〔註67〕　王禹偁，《小畜集》（台北：商務書局，民57年），卷十六，〈單州成武縣主簿廳記〉，頁222。
〔註68〕　屈超立，《宋代地方政府民事審判職能研究》，頁59。
〔註69〕　《宋史》，卷九十四，河渠四，〈三白渠鄭許諸渠附〉，頁2345：「乾德中，節

縣級則委由縣令〔註70〕、縣尉兩者，〔註71〕負責參與農田水利、河堤修築與治水防澇之事。如《嘉泰會稽志》所載：

> 熙寧中，朝廷興水利，有盧州觀察推官江衍者，被遣至越訪利害。
>
> 衍無遠識，不能建議復湖，乃立石牌，以分內外，牌內者為田牌，
>
> 外者為湖，凡牌內之田，始皆履畝，許民租之，號曰湖田。〔註72〕

有幕職官因幫助人民疏導河渠有功，流傳鄉里等案例。〔註73〕至於縣級有不少主簿、縣尉等職官，因疏導河渠有功，遷轉他職。〔註74〕

除地方溝渠的疏導，與農田水利興修，縣令、主簿與巡佐等官員，為避免河道的淤塞，〔註75〕亦需擔負起巡視河堤，禁止人民侵佔湖田、〔註76〕盜

度判官施繼業率民用梢穰、苞籬、棧木，截河為堰，壅水入渠。緣渠之民，頗獲其利。」

〔註70〕 縣令率民治水之記載，可參閱（1）羅濬，《寶慶四明志》，卷十六，慈溪縣志卷，第一，頁5211-1：「海塘石硯，閘濱海為塘，以禦風雨，水之泛溢，則決之於海。既決，復塞民費且勞，皇朝嘉祐二年，縣令游烈尉成立，率民為閘，瀦泄以時，民得耕稼，自是一鄉，無復水旱之患。」（2）〔宋〕梅應發、劉錫同撰《至正四明續志》，卷四，河渠，定海縣，頁6500-1：「東泉池在縣東泉有二脈，其東之脈鹹，其西之脈甘，甘泉常盈，雖遇旱，暵不耗竭，鹹者多涸，有時而出味，未嘗雜。宋嘉祐三年，縣令鄭洙以石甃四旁廣二十餘丈，其長居廣之，半其深，得長四之一，邑人至今蒙其利。」

〔註71〕 率民圍堵溢水的情況，則參考《長編》，卷三百三十四，神宗元豐六年三月戊戌，頁8038：「開封府界提點司言：『陽武縣尉、權知縣張繹昨黃河漲水注縣，凡七處水決，繹身先勞苦，率用命，救護縣城，公私以濟。乞不依常制，令權知本縣。』」

〔註72〕 〔宋〕施宿《嘉泰會稽志》，卷十三，鏡湖，頁6943-1。

〔註73〕 《宋史》，卷二百八十六，列傳四十五，〈魯宗道〉，頁9627：「魯宗道字貫之，亳州譙人，少孤，鞠于外家，……舉進士，為濠州定遠尉，再調海鹽令。縣東南舊有港，導海水至邑下，歲久堙塞，宗道發鄉丁疏治之，人號「魯公浦」。改歙州軍事判官，再遷秘書丞。」

〔註74〕 《宋史》，卷三百四十七，列傳一百六，〈龔鼎臣〉，頁11012：「龔鼎臣字輔之，鄆之須城人。父誘衷，武陵令。鼎臣幼孤自立，景祐元年第進士，為平陰主簿，疏泄瀦水，得良田數百千頃。調孟州司法參軍，以薦，為泰寧軍節度掌書記。」

〔註75〕 《長編》，卷九十二，真宗天禧二年七月甲申，頁2127：「君平管勾汴口，嘗建言歲開汴口當審擇其地，則水湍駛而無留沙，歲可省疏浚工百餘萬，詔用其策。雖役不歲興，然其後浸有淤塞之患。又請沿河縣令佐、使臣能植榆柳至萬株者，書歷為課；汴中溺死無主名者，敕所在收瘞。悉施行之。」

〔註76〕 《宋史》，卷九十七，河渠七，東南諸水下，〈越州水〉，頁2406~2407：「越州水：鑑湖之廣，周迴三百五十八里，環山三十六源。自漢永和五年，會稽太守馬臻始築塘，溉田九千餘頃，至宋初八百年間，民受其利，歲月寖遠，濬治不時，日久堙廢。瀕湖之民，侵耕為田，熙寧中，盜為田九百餘頃。嘗

伐榆柳等工作；〔註77〕至於江南地區之縣尉等州縣官，需額外負起修補公塘、海堤之責。〔註78〕

（二）公有房舍毀損之營繕

據洪邁《容齋隨筆》所載，太祖開寶二年（西元 969 年），即頒佈地方州縣官需負責維修公有房舍之規定：

> 諸道藩鎮、郡邑公宇及倉庫，凡有隳壞，弗即繕修，因循歲時，以至頹毀，及儌工充役，則倍增勞費。自今節度、觀察、防禦、團練使、刺史、知州、通判等罷任，其治所廨舍，有無隳壞及所增修，著以爲籍，迭相符授。幕職州縣官受代，則對書於考課之曆，損壞不全者，殿一選，修葺、建置而不煩民者，加一選。〔註79〕

並於任官罷任之際，將治所、公廨，有無隳壞、及增修情況，著爲書籍，迭相符授。此外，需將各公廨的興修情況，詳實登載於考課曆上；倘若前往下一職務時，治所公廨損壞不全者，降低共升官機會；若治所公廨修葺、建置，勞煩人民者，亦比照辦理（降低考核機會）。

據洪邁所述該項詔令的頒佈，最初僅希望不勞民修治公所，但後代官吏，皆遺忘詔令的本意。以興仆植僵爲務，暗於事體、盜隱官錢，最終促使貪墨之吏，假造修築之名，進行奸詐豪取之實。儘管常有州縣官在維修公廨時，趁機壓榨百姓、勞民傷財，但史書不乏幕職官率先與民維修家園，如：

〔註77〕遣廬州觀察推官江衍經度其宜，凡爲湖田者兩存之，立碑石爲界，內者爲田，外者爲湖。」
　　　《宋史》，卷九十一，河渠一，〈黃河上〉，頁 2260：「眞宗咸平三年，詔：『緣河官吏，雖秩滿，須水落受代。知州、通判兩月一巡隄，縣令、佐迭巡隄防，轉運使勿委以他職。』又申嚴盜伐河上榆柳之禁。」
〔註78〕《宋史》，卷九十七，河渠七，東南諸水下，〈淮郡諸水〉，頁 2394〜2395：「大中祥符間，江、淮制置發運置司眞州，歲藉此塘灌注長河，……本司自發辛貼築周回塘岸，建置斗門、石達各一所。乞於揚子縣尉階銜內帶『兼主管陳公塘』六字，或有損壞，隨時補築，庶幾久遠，責有所歸。」
〔註79〕（宋）洪邁，《容齋四筆》，卷十二，〈當官營繕〉，頁 754。頁相關史料亦可參見《宋大詔令集》，政事四十三，誡飭一，〈令外郡官罷任具官舍有無破損及增修文帳詔〉，696：「自今節度、觀察、防禦、團練刺史、知州通判等罷任日，具官舍有無破損及增修文帳，仍委前後政各件以聞。其幕職州縣官候得替，據增葺及創造屋宇，對書新舊曆子，方許給付解由，損壞不完補者，殿一選。如能設法不擾人整葺、或創造舍宇，與減一選，無選可減者收裁。」

徐的字公準，建州建安人。擢進士第，補欽州軍事推官。欽土煩鬱，
人多死瘴癘。……的短衣持梃，與役夫同勞苦，築城郭，立樓櫓，
以備戰守。畫地居軍民，爲府舍、倉庫、溝渠、厘肆之類，民皆便
之。〔註80〕

（三）驛站管理與軍事校閱

眞宗咸平年間，令「京東西、河北、河東、陝西、淮南諸縣令知管館驛
使，州勿差往它所。」〔註81〕仁宗慶曆中令河北縣令，趁農閒之際，擔負軍
事校閱。〔註82〕神宗熙寧六年（西元 1073 年），司農寺奏請「白馬、韋城、
胙城、管城、新鄭五縣保甲依畿縣例，於巡檢縣尉司上番教閱。」〔註83〕

哲宗元祐二年（西元 1087 年），即令施、黔等州軍，趁每歲農隙，令縣
尉親旨其居，考察軍隊校閱與保甲施行的狀況作爲賞罰的依據。〔註84〕徽宗
政和年間，以縣令左校閱成績，作爲減展磨勘、賞法的準則。〔註85〕由相關
資料中獲知任職邊區的幕職州縣官，除擔任地方長官助手外，亦需要額外管
理驛站，及從事軍事校閱等工作。

（四）刻碑建廟與地方教化

宋代地方志裡，常有縣令、縣尉等幕職州縣官，修築神廟、〔註86〕或將

〔註80〕 《宋史》，卷三百，列傳第五十九。〈徐的〉，頁 9968。
〔註81〕 《長編》，卷五十五，眞宗咸平六年六月庚辰，頁 1204。
〔註82〕 《長編》，卷一百六十六，仁宗皇祐元年三月庚子，頁 3995：「慶曆年中，朝
　　　　廷於河北諸州軍元鈔點到鄉兵内，揀得少壯者約一十八萬餘人，作兩番教閱，
　　　　每番三箇月，自九月一日起教至二月終罷。續準樞密院劄子，只委自逐縣令
　　　　佐分爲兩番教閱，自十月至正月終，更不支口食。」
〔註83〕 《長編》，卷二百四十七，神宗熙寧六年十月辛未，頁 6018：「司農寺奏請白馬、
　　　　韋城、胙城、管城、新鄭五縣保甲依畿縣例，於巡檢縣尉司上番教閱，從之。」
〔註84〕 《宋會要輯稿》，兵之三六，〈乞令施、黔等州軍縣尉農隙按閱奏〉，元祐二年
　　　　二月：「施、黔戎瀘州，南平軍，極邊之地，保甲多居山谷。請每歲農隙，令
　　　　縣尉親旨其居，如監司按閱，終一月而畢，毋復賞。監司三歲一閱，如舊法。」
〔註85〕 《宋史》，卷一百九十，志一百四十三，兵四，〈河北等路弓箭社〉，頁 4728：
　　　　「政和六年詔：『河北路有弓箭社縣分，已令解發異等。其逐路縣令佐，俟歲
　　　　終教閱異等，帥司具優劣之最，各取旨賞罰，以爲勸沮。仍具爲令。』又高
　　　　陽關路安撫司言：『大觀三年弓箭社人依保甲法、政和保格較最優劣，縣令
　　　　各減展磨勘年有差。』詔依保甲格賞罰施行。」
〔註86〕 〔元〕俞希魯，《至順鎮江志》，卷八，〈金壇縣〉，頁 2735～2：「靈濟廟在縣
　　　　南十里，白龍蕩之洲上未詳所始，舊傳白龍見於此人爲立祠，號其澤，曰白
　　　　龍蕩，號其祠曰白龍廟，宋皇祐初縣令曾旦重建，并爲之記。」

先賢、〔註87〕孝行等事跡，〔註88〕刻立在碑祠等紀錄。然吾人推測這些建廟、立碑動機，代表地方官希望將風俗美事登載，俾民知所嚮，使後人得以頌傳，使其達到風俗、教化之效。〔註89〕

地方志中更有著縣令、主簿與縣尉，在地方辦校興學、建書院等資料。〔註90〕然各地方守長，爲達教化民俗之效，如「諭俗文」所示：

> 予自至官，觀爾百姓，日以爭訟來至於庭，其間多違理逆德，不孝不悌，凌犯宗族，結怨鄰里，以至婚姻之際，多事苟合，殊無恩義，五服之親，問以服紀，全然不知，浮浪盜販之人，日益加眾如此者，皆由風俗鄙陋，教道未至，兼修學從官之家少小人，無所觀法，若不曉告，而加之罪，是罔民而刑之也。今采諸經傳，擇其文理易明，而可以感動人之善心者，爲諭俗七篇，百姓各以此更相訓教，率而行之，禮義之風，必從此始，若順爾舊俗，反予教言，恣意任情，必犯刑禁。〔註91〕

〔註87〕〔宋〕羅濬，《寶慶四明志》，卷八，〈先賢事跡〉，頁6621～2：「楊適字韓道，慈谿人……嘉祐六年，知州事錢公輔又表奏適高節，授將仕郎，試太學助教，州遣從事，躬捧詔書，具袍笏輿從，以禮起之，辭不受，年七十餘，沒葬大隱山，縣令林叔豹爲立碑祠於學。」

〔註88〕《宋史》，卷三百四十八，列傳第一百七，〈蕭服〉，頁11023：「蕭服字昭甫，廬陵人。第進士，調望江令，治以教化爲本。訪古跡，得王祥臥冰池、孟宗泣筍臺，皆爲築亭。又夜唐縣令鞠信陵文于石，俾民知所嚮。已而邑人朱氏女刲股愈母疾，人頌傳之，以爲治化所致。」

〔註89〕〔宋〕梅應發、劉錫同撰，《至正四明續志》，卷十一，〈李陸二公祠堂記〉，頁6579：「東平呂君獻之，爲鄞主簿之二年，新錢湖之六隄，屬節度推官石君聲叔刻詞以記其詳。而又考跡，其初不忘前人之功，俾揭示來者，乃立。李陸之祠於其隄之傍，始唐天寶間，縣令陸公南金闢湖之廣，爲渟滀灌浸之饒，歷宋天禧中，太守李公夷庚補其舊之廢祉，增築全固，經畫以制，使數鄉之民，雖大暑甚旱，而卒不知有凶年之憂，二公之功乎明民，可謂深且厚矣。」

〔註90〕〔元〕徐碩，《至元嘉禾志》，卷七，〈海鹽縣〉，頁4461～1：「縣學在縣東南百步，按舊志，文宣王廟舊在縣東二百步，宋大平興國中，主簿攝縣事，石知一建，景德二年，縣令翁緯，以舊廟逼農田，移就縣南重建；嘉祐八年，縣令褚理，以宣聖舊廟久弗葺，願易其地增置學校，遂立學於縣東南理，自選記言之詳矣。」另外可見〔元〕元栒，《延祐四明志》，卷十三，學校考上，〈昌國州儒學〉，頁6317～2：「學舊在州東一百步；宋熙寧八年，縣令張懿文建；元祐七年，簿尉顧復經又徙，而東四十步。」

〔註91〕〔元〕陳耆卿，《嘉定赤城志》，卷三十七，風土門二，〈天台令鄭至道諭俗七篇〉，頁7574。

藉由該諭俗文之頒佈，除使百姓各以此爲訓外，更希望達到導正地方陋習，行以禮義之效。

（五）祭祀與祝禱

據《長編》所載，地方祭祀之事，本縣委以縣令，與縣丞；至於天下祭社稷、釋奠，則委由刺史、縣令爲初獻，上佐、縣丞爲亞獻，州博士、縣簿尉爲終獻，若有其他緣故，以次官通攝。〔註92〕

倘若一地發生水旱災等自然災害，諸多州縣官（縣令）擔負起率民祝禱等工作，如《嘉泰吳興志》所載：

> 防風氏廟，在武康邑境有二，其一在縣東二里，地名清穆；一在封禺二山之閒，風渚湖上，淵德廟在響應山下碧玉潭側潭水齋澂神龍居之。唐元和八年，縣令劉汭，濤雨有驗始，載祀典。本朝元符元年，邑人大旱，縣令毛滂馳禱，未出山而雨，自是有請必應。〔註93〕

若一地缺乏縣令時，則由「縣尉」負責進行祈福儀式，如「景祐中，縣尉王俁以禱雨，獲應倡里人更立廟宇。」〔註94〕縱然祝禱祈福的成效可議，但地方官藉由相關儀式的舉行，除宣示政權的合法性外，亦具有撫慰民心、穩定社會秩序的作用。

（六）非政事職務之臨時工作

大多數幕職州縣官爲地方官之助手，但在特殊時期，朝廷亦會委派幕職州縣官從事其他非政務性之工作，其臨時差派的工作，如：出使外國、兼職校書及對時事建言等：

（1）出使邊疆

眞宗宗朝起，亦會委由京官額外伴隨著幾名幕職州縣官，至北疆遣使交聘，或賀契丹國母誕辰。〔註95〕仁宗朝，更有團練推官蔡挺，隨富弼至雄州

〔註92〕《長編》，卷六十五，眞宗景德四年四月甲戌，頁1451：「戶部員外郎、直集賢院、判太常禮院李維言：『天下祭社稷、釋奠，長吏多不親行事，及闕三獻之禮，甚非爲民祈福、尊師設教之意也。望令禮官申明舊典，詔付有司』。且言：『按五禮精義，州縣春秋二仲月上丁釋奠，並刺史、縣令爲初獻，上佐、縣丞爲亞獻，州博士、縣簿尉爲終獻，若有故，以次官通攝』。又云：『祭社稷與釋奠同，牲同少牢，禮行三獻，致齋三日。今請悉如故事。』詔從之。」
〔註93〕〔宋〕談鑰，《嘉泰吳興志》，卷十三，祠廟，〈武康縣〉，頁4745-1。
〔註94〕〔宋〕梁克家，《淳熙三山志》，卷九，公廨類三，〈諸縣祠廟〉，頁7876-1。
〔註95〕《宋史》，卷三百六，列傳第六十五，〈孫僅〉，頁10100～10101：「僅字鄰幾。少勤學，與何俱有名于時。景德初，拜太子中允、開封府推官，賜緋。北邊

立功，因或轉遷之例。〔註96〕神宗熙寧年間，遣容州節度推官李勃、三班奉職羅昌皓齎敕書賜二國藥物、器幣，以示朝廷撫序厚恩之意。〔註97〕

神宗元豐年間以後，更有襄州穀城縣令豐稷、及衢州開化縣令鄭晞韓因出使高麗之使臣，草擬書狀，加受旌賞加資等情形；〔註98〕至徽宗崇寧年間，將幕職州縣官稱謂改易爲「選人七階」後，選人出使邊疆加官進爵之例，更爲頻繁。〔註99〕

（2）兼職校書及時事建言

如仁宗嘉祐四年（西元1059年），召幕職州縣官與京官，參與館閣校書，並委派「潛縣令孫洙，並爲館閣編校書籍官」。〔註100〕英宗、神宗兩朝，皆有縣令、主簿，〔註101〕與軍事推官等幕職州縣官，〔註102〕從事館閣校刊、三司令格式之刪修。大抵幕職州縣官從事校書或學習公事等情況，並非普遍現象。

對時事建言等部份，較爲普遍，隨著政局改變，建言內容各有不同，如

請盟，遣使交聘，僅首爲國母生辰使。改本府判官，遷右正言、知制誥，賜金紫，同知審官院。」

〔註96〕《宋史》，卷三百二十八，列傳第八十七，〈蔡挺〉，頁10575：「蔡挺字子政，宋城人。第進士，調虔州推官。秩滿，以父希言當官蜀，乞代行，遂授陵州團練推官。」相關史料亦可參見《長編》，卷一百三十七，仁宗慶曆二年六月盡是年閏九月癸亥，頁3286。

〔註97〕《長編》，卷二百七十三，神宗熙寧九年二月戊子，頁6675～6676：「占城、眞臘久爲交趾寇。今王師伐罪，可乘機會協力蕩除，事平之日，當優賜爵命酬賞。乃聞彼國戶口多爲交趾所俘，已委招討司檢括遣還，惟占城舊王勢難復歸本國，當召令赴闕，撫以厚恩。仍遣容州節度推官李勃、三班奉職羅昌皓齎敕書賜二國藥物、器幣。」

〔註98〕《長編》，卷二百九十三，神宗元豐元年十月壬子，頁7151：「奉使高麗回，都轄西頭供奉官、閤門看班祗候宋球遷一資，充閤門祗候，更減磨勘二年；書狀官前襄州穀城縣令豐稷、前衢州開化縣令鄭晞韓各循兩資；其餘第賞有差。」

〔註99〕〔宋〕羅願《新安志》，卷七，先達二，〈黃侍御〉，頁7700～1：「黃侍御葆光字元輝，黟縣人，少孤，刻意於學，年十六居太學有聲，四試禮部不第，縣欲以應八行科辭不就，從使高麗補將仕郎。」

〔註100〕《長編》，卷一百八十九，仁宗嘉祐四年六月乙巳，頁4569。

〔註101〕《長編》，卷二百六，英宗治平二年九月辛酉，頁4996：「祕閣校理張洞奏請擇用幕職、州縣官文學該贍者三兩人置局，命判寺一員總領其事。七月，用項城縣令姚闢、文安縣主簿蘇洵編纂，令判寺官督趣之。」

〔註102〕《長編》，卷二百四十八，神宗熙寧六年十二月辛巳，頁6058：「睦州軍事推官葉適、平輿縣令編修三司令式刪定官張元方、興平縣尉王震，並爲中書習學公事，適禮房，元方吏房，震刑房。」

太祖淳化年間，有縣尉針對後宮嬪嬙充斥問題提出裁減。〔註103〕至於朝廷表面上，對於勇於建言者廣爲採納，並頒佈相關制訂爲「選人凡有表疏、文章，許銓司收受爲進。」〔註104〕但事實上也有州縣官因上書指切執政，反遭彈劾之例。〔註105〕至神宗朝，也有觀察推官蒲宗孟，上書皇帝斥大臣及宮禁、宦寺之事。〔註106〕

第二節　北宋幕職州縣官之遷轉

宋廷爲維繫官僚體系的正常運作，對幕職州縣官之仕途轉遷，訂有各種規敘；以下則針對升遷改官，及貶官降黜等兩部份，來討論幕職州縣官在文官仕途的遷轉標準：

一、升遷改官

北宋磨勘制度不但條法嚴密，且有定額。〔註107〕至於幕職州縣官的改官，除循資磨勘外，亦有多種管道。學者已就薦舉制度、〔註108〕恩蔭改官等部份作討論，〔註109〕但職事改官、捕盜改官，及酬賞改官，及宋初對前朝幕職官的擢

〔註103〕《長編》，卷三十四，太宗淳化四年六月庚戌，頁 751：「庚戌，雍邱縣尉武程上疏，願減後宮嬪嬙。」
〔註104〕《長編》，卷八十八，眞宗大中祥符九年十一月丁卯，頁 2029。
〔註105〕《宋史》，卷二百八十七，列傳第四十七，〈孫沔〉，頁 9686～9687：「景祐元年，禮院奏用冬至日冊后，沔奏：『喪未祥禫而行嘉禮，非制也。』同安縣尉李安世上書指切朝政，被劾，沔奏：『加罪安世，恐杜天下言者，請勿治。』黜知衡山縣。道上書言時事，再貶永州監酒。移通判潭州、知處州。復爲監察御史，再知楚州。所在皆著能跡。召爲左正言，論事益有直名。遷尚書工部員外郎，提舉兩浙刑獄，遂以起居舍人爲陝西轉運使。」
〔註106〕《宋史》，卷三百二十八，列傳第八十七，〈蒲宗孟〉，頁 10570～10571：「蒲宗孟字傳正，閬州新井人。第進士，調夔州觀察推官。治平中，水災地震，宗孟上書，斥大臣及宮禁、宦寺。」
〔註107〕宋代磨勘制度的討論，可參閱苗書梅，《宋代官員選任和管理制度》（河南：河南大學出版社，1996 年），第四章，第二節，〈磨勘制度〉，頁 381～412。
〔註108〕朱瑞熙，〈宋代幕職州縣官的薦舉制度〉，《文史》，第 27 輯，1987 年，頁 67～88，該文主要討論幕職州縣官與選人之間的差別，及幕職州縣官之考課薦舉制度（磨勘），及討論薦舉制度的利與弊。其他相關研究可參閱：曾小華，〈宋代薦舉制度初探〉，《中國史研究》，1989 年，第 2 期，頁 41～51。至於宋代磨勘制度可參閱曾小華，〈宋代磨勘制度研究〉，收錄於鄧廣銘主編，《宋史研論文集——九八四年會編刊》（浙江，浙江人民出版社，1987 年），頁 162～191。
〔註109〕張希清，〈論宋代恩蔭之濫〉，鄧廣銘、漆俠主編《中日宋史研究會中古論文

用，較少論及。本章除一般循資遷轉外，亦針對其他情況的轉遷加以說明：

（一）循資改官及磨勘轉遷

以往多認為北宋幕職州縣官為唐末五代制度的延續，但北宋除繼承唐朝考銓標準外，〔註110〕不同時期升遷原則，各有不同，依《宋史》職官志所載，「循資常調」為：

> 判、司、簿、尉有出身兩任四考，無出身兩任五考，攝官出判、司三任七考，並錄事參軍。但有舉主四人或有合使舉主二人，並許通注縣令。流外出身四考十任，入錄事參軍，進納出身三任七考，曾省試下第二任五考，入下州令、錄，仍差間當。〔註111〕

上述循資條例得知，入仕途徑之別多影響文官磨勘年限、及任官考數；若有舉主保薦亦可轉遷他職。

仁宗朝以前，選人循資改官，多遵循以下規則：

> 若磨勘應格，自縣令、錄參以上及六考者，有出身皆改著作郎；無出身及七考者，改大理寺丞，其有功賞循資者減一考。若未該磨勘，循資者，至支使及八考，者有出身改太子中允，餘改太子中舍。其四色判官及九考以上者，改秘書丞，十二考以上者改太常博士；無出身人止於殿中丞而已。〔註112〕

景祐二年（西元 1035 年）對節度、觀察判官之轉遷，規定任官一任即可替改官；有出身者為太常寺丞，非進士者僅授太子中允、左右贊善大夫；至於判司簿尉，有出身者為大理評事，於三考七任後轉遷大理寺丞。〔註113〕

熙寧四年（西元 1071 年）王安石變法，即對仁宗朝改官不一等問題，重

選編》（保定，河北大學出版社，1991 年），頁 213～231，該文主要討論宋代恩蔭與冗官之間的關係及宋代恩蔭制度在不同時期的變遷。

〔註110〕〔宋〕洪邁，《容齋四筆》，卷七，考課之法廢，頁 698～699：「唐制，尚書考功掌內外文武官吏之考課，凡應考之官，家具錄當年功過行能，本司及本州司官對讀議其優劣，定為九等考第，然後送省。……凡考課之法，有四善、二十七最。一最以上有四善，為上上。有三善，或無最而有四善，為上中。有二善，或無最而有三善，為上下。其末至於居官諂詐、貪濁有狀，為下下。外州則司錄、錄事參軍主之，各據之以為黜陟。國朝此法尚存。」
〔註111〕《宋史》，卷一百六十九，職官九，〈循資〉，頁 4040～4041。
〔註112〕《羣書考索‧後集》，卷十九，官階門，〈文階類〉，頁 6。
〔註113〕《宋會要輯稿》，職官十一之十二，〈景祐二年十二月十五日〉：「流內銓言：『乞今後如節察判官一任得替改轉，進士太常寺丞；……兩任判司簿尉進士諸寺監丞餘人大理評事。三考七任以上進士與大理寺丞。』」

新制定磨勘轉遷條制，即訂立幕職州縣官之考課年限與升遷規則，如表 4-1 所示：

4-1：熙寧四年選人改官條例：

原有官階	歷考數	出身與否	合入官階
節度、觀察判官	六考	進士	太常丞（朝官）
		非進士（包含其他入仕途徑）	太子中舍（朝官）
	不及六考	進士	太子中允（朝官）
		非進士	著作佐郎
觀察支使、節度掌書記、防禦判官、團練判官	六考	進士	太子中允（朝官）
		非進士	著作佐郎
	不及六考	進士	著作佐郎
		非進士	大理寺丞
兩使推官、軍事判官，縣令、錄事參軍	六考	進士	著作佐郎
		非進士	大理寺丞
	不及六考	進士	大理寺丞
		非進士	衛尉寺丞
	不及三考	進士	光祿寺丞
		非進士	大理評事
初等職官知令錄，防禦、團練及軍事推官，軍監判官	六考	進士	大理寺丞
		非進士	衛尉寺丞
	不及六考	進士	光祿寺丞
		非進士	大理評事
	不及三考	進士	大理評事
		非進士	奉禮郎
判司簿尉（三京府軍巡判官、司理參軍、司法參軍、司戶參軍、主簿、縣尉）	簿尉	進士	大理寺丞
		非進士	衛尉寺丞
	不及七考	進士	光祿寺丞
		非進士	大理評事
	不及五考	進士	大理評事
		非進士	奉禮郎
	不及三考	進士	奉禮郎
		非進士	將作監主簿

＊據《宋史》卷一百五十九，職官九，選人改京官之制及《續資治通鑑長編》，卷二百二十二，熙寧四年四月壬午，及苗書梅《宋代官員選任和管理制度》，頁 424。

透過上表所示，明瞭朝廷的選授，依照幕職者之出身差別，授予不同等級之職官，進而依考績與年資，制訂轉遷之法。大體而言，幕職州縣官多經歷六考，方有機會晉升京官；但政府爲避免減少幕職州縣官單純僅靠年月資序來升遷，額外利用「舉主保任」及「任官功過」兩部份，來提拔治理地方有功的官員。〔註114〕至哲宗元祐年間，改以「四善」、「五最」，爲守令磨勘的標準。〔註115〕

（二）「奏薦改官」與「恩例改官」

所謂「奏薦改官」是指磨勘改官裡，著重選人之磨勘年限（考第），與舉主數額，及身份差異等部份；縱然政府爲不同出身之官員，制訂不同的磨勘年限、舉主人數之別，使轉遷磨勘方式亦有不同。〔註116〕

據《宋史》所載，選人改官之舉主規定爲：

> 判、司、簿、尉。舉職官，有出身四考、有舉主三人，移初等職官，仍差知縣。有出身四考、無出身六考注初等職官。有出身六考、無出身七考注兩使職官。舉縣令，有出身三考、無出身四考，攝官出身六考，有舉主三人，進納出身六考、有舉主四，流外出身三任七考、有舉主六人，並移縣令。內流外人入錄事參軍。〔註117〕

據史料獲知統治者原本冀望無出身者，以較多的年限，與官人保薦等方式，澄清入仕途徑。但隨著奏舉制度的演變，愈至後期，磨勘年資、及奏保文件的保存，則愈被看重；故導致不少低階文官，以旁門左道等方式與吏緣爲奸，以換得舉主奏保文件。〔註118〕

至於「恩例（蔭）循資」，對象多爲高官子弟及皇親國戚。慶曆中，因見入仕者倍增，仁宗有意裁減奏補入仕之途。相關裁減規定於神宗朝，更爲明確：

〔註114〕苗書梅，《宋代官員選任和管理制度》，頁423～425。
〔註115〕《宋史》，卷一百六十，志一百一十三，選舉六，〈考課〉，頁3762：「元祐初，……詔令近臣議，議者請用元豐考課令，第爲高下，以行升黜，歲毋過五人。後改立縣令課，有「四善」、「五最」之目，及增損監司、轉運課格，守令爲五等減磨勘法。」
〔註116〕苗書梅，《宋代官員選任和管理制度》，第三章第三節及第四章第二節有詳盡的探討。
〔註117〕《宋史》，卷一百六十九，職官九，〈奏舉〉，頁4041～4042。
〔註118〕苗書梅，《宋代官員選任和管理制度》，第四章，〈官員管理制度〉，頁412～413。

> 諸曾授宰相執政官，若中書門下省正言以上，尚書左右、諸司郎官、
> 寺監長貳、監察御史以上，發運、轉運使副，提點刑獄，開封府推
> 判官以上，及奉直、右武大夫以上，非降黜中身者，十年內陳乞期
> 親或孫恩澤一次，并招保官二員。〔註119〕

透過上述規定，瞭解朝廷儘管要求裁減恩蔭人數，但亦無法解決官員人數過
多的問題。自徽宗朝，孟昌齡、童貫等人操縱下，出現恩例過濫等現象：

> 崇寧以來，類多泛賞，如曰「應奉有勞」、「獻頌可采」、「職事脩舉」
> 特受特轉者，皆無事狀可名，而直以與之。孟昌齡、朱勔父子、童
> 貫、梁師成、李邦彥等，凡所請求皆有定價。而蔡京拔用從官，不
> 論途轍，一言合意，即日持槖，又優堂吏，往往至中奉大夫，或換
> 防禦觀察使。由此任子百倍。〔註120〕

之後蔡京又因個人喜好，任意擢用親信，導致北宋末年補蔭任官人數倍增。〔註
121〕縱然欽宗企圖改革補蔭制，並規定「非法應迴授及特許者，毋錄用」，〔註
122〕但北宋中後期的冗官現象蔭補之濫，並無法抑制。

（三）「職事改官」

所謂「職事改官」是指擔任刑獄、學職與職務之人，可以少用或不用舉
主，任滿後直接改官，〔註123〕始於太宗端拱年間，因鑑於刑獄、學職等相關
職務繁重，因使幕職州縣官中，熟悉明法者，允以改官，當時有錢若水，因
正冤獄，自幕職半歲中為知制誥一例。〔註124〕

眞宗景德二年（西元1005年）對選人改官，則規定「三司、大理寺任滿
一年，刑部滿三年，無私罪，允改京官」。〔註125〕實際上不少幕職州縣官，若
能嘗辯冤獄者，則可循資改官。〔註126〕

〔註119〕《慶元條法事類》，卷十二，恩澤，〈奏舉令〉，頁152。

〔註120〕《宋史》，卷一百五十九，選舉五，〈補蔭之制〉，頁3732。

〔註121〕《宋史》，卷一百五十九，選舉五，〈補蔭之制〉，頁3732：「而蔡京拔用從官，
　　　　不論途轍，一言合意，即日持槖，又優堂吏，往往至中奉大夫，或換防禦觀
　　　　察使。由此任子百倍。」

〔註122〕《宋史》，卷一百五十九，選舉五，〈補蔭之制〉，頁3732～3733。

〔註123〕苗書梅，《宋代官員選任和管理制度》，第四章，〈官員管理制度〉，頁427。

〔註124〕《涑水記聞》，卷二，錢若水正冤獄，頁27：「知州以若水雪冤死者數人，欲
　　　　為之奏論其功，……。未幾，太宗聞之，驟加進擢，自幕職半歲中為知制誥，
　　　　二年中為樞密副使。」

〔註125〕《宋會要輯稿》，職官十五之三四，景德二年六月。

〔註126〕《長編》，卷一百四，仁宗天聖四年七月辛巳，頁2415：「前權石州軍事判官

　　幕職州縣官若有特殊才能者，允其充任國子監直講。在眞宗景德二（西元 1005 年）年起，有邢昺、張雍、杜鎬、孫奭等人，於京朝、幕職州縣官中薦儒堪充國子監直講者十人；〔註 127〕仁宗寶元二年（西元 1039 年）侍御史方偕，制訂文學者之保薦規定：

> 今後所舉京朝官、幕職州縣官充國子監直講，乞歷任中不曾犯私罪，或公罪杖下者，方許保薦。及就轉京朝官後，再供職四年，許理爲一任。〔註 128〕

上述言論得知太宗時期，京朝官、幕職州縣官充國子監規定，並未詳盡準則，但仁宗朝起幕職州縣官歷任中無犯私罪，或公罪杖以下者，可充國子監直講；之後，職事改官的官額日趨增加；故有學者認爲「職事改官的出現，乃是趙宋統治者，對專職文人的重視」。〔註 129〕

（四）「捕盜改官」

　　建隆三年（西元 962 年）對縣令與縣尉等佐官之捕盜條例爲：

> 給以三限，限各二十日，三限內獲者，令、尉等第議賞；三限外不獲，尉罰一月奉，令半之。尉三罰、令四罰，皆殿一選，三殿停官。令、尉與賊鬥而能盡獲者，賜緋升擢。〔註 130〕

按規定縣令與縣尉等州縣官在規定內緝捕盜賊者，可依循改官；乾德六年（西元 968 年）對官員捕盜時的受傷程度，詳定轉遷法則：

> 尉逐賊被傷，全火，賜緋；三分之二者，減三選、加三階；五分之二者，減二選、加二階；三分之一者，減一選、加一階。縣令獲全火，陞朝人，改服色。餘如尉賞。身死者，錄用的親子弟。又詔：捕寇立定日限，已罹限外之責而終能獲賊者，與除其罰，不得書爲勞績。〔註 131〕

依規定所示，官員捕盜若被盜賊所傷，除改官服、減磨勘，以示獎勵外；因公殉職者亦可錄其子孫入朝爲官，〔註 132〕反觀未於時限內捕獲盜賊者，除罰

　　　　馮元吉循一資，仍賜五品服，以其嘗辨冤獄，活二人死故也。」
〔註 127〕《宋會要輯稿》，職官二八之一，〈國子監〉，眞宗景德二年五月。
〔註 128〕《宋會要輯稿》，職官二十八之三，〈國子監〉，寶元二年十月十三日。
〔註 129〕苗書梅，《宋代官員選任和管理制度》，第四章，〈官員管理制度〉，頁 428。
〔註 130〕《宋史》，卷一百六十，選舉六，考課，頁 3757。
〔註 131〕（宋）王栐，《燕翼詒謀錄》，卷一，〈盜賞不改官〉，頁 3～4。
〔註 132〕《長編》，卷一百二十六，仁宗康定元年二月壬子，頁 2981：「贈延州金明縣

俸祿懲處外，不得將其功書寫於考課簿曆上。

北宋捕盜禦賊等酬賞方式，自仁宗後期案例愈來愈多。〔註133〕天聖七年（西元1029年）起，大理寺頒佈「凡縣尉躬親鬥敵，捉殺賊全火十人以上，合入令錄人，並授京官，仍賜緋章。」〔註134〕之後更對官員鬥毆敵人及捕盜人數多寡，詳訂轉遷酬賞之條：

> 今令尉親領弓手鬥敵，捉殺全火十人以上強劫賊人，傷與不傷，令除朝官，尉資考合入令錄者，除京官；未合入令錄，除節察推官，仍賜緋。全火不及十人已上，中傷者亦除朝官，尉資考合入令錄者，除京官，未合入令除錄，節察推官。雖是全火，傷中不及三人者，奏取旨。鬥敵捉殺十人以上不全火，並七人以上全火，及雖不鬥敵，能設方略親自捉獲全火十人以上，令除京官，尉除令；如資考未合令錄，除節查推官。……令尉能親自鬥敵，與不鬥敵捉殺全火，雖不及五人，亦許具收捉次地保明聞奏，當亦比類量賜酬賞，當時三分捉獲二分，與減三選，加三階；一分與減兩選，加兩階；一分以下與減一選，加一階。〔註135〕

藉由令尉捉殺賊人酬賞條例，若縣尉能親自鬥敵者，即計量賜酬賞；捕獲盜賊之比率，更作為磨勘轉遷之憑藉。若地方盜賊盛行，平亂有功者，更可以直接躍資擢升為京朝官。〔註136〕

愈是趨近北宋末期，捕盜酬賞的獎勵日漸寬濫，進而出現縣尉率弓手捕盜七人者，即可改官。〔註137〕對於盜匪盛行區域的佐官，則銓選武人擔任縣尉、縣令，以方便捕盜。這種現象應該是反映社會治安惡化的情形。

（五）致仕改官

致仕改官是對符合退休年資之選人，於其致仕前給予的慰勞。按規定：

令陳說為工部郎中，錄其子仲舒為左班殿直。先是，元昊寇金明，而說固守，力戰以死，故敘及之。」

〔註133〕《長編》，卷四十七，真宗咸平三年四月盡是年十二月，頁1016。

〔註134〕（宋）周必大撰，《文忠集》，四庫珍本二集，卷一百三十九，頁17。

〔註135〕《宋會要輯稿》，兵一一之一二，〈令尉捉殺賊人酬賞條貫詔〉，天聖八年七月。

〔註136〕《涑水記聞》，第十三，〈獲儂智高母〉，頁264：「安道以獲智高母，召其所親黃汾於韶州，使部送至京師。汾自幕職遷大理寺丞。」

〔註137〕朱熹，〈義靈廟碑〉，收錄於（宋）林表民，《赤城集》，卷九，頁15：「蓋熙豐故家諸子又皆貴仕，故得獨冒顯賞塵，策書而侯反下，從捕盜七人之，比僅改京秩。初階移宮旁，郡以去是，則閹尹擅兵，賊臣柄國之所為。」

> 令錄滿六考，無贓罪致仕者，與通直郎；遇大禮，得封贈如法。上
> 可以崇長廉靜之風，下可以禁戒貪躁之吏。〔註138〕

但由上述規定，瞭解申請致仕改官者，需在任官資歷中無贓罪記錄，方可申請。

此外《吏部條法·改官門》，對致仕者身份的差異，有不同的規定：

> 從侍郎以上，改合入官：進納出身者止循資。從政郎、修職郎，改
> 合入官：進納、流外止循資。迪功郎，改合入官；進納六考、流外
> 四考及已任上州判司，並循資，餘守本官致仕。〔註139〕

透過相關轉遷致仕之之規定，瞭解文官致仕所授予之官，大多為寄祿格等虛
銜，這種改官途徑多適用於低階的幕職州縣官，在退休前的酬賞慰勞。

（六）酬賞改官

宋朝常依幕職州縣官的特殊表現，加以拔擢，以視酬賞。以下則試圖歸
納幕職州縣官之酬賞改官種類：

（1）戶口與稅收之增耗：

據《宋刑統》職制所載，宋代之考課令為：

> 諸州縣官人，撫育有方、戶口增益者，各準見在戶，為十分論，加
> 一分，刺史、縣令各進考一等，每加一分進一等。其州戶不滿五千、
> 縣戶不滿五百，各準五千、五百法為分。若撫養乖方、戶口減損者，
> 各準增戶法，亦減一分降一等，每減一分降一等。其有勸課田農，
> 能使豐殖者，亦準增戶法，見地為十分論，加二分，各進考一等，
> 每加二分進一等。其有不加勸課，以致減損，一分降考一等，每損
> 一分降一等。若數處有功，並應進考者，亦聽累加。〔註140〕

透過考課令得知，宋代州縣官銓選升遷繼承唐代，以戶口增減及稅賦增收程

〔註138〕《歷代名臣奏議》，卷二百八十六，〈禮臣〉，權尚書禮部侍郎鄭剛中上奏。
〔註139〕《吏部條法·改官門》，〈侍郎左選格〉，轉引自苗書梅，《宋代官員選任和管理制度》，頁430。
〔註140〕《宋史》，卷一百六十，志一百一十三，選舉六，〈考課〉，頁3757：「內外選人周一歲為一考，欠日不得成考。三考未替，更周一歲，書為第四考，已書之績，不得重計。初著令，州縣戶口準見戶十分增一，刺史、縣令進考，若耗一分，降考一等。建隆三年，又以科賦有欠踰十之一，及公事曠違嘗有制受罰者，皆如耗戶口降考。吏部南曹又舉周制，請州縣官益戶增稅，受代日並書於籍。凡千戶以下能增百戶減一選，減及三選以上，令賜章服，主簿升秩進階。能歸復逋亡之民者，亦如之。」亦可參照《長編》，卷三，太祖建隆三年十一月甲子。

度兩者來作爲州縣官轉遷的依據。〔註141〕太平興國八年（西元 983 年）地方
科租弛慢，特訂轉遷規準：

> 去歲豐稔，而科納弛慢，尚有逋租，苟非賞罰，何以懲勸。請自今
> 諸縣令、佐凡歷三年，收賦稅並得依限齊足者，超資任以大縣；歷
> 二年，違限不足者，降資授以小縣。〔註142〕

按規定所示，若州縣佐官在任官期間，賦稅充足者，可超資轉遷至大縣爲官，
倘不足額者，反遭降官處分，如沂水主簿戚綸，因按籍得逋戶漏租者升爲知
縣一職。〔註143〕

自眞宗大中祥符二年（西元 1009 年），頒佈〈幕職州縣官招徠戶口旌賞
條制〉：

> 舊制，縣吏能招增戶口者，縣即升等，乃加其奉；至有析客戶爲主
> 戶者，雖登于籍，而賦稅無所增。

規定各縣官需將縣內主、客戶口之數額，登載於帳籍之上，作爲賦稅徵收的
依據。〔註144〕仁宗慶曆三年（西元 1043 年），又規定縣令佐如能查出隱戶、
增加稅收者，按量酬賞。〔註145〕然在「括編戶隱，增賦入者，量數籌賞」之
前提下，有多少縣級官員，爲求改官謊報戶籍數據等現象存在，是值得進一
步討論的：同時吾人懷疑，北宋戶多口少現象及攜戶避役等前提外，官方括
隱增賦，加以酬賞等誘因，是否是促成地方戶口不實的變因。

（2）招復逋逃、勸課栽植

五代以來，兵荒馬亂，國用不足；太祖立國，周知民間疾苦，要求州縣
官轉遷，需以卹民爲前提，並明文告諭：

〔註141〕《通典》，選舉三，〈考績〉，頁 370～371：「大唐考課之法，……諸州縣官人，
撫育有方、戶口增益者，各準見戶，爲十分論，每加一分，刺史、縣令各進
考一等。其州戶不滿五千，縣戶不滿五百者，各準五千、五百戶法爲分。
若撫養乖分、戶口減圓者，各準增戶法，亦每減一分降一等。其勸課農田，
能使豐殖者，亦準見地爲十分論，每加二分，各進考一等，其有不加勸課，
以致減損者，每損一分降考一等。若數處有功，並應進考者，並聽累加。亦
可參閱《冊府元龜》，銓選部，考課。
〔註142〕《長編》，卷二十四，太宗太平興國八年三月乙酉，頁 542。
〔註143〕《宋史》，卷三百六，列傳六十五，〈戚綸〉，頁 10104：「戚綸字仲言，應天
楚丘人。……太平興國八年舉進士，解褐沂水主簿。按版籍，得逋戶脫口漏
租者甚。徙知太和興。」
〔註144〕《宋史》，卷一百七十四，志一百二十七，食貨上二，賦稅，頁 4205。
〔註145〕《宋史》，卷十一，本紀第十一，〈仁宗趙禎三〉，慶曆三年，頁 216：「縣令
佐能根括編戶隱，僞以僧賦入者，量其數賞之。」

自今百姓有能廣植桑棗、開荒田者，並令只納舊租，永不通檢。其諸

縣令佐，如能招復逋逃，勸課栽植，舊減一選者，更加一階。〔註146〕

州縣官在天災發生之時，除減輕百姓的租稅外，亦要求州縣官承擔起勸民墾田之

職。〔註147〕眞宗朝以前對令錄、簿尉等州縣官的考課，以勸課農桑、增加農業

勞動力，及增加賦稅等實際內容，分以上、中、下三等，來加以獎懲。〔註148〕

　　熙寧二年（西元1069年）王安石變法期間，更著重地方官吏的考課，並

對考課院提出〈考校知縣縣令課法〉：

以四善三最考守令德義，有聞清謹明著、公平可稱、恪勤、匪懈爲

「四善」；獄訟無冤、催科不擾，爲治事之最；農桑墾殖、水利興修

爲勸課之最；屏除姦盜，人獲安處，振恤困窮，不致流移，爲撫養

之最。〔註149〕

透過上述「四善三最」之規定，獲知其「四善」多沿用唐朝舊制「德義、清

謹、公平、恪勤」等部份，〔註150〕至於「三最」則傾向具體的訂出地方官撫

卹百姓的具體內容，如：獄訟無冤、催科不擾，爲治事之最；農桑墾殖、水

利興修爲勸課之最；屏除姦盜，人獲安處，振恤困窮，不致流移，爲撫養之

最等部份。

〔註146〕《宋大詔令集》，卷一百八十二，政事三十五，田農，〈勸栽植開墾詔〉，頁
　　　　658。相關史料亦可參見《宋史》，卷一百七十三，志一百二十六，食貨上一，
　　　　〈農田之制〉，頁4157～4158：「自五代以兵戰爲務，條章多闕，周世宗始遣
　　　　使均括諸州民田。太祖即位，循用其法，建隆以來，命官分詣諸道均田，苛
　　　　暴失實者輒譴黜。……令、佐春秋巡視，書其數，秩滿，第其課爲殿最。又
　　　　詔所在長吏諭民，有能廣植桑棗、墾闢荒田者，止輸舊租；縣令、佐能招徠
　　　　勸課，致戶口增羨、野無曠土者，議賞。諸州各隨風土所宜，量地廣狹，土
　　　　壤瘠埆不宜種藝者，不須責課。」
〔註147〕《宋大詔令集》，卷第一百八十二，政事三十五，〈募民耕曠土詔〉，頁660：
　　　　「近年以來，天災相繼，民多轉徙，田卒汙萊，雖招誘之甚勤，而逋逃之未
　　　　復。宜伸勸課之令，更示蠲復之恩，應諸道州府軍監、管內曠土，並許民請
　　　　佃，便爲永業。仍與免三年租稅，三年外輸稅十之三；應州縣官吏，勸課居
　　　　民墾田多少，並書於印紙，以俟旌賞。」
〔註148〕《宋史》，卷一百六十，志一百一十三，選舉六，〈考課〉，頁3761：「以斷獄
　　　　平允、賦入不擾、均役屏盜、勸課農桑、振恤飢窮、導修水利、戶籍增衍、
　　　　整治簿書爲最，而德義清謹、公平勤恪爲善，參考治行，分定上、中、下等。
　　　　至其能否尤殊絕者，別立優劣二等，歲上其狀，以詔賞罰。」
〔註149〕《宋史》，卷一百六十，志一百一十三，選舉六，〈考課〉，頁3762。
〔註150〕《通典》，卷十五，選舉三，〈大唐考課之法〉，頁370。

（3）導修水利與地方修葺

修築堤防、水利，在唐代爲縣令、刺史之職，若未妥善修堤，導致地方人民財物受損，州縣官員會受到懲處。〔註151〕宋代不少州縣官之職責與唐代州縣官雷同。在《宋史》裡，有不少幕職官，因導修水利，獲得升官，如海鹽令魯宗道，因導海水至邑下，疏通堙之渠道，改官爲歙州軍事判官。〔註152〕

仁宗天聖二年（西元1024年），朝廷進一步規定州縣令佐「能勸課部民，自用工開治不致水害者，敘爲勞績，替日與家便官；功績尤多，別議旌賞」。〔註153〕如：景祐元年（西元1034年）平陰主簿龔鼎臣，尹疏泄濘水，得良田數百千頃，轉調孟州司法參軍。〔註154〕

宋代州縣官除導修水利之外，幕職州縣官亦需擔負堤防、湖田、淤田的工作修築，如觀察推官江衍，〔註155〕及司理參軍張適，〔註156〕皆因修州鑑湖，與治河墾淤田之勞，轉遷改官。至於州縣官中：上元縣主簿韓宗厚、〔註157〕及縣尉候上高，〔註158〕皆因修築水利有功，轉遷爲京官；北宋主簿與縣尉對

〔註151〕〔唐〕長孫無忌，《唐律疏議》，第二十七，雜律，〈失時不修隄防〉，頁504〜505：「議曰：依營繕令：『近河及大水有隄防之處，刺史、縣令以時檢校。若須修理，每秋收訖，量功多少，差人夫修理。若暴水汎溢，損懷隄防，交爲人患者，先即修營，不拘時限。』若有損壞，當時不即修補，或修而失時者，主司杖七十。『毀害人家』，謂因不修補及修而失時，爲水毀害人家，漂失財物者，『坐贓論減五等』，謂失十疋杖六十，罪止杖一百。」

〔註152〕《宋史》，卷二百八十六，列傳四十五，〈魯宗道〉，頁9627：「魯宗道字貫之，……舉進士，爲濠州定遠尉，再調海鹽令。縣東南舊有港，導海水至邑下，歲久堙塞，宗道發鄉丁疏治之，人號「魯公浦」。改歙州軍事判官，再遷秘書丞。陳堯叟辟通判河陽。」

〔註153〕《宋史》，卷九十四，志四十七，河渠四，〈京畿溝渠〉，頁2343〜2344。

〔註154〕《宋史》，卷三百四十七，列傳一百六，〈龔鼎臣〉，頁11012：「龔鼎臣字輔之，鄆之須城人。……景祐元年第進士，爲平陰主簿，疏泄濘水，得良田數百千頃，調孟州司法參軍。」

〔註155〕《長編》，卷二百四十八，神宗熙寧六年十一月丁卯，頁6051：「詔流内銓，前廬州觀察推官江衍循一資，會稽縣主簿葉表等六人各與堂除差遣，並以檢括修州鑑湖之勞也。」

〔註156〕《長編》，卷二百七十六，神宗熙寧九年六月戊子，頁6741：「戊子，供備庫副使張逖爲西京左藏庫副使，前乾寧軍司理參軍張適爲大理寺丞。逖等以外都水監丞程昉上修漳沱河及淤田之勞也。」

〔註157〕《長編》，卷二百六十六，神宗熙寧八年七月乙丑，頁6523：「上元縣主簿韓宗厚爲光祿寺丞。以宗厚與水利溉田二千七百餘頃，賞之。」

〔註158〕《長編》，卷二百七十六，神宗熙寧九年六月戊子，頁6741：「都水監侯叔獻長子上高縣尉時中與循一資，以開丁字河功畢也。」

地方水利，及土地開墾之責，正好塡補柳田節子〈宋代の縣尉－土地問題に關連して〉一文，偏重於南宋的缺憾。〔註159〕

神宗時，更有不少幕職州縣官，因築堡、修屋，或開路有功，轉遷他職，熙寧七年（西元 1074 年）陳留職主簿周彥崇、臨海縣尉舒亶各循兩資。至於升遷轉官地原因：「以民憲根括熙、河、岷州地萬二百六頃，招弓箭手五千餘人，團成三十六指揮，借貸糧、築堡、修屋，亶等皆有勞也」。〔註160〕至於偏遠地區，若幕職州縣官能招納外族，開路有功者，亦減磨勘以示酬賞。〔註161〕

（4）治理地方有善功

太祖立國，爲革除唐末五代，州縣胥吏貪污腐敗之弊，獲知州縣官治理有長才者，常加以超資擢用。如：

> 周渭爲白馬縣主簿，大吏有罪，渭輒斬之，太祖奇其材，擢爲贊善大夫。後通判興州事，有外寨軍校縱其士卒暴犯居民，渭往責而斬之，莫敢動。上聞益壯之，詔褒稱焉。〔註162〕

上述資料，獲知太祖對嚴懲胥吏者，加以超資擢用，也因宋初的嚴懲贓吏，使宋初兩朝的吏治，較爲清明，該論點可補充金中樞〈宋初嚴懲贓吏〉一文的論點，〔註163〕也間接顯示太祖超資選任嚴懲贓吏之幕職州縣官，可收澄清地方吏治之效。

仁宗朝中期以後常見幕職州縣官因治官有善狀，特以改官之例，如《至順鎮江志》所載：「柳沇，丹陽人，慶曆六年登進士，任陝西司戶參軍，治官有善狀，特改大理寺丞。」〔註164〕至神宗熙寧間年，也規定到任武職之

〔註159〕柳田節子，〈宋代の縣尉について〉，《宋より明清にいたる科舉・官僚制とその社會的基盤研究》，科學研究費補助金總合研究成果報告書，1992 年，頁 21。

〔註160〕《長編》，卷二百五十八，神宗熙寧七年十一月丙午，頁 6290。

〔註161〕《長編》，卷三百四十五，神宗元豐七年四月甲申，頁 8276：「湖北轉運使、都鈐轄司言：『誠州準朝旨選使臣招納西南一帶溪峒，并開路畢功。』詔：『右侍禁劉詔遷一官，減磨勘二年，權誠州軍事判官陳尚能爲宣德郎，軍大將蔡義轉三班借職，右班殿直楊昌堯、王戟、楊晟臻各減磨勘三年，李開減六年，召募進士梁傳、邵州司士參軍李夔并爲三班差使，吏兵支賜有差。』」

〔註162〕《涑水記聞》，卷一，〈周渭治州縣〉，頁 18。

〔註163〕相關研究可參見：金中樞〈宋初嚴懲贓吏〉，《成大歷史學報》第 3 期，（台南：成功大學歷史系編），民國 65 年 7 月出版，頁 55～91。

〔註164〕〔元〕俞希魯，《至順鎮江志》，卷十八，人材一，科舉，土著，頁 2849-1。

州縣官，對地方悉力職事者，可轉遷文官。〔註 165〕元豐年間，更對地方治理有善狀之幕職州縣官，除減磨勘，以視酬賞外，並額外賜章服與銀、絹、錢賞賜。

　　凡治理三院獄空者，加以擢升，如元豐五年（西元 1082 年）開封府王安禮受獎賞升遷之例：

　　　　安禮遷一官，推、判官許懋、胡宗愈、劉仲熊並賜章服，軍巡判官
　　　　畢之才以下十四人為三等：第一等遷官，第二等減磨勘二年，第三
　　　　等一年；吏史轉資；仍賜銀、絹、錢，為絹千匹、銀百五十兩、錢
　　　　五百千。〔註 166〕

由詔令得知開封府三院獄空，朝廷賜與章服給開封府判官、推官，至於軍巡判官以下十四人，分為三等，加以酬賞。

　　（5）上方略、獻圖策而升遷

　　幕職州縣官若建言有功勞者常超資擢用，轉遷他職，如王珪之從兄王琪，在任職江都主簿期間，因上時務十二事，仁宗嘉之即令其除轉遷館閣校勘等工作；〔註 167〕又如康定元年（西元 1040 年），永興軍進士楊著、盧覬，因上書陳方略，由軍事推官一職，轉召試舍人院等案例。〔註 168〕

　　國家急難之際，若能提供陣圖、兵策者，朝廷亦不在其職官身份，加以拔擢；如慶曆年間，曲縣主簿拯獻龍虎八陣圖，及所製神盾之武器，帝閱于崇政殿後加以獎諭。〔註 169〕又如：神宗熙寧十年（西元 1077 年），建昌軍南豐縣尉黃克俊，因明白盜賊發跡之地，善運方略而平盜有功，除轉遷中正管

〔註 165〕《長編》，卷二百五十七，神宗熙寧七年十月庚寅，頁 6280：「詔左班殿直、
　　　　雄州歸信容城縣尉臧景到任以來，用心悉力，職事幹辦，可除閤門祗候，就
　　　　差知雄州歸信、容城縣。」
〔註 166〕《長編》，卷三百二十五，神宗元豐五年四月壬子，頁 7813。
〔註 167〕《宋史》，卷三百一十二，列傳七十一，〈王琪〉，頁 10245，相關資料可參見
　　　　《長編》，卷一百三，仁宗天聖三年正月，頁 2392。
〔註 168〕《長編》，卷一百二十七，仁宗康定元年四月甲午，頁 3005～3006：「永興軍
　　　　進士楊著、盧覬授渭州、坊州軍事推官。著、覬皆上書陳方略，召試舍人院
　　　　而命之。」
〔註 169〕《宋史》，卷一百九十七，志一百五十，兵十一，〈器甲之制〉，頁 4911：「慶
　　　　曆元年，知州楊偕遣陽曲縣主簿楊拯獻龍虎八陣圖及所製神盾、劈陣刀、手
　　　　刀、鐵連槌、鐵簡，且言龍虎八陣圖有奇有正，有進有止，遠則射，近則擊
　　　　以刀盾。彼蕃騎雖，見神盾之異，必遽奔潰，然後以驍騎夾擊，無不勝者。
　　　　歷代用兵，未有經慮及此。帝閱于崇政殿，降詔獎諭。」

勾文字外，額外獲得賜賞賜。〔註170〕至於邊區之州縣官，若能說服蠻叛降其酋者，亦允以超資升遷，如：通川主簿張商英，因說降其酋，故辟知南川縣。〔註171〕

（6）黨爭與破格拔擢

自王安石變法起，文官超資擢用等現象更為頻繁，如張璪自縣令，解三職，而修起居注；〔註172〕徐禧則因王安石行新法期間，獻治第二十四篇，以布衣充補授鎮安軍節度推官、中書戶房習學公事。〔註173〕變法期間，除打破循資改官等規定外，亦破壞傳統的人倫禮制，如熙寧三年（西元 1070 年），御史台彈劾秀州軍事判官李定，因未符合規定服生母喪。〔註174〕，但王安石推薦之故，使李定可於喪服期間，迅速由幕職官擢升為京朝官；至於整件事件的始末，最終引發御史台與宰相間的衝突，〔註175〕如：蘇頌、宋敏求等人，因反對李定的遭資擢用，大肆抨擊其不符合禮制之處。〔註176〕反對者最激烈

〔註170〕《長編》，卷二百八十三，神宗熙寧十年七月壬戌，頁 6937：「上批：『建昌軍南豐縣尉黃克俊，自廖恩為寇，上誅賊策畫者甚　，然未有如克俊知賊發端之詳及措置方略之善。宜召來審問。若實出己謀，可令隨王中正管勾文字。』」於是中書召克俊問狀，乃遣之。賜中正公用錢五百緡。』

〔註171〕《宋史》，卷三百五十一，列傳一百一十，〈張商英〉，頁 11095：「張商英字天覺，蜀州新津人。……調通川主簿，渝州蠻叛，說降其酋。辟知南川縣。」

〔註172〕《宋史》，卷三百二十八，列傳八十七，〈張璪〉，頁 10569。

〔註173〕《宋史》，卷三百三十四，列傳九十三，〈徐禧〉，頁 10721。

〔註174〕《宋史》，卷一百二十五，志第七十八，禮二十八，凶禮四，〈服紀〉，頁 2929。

〔註175〕《長編》，卷二百十六，神宗熙寧三年十月丙子，頁 5259：「御史臺言：『奉詔定奪秀州軍事判官李定所生母亡，當與不當追服。看詳：庶子為父後，如嫡母存，為所生母服緦麻三月，仍解官申心喪。若不為父後，為所生母持齊衰三年，正服而禫。今以流內銓并淮南轉運司取定親鄰人狀稱：『定乃仇氏所生，仇氏亡日，定未嘗申乞解官持心喪，止是當年稱父八十九歲，迎侍不便，乞在家侍養。』即未見定為仇氏所生，解官持心喪。今定乃言：「仇氏亡日，有鄉人私告曰定之所生母。定請于父，父曰非汝所生母。當日以不得父命，而又有鄉人私告之語，緣此自擬，遂不欲仕，止解官侍養，名雖侍養，實行心喪之制。」然定復有此自疑為說，即是當日未有果決。緣心喪之制，本係孝子之情，若當日未明仇氏為所生，既無母子之恩，何緣乃行心制？今轉運司據鄉鄰人稱，定實仇氏所生，益明合依禮制，追服緦麻三月，解官心喪三年。如定稱實非仇氏所生，牟合再有辭說，乞自朝廷別作施行。』詔：『定太子中允。其鄰人李肇等稱仇氏是定所生母，令淮南轉運司勒令分晰的確，照驗以聞。』

〔註176〕王安石變法期間，將李定由幕職擢為台官，為蘇頌、宋敏求等反對，則參閱《長編》，卷二百十一，神宗熙寧三年五月癸卯，頁 5124～5127，〈宋敏求封還定辭頭〉。

者，莫過於李大臨，其言：

> 定以初等職官超朝籍，躐憲臺，國朝未有。倖門一開，名器有限，
> 安得人人滿其意哉。〔註 177〕

舊黨人士司馬光趁李大臨建議之後，針對新黨用人擢升過速等問題，提出相
關批評：

> 嚮來執政弄權者，雖潛因喜怒作威福，猶不敢亂資序、廢赦令。王
> 介甫引用新進資淺者，多借以官，苟爲己盡力，因而進擢；或小有
> 忤意，則奪借官而斥之；或無功，或無過，則暗計資考及常格，然
> 後遷官。〔註 178〕

按司馬氏所言，王安石任意援引新進資淺者爲官，破壞原來宋代文官考銓之
制。在王安石執政期間，除李定超資擢用外，更有呂吉甫之弟，呂升卿新科
及第，由眞定府觀察推官，迅速轉遷爲淮南轉運判官之例。

（7）對前朝地方官的拔擢

於特殊時期，該轉遷機制也會有所變革，如政權初立，對前朝之文官，
若意繼續留任者，經過特殊考核機制，仍允以授官；〔註 179〕不少五代之幕職
官，如許仲宣，在京官的薦舉下，獲得更好的晉升。〔註 180〕大抵於南方未平
之際，對前朝幕職州縣官舉城投降者，亦加以授官晉爵，如：

> 潘美轉攻應州，其節度使艾正、觀察判官宋雄舉城降，即授正本州
> 觀察使，雄爲鴻臚少卿、同知應州。雄，幽州人也。〔註 181〕

〔註 177〕《宋史》，卷三百三十一，列傳第九十，〈李大臨〉，頁 10657。

〔註 178〕《涑水記聞》，卷十六，〈引用新進〉，頁 309。

〔註 179〕（宋）王明清，《揮麈錄》，前錄，卷四，頁 35：「太祖皇帝立極之初，西蜀
未下，益州三泉縣令間道馳騎齎賀表，率先至闕下。上大喜。平蜀後，詔令
三泉縣不州郡，遇賀慶，許發表章直達榻前。至今甲令，每於諸州軍監下注
云：「三泉縣同」，是矣。」元符末，龔言序爲縣尉，婦弟江端本子之簿遊至
邑。令簿素與龔不叶，相帥遊山，經宿未回，龔攝縣事，忽敕書至，徽宗登
寶位，龔即宣詔稱賀，偶未有子，丞令子之奉表詣都，令歸已無及。銓曹以
初品官無奏、異姓無服親之文沮之。子之早負俊名，曾文肅當國，爲將上取
旨特補河南府助教，今之上州文學也。後子之官與職俱至正郎，一時以爲異
事。」

〔註 180〕《宋史》，卷二百七十，列傳二十九，〈許仲宣〉，頁 9268：「許仲宣字希粲，
青州人。漢乾祐中，登進士第，時年十八。周顯德初，解褐授濟陰主簿，考
功員外郎張乂薦爲淄州團練判官。」

〔註 181〕《長編》，卷二十七，太宗雍熙三年三月丁亥，頁 610。

當王朝底定，對前朝幕職州縣官加以擢用，達到招降、管理之效則。〔註182〕

　　此外，宋初不少名臣，如趙普、〔註183〕竇儀、〔註184〕沈倫、〔註185〕及陶穀等，皆於前朝擔任過幕職州縣官，〔註186〕爾後因立國有功，授予高官以示酬賞。〔註187〕至於國初不少制度，在這群功臣的擬訂下奠下基礎。〔註188〕

二、降黜貶官

　　但隨著時期變異，對幕職州縣官降黜規定，略有所不同，〔註189〕然《宋會要輯稿》卷六十四至七十五卷裡，大量記載著各時期，降黜貶官之例。但自大中祥符七年（西元1014年）起，要求「諸州長吏與幕職州縣官之犯罪，責規定書於考課之曆書上，委託各路轉運使，對幕職州縣官的施政情況進行考核」。〔註190〕但總括幕職州縣官的降黜貶官，可分五類，茲分序如下：

（一）坐贓受賄

　　官員貪贓受賂乃為宋代黜降法適用的重點，凡監守自盜，受賂縱法、恐嚇取財或巨斂侵擾百姓，皆加以懲處。官員計贓受賄則依照貪污程度，轉換成絹匹數做為罰鍰，相關轉換規則，依照物價變動而有所調整。〔註191〕

〔註182〕林煌達，〈宋初政權與南方諸降國臣子的互動關係〉，《東吳歷史學報》，12期，民國93年12月，頁129～157。

〔註183〕太祖開國之際，任用前朝曾歷幕職州縣官者，仍加以擢用者，如趙普，其相關記載參見《宋史》，卷二百五十六，列傳第十五，〈趙普〉。

〔註184〕竇儀之記載則參閱《資治通鑑》，卷二百九十二，後周紀三，顯德三年，頁9538：「太祖重竇儀，奇趙普，皆在潛躍之時。普自上為佐命元功，儀乃為普所忌而不至相位。」

〔註185〕沈倫在宋初之記載與開國之功，參閱《宋史》，卷二百六十四，列傳二十三，〈沈倫〉。

〔註186〕陶穀之記載，見《宋史》，卷二百六十九，列傳二十八，〈陶穀〉。

〔註187〕《宋史》，頁8945更詳載：「陳橋之事，人謂普與太宗先知其謀，理勢或然。事定之後，普一直以樞密願直學士立於新朝數年，范、王魏三人罷相，始繼其位，太祖不迄於酬功，普不亟於得政。」

〔註188〕關於五代前朝功臣為宋初制度確立等部份，請參閱本論文第三章第一節，〈幕職州縣官之選任〉，頁64～65。

〔註189〕宋代官員的降黜類別可分為：刺配、編管、羈管、安置、居住等辦法，相關研究可參閱：苗書梅，《宋代官員選任和管理制度》，第四章第二節及第三節，〈宋代官員降黜辦法的主要類別〉及〈宋代降黜官員管理制度〉，頁471～492。

〔註190〕《宋會要輯稿》，刑法三之十五，〈諸州長吏首罪亦書於曆詔〉，大中祥符七年三月己亥：「自今知州、通判、幕職官、使臣等首罪，如實未彰露，則狀報本路轉運使，令檢格條，縱當原免，亦書于曆。」

〔註191〕（宋）李心傳，《建炎以來朝野雜記》，甲集（北京：中華書局），卷六，〈建

　　太祖時期，對官員貪贓受賄者，一律加以重懲；不少官員因貪贓罪而慘遭棄市處分、〔註192〕或處以極刑、〔註193〕除籍等處罰。〔註194〕情況輕微者，被發配偏遠地區牢獄服刑。〔註195〕但太宗末期起，貪贓受賄者，稍有放寬的趨勢，但仍規定「職官贓罪，雖會赦不得敘用，著爲令」。〔註196〕

　　眞宗朝「貸命」法的施行，〔註197〕即大幅放鬆贓吏處死等情形；之後又在景德四年（西元1007年）七月己巳，頒佈〈群臣舉官連坐宜有區別詔〉：

> 自今朝官、使臣、幕職、州縣官須顯有邊功，及自立規畫，特著勞績者，乃以名聞。如考覆之際，與元奏不同，當行朝典。或改官後犯贓，舉主更不連坐，如循常課績歷任奏舉者，改官犯罪，並依條連坐。其止舉差遣，本人在所舉任中犯贓，即用連坐之制。其改官他任，縱犯贓罪亦不須問。〔註198〕

由上述史料所載，獲知當時舉主在保薦幕職州縣官亦需負「連坐」責任，但所薦舉的幕職官若得實者，舉主亦會遭受獎勵，若保薦幕職州縣官不實者，舉主亦需受懲罰。但幕職州縣官在改官後，犯罪者，舉主則免責。此外舉主若發現所舉之人，有違法犯罪事機，可主動向官府彙報，可免連坐之罪。〔註199〕

炎至嘉泰申嚴贓吏之禁〉，頁86～87。

〔註192〕太祖時坐贓棄市之例，如（一）：《宋史》，卷一，太祖本紀，建隆二年，頁10：「八月辛亥，大名府永濟主簿郭顯坐贓棄市。」相關史料亦參見《長編》，卷二，起太祖建隆二年八月辛亥，頁52。（二）《宋史》，卷三，太祖本紀第三，開寶八年，頁44：「丁未，宋州觀察判官崔絢、錄事參軍馬德休並坐贓棄市。」

〔註193〕《長編》，卷八，太祖乾德五年三月庚戌，頁192：「導江縣令源銑、主簿郭徹坐贓污抵極刑。」

〔註194〕《宋史》，卷一，太祖本紀第一，〈建隆二年〉，頁9：「己未，商河縣令李瑤坐贓杖死，左贊善大夫申文緯坐失覺察除籍。」

〔註195〕《長編》，卷三，太祖建隆三年十月己亥，頁73：「廣濟縣令李守中坐贓，決杖配海門島。」

〔註196〕〔明〕馮琦，《宋史紀事本末》（臺北：商務印書館，民45年），卷十七，太平興國三年六月癸未，〈職官贓罪會赦不得敘詔〉，頁90。

〔註197〕苗書梅，《宋代官員選任和管理制度》，第四章第四傑降黜制度，頁467。

〔註198〕《宋會要輯稿》，選舉二七之九，〈群臣舉官連坐宜有區別詔〉景德四年七月己巳。

〔註199〕《長編》，卷八十六，大中祥符九年三月壬戌，頁1979～1980：「詔：『自今文武羣臣舉官犯贓，舉主同罪，不至追官，既經恩原降者，仰審刑院，具情理奏裁，當議量貶官秩，或降差遣如前所舉官，間有貪濁亦許陳首，自今必擇廉能，乃形公舉，更不在陳首之限。』」

（二）收稅不實及怠忽職守之處置

歷朝地方官收稅不實、侵擾百姓的弊病，於宋代亦存在。自宋初建隆二年（西元 962 年）起，即有縣令程迪，因隱頃畝皆實，而遭決杖，流放海島之例。〔註200〕至於地方官的職田、俸祿，並委由逐路提點刑獄司覺察官員是否額外佔據民田，並按規定：

> 如將職田隱庇卻合入差徭、及抑配盧作佃戶令出課者。……若犯者
> 情重而失於覺察，亦當以罪坐之。〔註201〕

至於朝廷爲了督促官員的執行能力，對怠忽職守之官員，常加以懲處；如太宗太平興國二年（西元 977 年），伊闕縣主簿翟嶙、鄭州滎澤縣令因惰慢不親事，而遭免官。〔註202〕

但朝廷對不同職官之降罰，是有所差別的，咸平三年（西元 1000 年）對縣令及縣尉之考第，即規定：

> 考功所較令、尉考第折除外，如兩度不獲劫殺賊，降考一等，今後
> 從初。縣尉失職，三限未滿間，交與縣令補捉，即據逐入所管目數，
> 分兩處書罰，各降考第。〔註203〕

據上文所述，州縣官若無法如期逮捕盜匪者，乃有所不同規定之懲處模式；以縣尉而言，若兩次無法順利捕盜，降一等官階，若縣尉失職，則改由縣令負責。宋廷更要求官員不可私自將官錢貸款給百姓，如神宗元豐六年（西元 1083 年），長林縣主簿蹇承辰，因貸度僧牒錢，反遭除名；〔註204〕泰寧軍節度推官、知大名府莘縣晁端禮，因將官錢貸進士閻師道，而降三任循資，罰

〔註200〕《長編》，卷二，太祖建隆二年四月甲午，頁43：「給事中常準奪兩官，授兵部郎中免。先是，大名館陶民郭贄詣闕訴括田不均，詔令他縣官按視，所隱頃畝皆實。上怒，本縣令程迪，決杖流海島。準實爲括田使，故責之。」
〔註201〕《宋大詔令集》，卷第一百七十八，政事三十一，俸賜，〈定職田詔〉，頁643。
〔註202〕《長編》，卷十八，太宗太平興國二年五月壬戌，頁404：「壬戌，河南府法曹參軍高岊、伊闕縣主簿翟嶙、鄭州滎澤縣令申廷溫皆坐罷軟不勝任，惰慢不親事，免官。相關史料亦可參見《宋史》，卷四，太宗本紀第四。太宗趙太平興國二年，頁55。
〔註203〕《宋會要輯稿》，職官九之二，〈令尉考第降罰詔〉，咸平三年七月。
〔註204〕《長編》，卷三百四十，神宗元豐六年十月癸巳，頁8189：「朝奉大夫、試戶部侍郎蹇周輔降一官，長林縣主簿蹇承辰除名，市易務下界監官宋喬年梁鑄、內殿崇班符守規、借職史安世各衝替，三班借職宋仲約刺面配車營務，少府監修製官宋世隆刺面配沙門島。周輔坐不覺察子貸官錢，然以措置江西、福建鹽事有勞，特免廢黜；承辰貸度僧牒錢，喬年、鑄不覺察吏乞取世隆錢，餘並以貸官錢連坐，會赦特斷也。」

銅二十斤，流放至千里編管等處分。〔註205〕

　　若官員怠忽職守，或臨陣脫逃者，處分常更爲嚴厲，如仁宗皇祐五年（西元 1053 年）儂智高反叛時，賓州推官權通判王方、靈山縣主簿權推官楊德言等，因棄城而逃，而遭「除名，免杖刺配湖南本城，永不錄用」的處罰。〔註206〕

（三）獄訟、斷案失職

　　太祖立國即著重法官的選授與任用，藉由相關考銓制度，提高官員的法律知識。對於判案違失，與任意鞭打百姓之地方州縣官，嚴加懲辦。太宗時期，亦遵循太祖之訓，嚴懲判案違失者，如太宗興國六年（西元 981 年），歸德節度推官李承信因打笞園戶致死，而遭棄市處分；〔註207〕次年，新建縣令朱靖，也因怒決部民致死，受杖脊後流配，轉至沙門島禁錮。〔註208〕

　　大中祥符三年（西元 1010 年），縣尉因包庇下級胥吏，毆打民戶，因而坐公罪，贖銅九斤，眞宗因此頒佈「望自今幕職、州縣官非理決人致死，並具案奏裁，仍令本路轉運、提點刑獄司察舉，責懲殘暴之吏。」〔註209〕至於包庇下級，非理決人致死者，即委託各路轉運使、提點刑獄公事加以監督、察舉，以防止殘暴之胥吏任意殘害百姓。

　　但地方縣令及初任幕職者，若不知情的情況下，被下層胥吏所蒙蔽，則有不同之懲處規定，如《宋會要輯稿》所載：

> 刑部舉駁外州官吏失入死罪，按準斷獄律從徒流，失入死罪者減三等徒二年半，公罪分四等定斷。官減外徒二年，爲首者追官，餘三等徒罪並止罰銅。伏以法之至重者死生之際，幕職州縣初歷宦途，未諳吏事。長吏明知徒罪不至追官，但務因循，不自詳究。〔註210〕

按照規定所示，倘若官員判案失誤，需考慮文官之任官資歷，若初任幕職，仕途未明的前提下，被胥吏所矇騙，不需受到追官的懲處；若對死刑之判案失誤，則按照死罪者減三等徒刑來處置。

〔註205〕《長編》，卷三百四十九，神宗元豐七年十月庚寅，頁 8375：「泰寧軍節度推官、知大名府莘縣晁端禮追三任官，罰銅二十斤，勒停，千里外編管。坐以官錢貸進士閻師道，及師道請求豫借保甲錢買弓箭，爲提舉保甲司所劾也。」
〔註206〕《長編》，卷一百七十四，仁宗皇祐五年二月壬辰，頁 4201。
〔註207〕《宋史》，卷二百，志一百五十三，〈刑法二〉，頁 4986。
〔註208〕《長編》，卷二十三，起太宗太平興國七年閏十二月庚寅正，頁 532。
〔註209〕《長編》，卷七十三，起眞宗大中祥符三年正月壬申，頁 1651〜1652。
〔註210〕《宋會要輯稿》，職官一五之一至職官十五之二，〈刑部斷〉。

如天聖九年（西元 1031 年），有隴安縣民龐仁義，因誣馬文千、高文密等五人爲劫盜，縣尉董元亨、與軍事判官李謹言、推官李廓、司理參軍嚴九齡等人，在無證據之前提，逮捕被誣告者，宋廷因而頒佈「自今親民掌獄官，其務審獄情，苟或枉濫，必罰無赦。」〔註211〕之詔。神宗熙寧二年（西元 1069 年），則規定官員判案，依照違誤的程度，加以定罪，如「誤判一人，追官勒停：二人，除名，三人，除名編管。」〔註212〕

（四）其他因素之降黜

除考薦不實、坐贓受賄、怠忽職守、黨爭及獄訟失職外，對意圖謀反或散佈不當言論、爭競於朝廷等幕職州縣官，則依照當時情況懲處罰；茲分述如下：

（1）意圖謀反及散佈不當言論

歷朝統治者凡損及政權安全，或散佈危言聳聽之言論，懲處極爲嚴厲，宋代亦不例外，凡涉及企圖謀反，縱能免於死刑，亦多削籍爲民，或流判邊區。如太平興國七年（西元 982 年）五月癸巳，王溥奏：盧多遜及廷美被論「顧望呪詛，大逆不道，宜行誅滅，以正刑章」。〔註213〕不少廷美之屬官即受牽連，如西京留守判官閻矩被貶爲涪州司戶參軍，前開封推官孫嶼則降爲融州司戶參軍。雍熙三年（西元 986 年）三月丁亥，潘美師至應州，節度副使艾正、觀察判官宋雄以城降，司門員外郎王延範與秘書丞陸坦、戎城縣主簿田辯、因相信術士劉昂之言，坐謀不軌，而慘遭棄市。〔註214〕

另如神宗熙寧八年（西元 1075 年），有沂州民朱唐，告前餘姚主簿李逢謀反，宋廷遣大臣審理後則將主簿李逢、醫官劉育，及河中府觀察推官徐革等凌遲處死，將作監主簿張靖、武進士郝士宣腰斬，司天監學生秦彪、百姓李士寧杖脊，牽至湖南編管；賜死秀州團練使趙世居，至於趙氏子孫則貸死除名，削屬籍。〔註215〕元豐四年（西元 1081 年），又有越州山陰縣主簿，因

〔註211〕《長編》，卷一百十，仁宗天聖九年四月戊寅，頁 2556；相關史料亦參見《宋史》，卷二百，志第一百五十三，刑法二，頁 4988～4989。

〔註212〕（宋）吳曾，《能改齋漫錄》，（《叢書集成初編》，上海：商務印書館，1936年），卷十三，〈赦官吏失入死罪〉，頁 20。

〔註213〕《宋史》，卷二百四十四，列傳第三，宗室一，〈魏王廷美〉，頁 8668；相關史料亦可參佐《長編》，卷二十三，太宗太平興國七年五月癸巳，頁 519。

〔註214〕《宋史》，卷五，本紀第五，〈雍熙三年〉，頁 77。

〔註215〕《宋史》，志第一百五十三，〈刑法二〉，頁 4998「熙寧八年，沂州民朱唐告前

妄造符讖，指斥乘輿，言極切害，而遭刑虐致死。〔註216〕

（2）京官遭降斥

京朝官降黜爲幕職州縣官，除受到保薦不當、貪贓受賄而遭降黜外，若京朝官爭執於朝堂者，亦會受御史彈奏貶官。至於京朝官在貶官之後，最常擔任地方「司戶參軍」、「縣令」等幕職州縣官。〔註217〕如太祖建隆元年（西元960年）中書舍人趙逢，因臨陣脫逃，坐從征避難，降爲房州司戶參軍；〔註218〕次年（西元961年）國子周易博士郭忠恕，與太子中舍符昭文，因喧競於朝堂，受御史彈奏，叱罵臺吏，奪其奏折，貶爲乾州司戶參軍，至於符昭文，因罪刑較爲嚴重，而遭免官處分。〔註219〕

但凡降黜貶斥者，亦可透過其他銓選機制，升遷改官，如眞宗咸平五年（西元1002年）朝廷頒佈〈諸負犯降黜建在幕職州縣官等投狀磨勘引見詔〉：

> 應曾任京朝官應曾任京朝官，因負犯降黜，見在幕職、州縣官，及使臣降充三班、大將、軍將者，如後來任用，別無贓罪，後到闕，委逐處投狀，磨勘引見，別取進止，應充替及未得與官諸色違礙選人，并仰于南曹投狀，依例實行。〔註220〕

餘姚主簿李逢謀反。提點刑獄王庭筠言其無迹，但謗讟，語涉指斥及妄說休咎，請編配。帝疑之，遣御史臺推直官寒周輔劾治。中書以庭筠所奏不當，并劾之。庭筠懼，自縊死。逢辭連宗室秀州團練使世居、醫官劉育等、河中府觀察推官徐革，詔捕繫臺獄，命中丞鄧綰、同知諫院范百祿與御史徐禧雜治。」

〔註216〕《長編》，卷三百十二，神宗元豐四年四月壬申，頁7565：「詔前追官勒停人越州山陰縣主簿、太原府教授余行之陵遲處死。先是，行之以廢黜怨望，妄造符讖，指斥乘輿，言極切害。定州教授、潁州團練推官郭時亮詣闕告之，知定州韓絳即收行之付獄。詔開封府司錄參軍路昌衡就邢州鞠之，行之伏誅，以時亮爲通直郎，召對，時亮堅辭不受，聽還舊任。行之初繫獄，上以問同修起居注陸佃，對曰：『臣識其人，是常爲山陰主簿，妻子皆不之顧，何有於陛下？』上曰：『如此，則妄人耳。』行之既伏誅，因赦其妻子。」

〔註217〕京朝官被貶爲縣令之例，如：《長編》，卷十六，太祖開寶八年三月壬午，頁336：「太子洗馬周仁俊責授平涼縣令，坐知瓊州日販易規利故也。」；及《宋史》，本紀第五，〈太宗至道元年〉，頁98：「冬十月乙丑，陝西轉運使鄭文寶坐撓邊，責授藍山縣令。」

〔註218〕《宋史》，卷一，本紀第一，太祖趙匡胤一，建隆元年，頁7：「己酉，幸宜春苑。中書舍人趙逢坐從征避難，貶房州司戶參軍。」相關史料亦可參見《長編》，卷一，起太祖建隆元年正月盡是年十二月，頁4。

〔註219〕《長編》，卷二，太祖建隆二年八月丁巳，頁53。

〔註220〕《宋會要輯稿》，職官七六之四，〈諸負犯降黜建在幕職州縣官等投狀磨勘引見詔〉，咸平五年十一月十一日。

據詔令規定，無論京朝官或幕職州縣官，若曾犯法降黜，但後來無犯贓罪，則由吏部南曹磨勘引見。此外，《建炎以來朝野雜記》亦載：「諸選人改京官，則依所犯之罪行，額外增加舉主的方式，方能轉資官等案例。」〔註221〕

但幕職州縣官會因其他不可預期之事，遭受牽連，降官勒停，如神宗元豐二年（西元 1079 年），邕州大火，焚官舍千三百四十六區，諸軍襄衣萬餘分，穀帛軍器等百五十萬，責權知邕州劉初，通判兼觀察推官之陳中等，遭受到相關懲處。〔註222〕但總結北宋對幕職州縣官的升遷降黜，是有規則可循，但更多時候官員犯法，主要以事態嚴重程度及統治者的態度，才是最後懲處的定奪。

第三節　幕職州縣官在官僚體系中的角色

顧炎武《日知錄》所云：

> 黃氏日抄，讀韓文公贈張功曹詩云，判司卑官不堪說，未免捶楚塵埃間。然則唐之判司簿尉類然與？然唐人之待卑官雖嚴，而卑官猶得以自申其法。如劉仁軌為陳倉尉，擅殺折衝都尉魯寧是也。〔註223〕

顧炎武眼中唐代判司簿尉等幕職州縣官，雖為卑官，但猶得其法。北宋幕職州縣官的職能與自主性，亦恐較唐朝小；常出現位卑責重，任事困難之貌。諸多地方政策的執行，除需服從上級長官，亦需與下層胥吏妥協，方能完成，底下則針對幕職州縣官在北宋官僚體系中所扮演的角色作討論。

一、幕職州縣官與長吏、同僚間的關係

地方權力運作中，幕職州縣官需面對上級知州、知縣；試圖藉由相關資料，來釐清幕職州縣官與上級長官及同僚間的往來。

（一）面對上層長官的態度

幕職官為地方長官的佐官，在面對上層長官的態度，通常是既衝突，又

〔註221〕（宋）李心傳，《建炎以來朝野雜記》，卷十四，乙集，官制二，〈選人歷任有負犯者改官增舉考〉，頁 988：「諸選人改京官，歷任嘗有負犯者公罪，一犯徒，兩犯杖，四犯笞並加一考，私罪笞亦加一考，仍增舉主一員，杖以上加二考增舉主二員，或職司一員，即舉主考第及格而以事論罷者，雖降資亦不理逮闕，並改次等合入官。」
〔註222〕《長編》，卷二百九十八，神宗元豐二年六月甲辰，頁 7254。
〔註223〕（明）顧炎武，《日知錄》，卷二十九，〈職官受杖〉，頁 829。

需要相互合作之對立關係，面對諸多型態，筆者則以四部份來論述：

（1）舉發上級之不法行為

據《長編》所載：「乙巳，太子中舍胡德沖棄市，坐通判延州隱沒官錢一百八十萬，爲錄事參軍段從革所發故也。」〔註224〕又如楊澈於擔任青州司戶參軍期間，因知州張全操多不法，澈鞫獄平允，無所阿畏，太祖知其名，召試禁中，改著作佐郎，出知渠州。〔註225〕藉由上述兩個案例，獲知宋初不少幕職州縣官，並非一味聽從上級意見，反而對上級通判等長官不法情況，加以披露與揭發；相關案例裡，更不乏幕職州縣官因舉後取而代之的情形。〔註226〕

至於當地方官觸法時，若能自首者，則可減免其罪，其規定爲：

> 殿中侍御史曹定，言諸州長吏有罪，恐爲人所訴，即投牒自首，雖情
> 狀至重，亦以例免，請行條約。詔自今知州、通判、幕職官、使臣等
> 首罪，如實未彰露，則以狀報轉運司，雖格當原，亦書於律。〔註227〕

但值得關注的是：幕職州縣官績效考核，掌握在上層知州、知縣之手，倘若欲順利升遷，是需要與上級長官相互妥協的。

若兩者處於對立狀態，難免不會造成上級長官亂書考績，導致展磨勘等問題的發生；幕職州縣官面對上層長官的心情，頗爲複雜，兩者之間在治理州郡事務上相互合作，但私下內心又懼怕不法之事，被對方向更上級單位（轉運司）舉發，彼此間皆存有防範之心，互不信任。

（2）因判案不同，產生嫌隙

幕職州縣官雖幫助地方長官處理諸多瑣事，但史書裡不乏有幕職官與上級知州不合之例，如太宗朝同州觀察推官錢若水，與知州不合，由於知州本身個性偏激，決事不當，身爲節度推官者數度與知州爭執，終不能得，知州

〔註224〕《長編》，卷十五，太祖開寶七年二月乙巳，頁318。
〔註225〕《宋史》，卷二百九十六，列傳五十五，〈楊澈〉，頁9869～9870：「建隆初，
　　　　舉進士，時竇儀典貢部，謂澈文詞敏速，可當書檄之任。調補河內主簿，再
　　　　遷青州司戶參軍。知州張全操多不法，澈鞫獄平允，無所阿畏。太祖知其名，
　　　　召試禁中，改著作佐郎，出知渠州。」
〔註226〕《宋史》，卷二百七十八，列傳第三十七，〈雷有終〉，頁9455：「雷有終字道
　　　　成，幼聰敏，以蔭補漢州司戶參軍。時侯陟典選，木彊難犯，選人聽署於庭，
　　　　無敢譁者。有終獨抗言，願爲大郡治獄掾，陟叱之曰：『年未三十，安可任此
　　　　官？』有終不爲沮。署萊蕪尉。知監、左拾遺劉祺以有終年少，頗易之，有
　　　　終發其姦贓，祺坐罪杖流海島，以有終代知監事。」
〔註227〕《長編》，卷八十二，眞宗大中祥符七年三月戊戌，頁1868。

之奏案反被朝廷、上司封駁。〔註228〕

　　地方司法判案上，更有司法參軍，與郡守執法有所出入的情形；〔註229〕
不少幕職州縣官，再發生與上級長官意見相左時，會選擇率然棄官之例，〔註230〕
相對之下，史書中不乏有幕職州縣官，因能力過好，反遭上級妒忌，誣告之例，
如主簿兼縣令黃固，素爲吏民所愛信，儂智高之亂時，偵知賊情，募海上無賴
少年，得數千人，沂流而下，夜趨盜賊，但整體事件裡，卻引起通判孟造不滿，
進而誣陷黃固貪贓犯罪，導盡忠職守職，反遭停職之處分。〔註231〕

　　（3）共同合作治理地方

　　但若遇到重大事件及自然災害發生時，幕職州縣官與長官間的對立則會
較爲緩衝，史書裡多記載著災害發生時，幕職州縣官與長官共同協商救災等
情形，如：

> 召試祕閣，授潁州團練推官。晏殊爲守，一以事諉之。民稅舊輸陳、
> 蔡，轉運使又欲覆折緡錢，且多取之。亢言：「民之移輸，勞費已甚。

〔註228〕《長編》，卷三十一，太宗淳化元年十月乙巳，頁705：「冬十月乙巳，以同州
　　　　觀察推官錢若水爲祕書丞、直史館。若水，文敏之子也。初佐同州，知州性褊
　　　　急，數以匈臆決事不當，若水固爭不能得，輒曰：『當賠俸贖銅耳。』已而奏
　　　　案果爲朝廷及上司所駁，州官皆以贖論，知州愧謝，然終不改，前後如此數矣。」
〔註229〕《宋史》，卷三百一十，列傳第六十九，〈李承之〉，頁10177～10178：「承之
　　　　字奉世，性嚴重，有忠節。從兄柬之將仕以官，辭不受，而中進士第，調明
　　　　州司法參軍。郡守任情骪法，人莫敢忤，承之獨毅然力爭之。守怒曰：『曹掾
　　　　敢如是邪？』承之曰：『事始至，公自爲之則已，既下有司，則當循三尺之法
　　　　矣。』守憚其言。」
〔註230〕《全宋詩》，卷一〇一六，黃庭堅三八，〈濂溪詩并序〉，頁11589：「春陵周
　　　　茂叔，人品甚高，胸中灑落，如光風霽月。好讀書，雅意林壑，初不爲人窘
　　　　束世故。權輿仕籍，不卑小官、職思其憂。論法常欲與民，決訟得情而不喜。
　　　　其爲少吏，在江湖郡縣蓋十五年，所至輒可傳。任司理參軍，轉運使以權利
　　　　變其獄，茂叔爭之不能得，投告身欲去，使者斂手聽之。」
〔註231〕《宋史》，卷四百四十二，列傳第二百一，文苑四，〈穆修〉，頁13069：「穆脩
　　　　字伯長，鄆州人。幼嗜學，不事章句。眞宗東封，詔舉齊、魯經行之士，脩預
　　　　選，進士出身，調泰州司理參軍。負才，與眾齟齬，通判忌之，使人誣告其罪，
　　　　貶池州。」又有主簿被是通判誣陷的案例，如《涑水記聞》，卷十三，〈黃固救
　　　　廣州〉，頁267～268：「儂智高圍廣州既久，城中窘急，而賊亦疲乏，又不習
　　　　水戰，常懼海賊來抄其寶貨。東莞縣主簿兼令黃固素爲吏民所愛信，偵知賊情，
　　　　乃募海上無賴少年，得數千人，船百餘艘，沂流而下，夜趨廣州城，鼓譟而進，
　　　　賊大驚，即時遁去。廣州命固率所募之眾沂流追之，而賊棄船自他路去，追之
　　　　不及。會通判孟造素不悅固，乃按固所率舟中之民私載鹽眾於上流販賣，及縣
　　　　中官錢有出入不明者，攝固下獄治之，誣以贓罪，固竟坐停任。」

方仍歲水旱，又從而加取，無乃不可乎？」遂止。〔註232〕

至於旱災發生之際，更有主簿與郡守相互合作，合力捕蝗之例。〔註233〕綜觀上述兩例，獲知幕職州縣官與上級的合作關係，多出現於特殊事件之際，但在平日或司法判決上，則較容易發生兩者對立的情況。

（4）官官相護、欺侮百姓

北宋曾鞏所載〈禿禿記〉所載：

> 禿禿，高密孫齊兒也。齊明法，得嘉州司法。先娶杜氏，留高密。更給娶周氏，與抵蜀。罷歸，周氏恚齊紿，告縣；齊賚謝，得釋。授歙州休寧縣尉，與杜氏俱迎之官：……代受撫州司法，歸間周氏不復見，使人竊取其所產子，合杜氏、陳氏載之，撫州，明道二年正月至。是月，周氏亦與其弟來，欲入據其署；吏遮以告齊。……周氏訴於江西轉運使，不聽。久之，以布衣書里姓聯訴事，行道上乞食；蕭貫守饒州，馳告貫。……貫受不拒，轉運使始遣吏祝應言為覆；周氏引產子為據。齊懼子見事得，即送匿旁方政舍；又懼，則收以歸，搤其咽，不死；陳氏從旁引兒足倒持之，抑其首甕水中，乃死禿禿也。……慶曆三年十月二十二日，司法張彥博，改作寢廬，治地得坎中死兒，驗問知狀者；小吏熊簡對如此。又召鄧旺詰之，合獄辭；留州者皆是，惟殺禿禿狀蓋不見。〔註234〕

透過該案例除看到宋人溺嬰之事外，〔註235〕更可由案例中看到周氏為爭取禿禿的監護權，到處訴訟；未料轉運使未聽周氏之言，憤而使周氏將事件向饒州官府告發，事後，饒州官府即派遣胥吏祝應言，前往瞭解案情，未料孫齊因心生恐懼，聯合其妾將禿禿匿於旁方政舍，不幸溺斃之例。反觀在整體事件裡，卻看到地方官吃案，禿禿之父孫齊，在虐殺其子後，並未受到任何的懲處。整件事件值到慶曆三年司法參軍張彥博整修廬舍時，意外發現禿禿屍體，才讓整體事件得以復知。

〔註232〕《宋史》，卷三百一十七，列傳七十六，〈邵亢〉，頁 10335～10336。

〔註233〕《宋史》，卷三百四十四，列傳第一百三，〈孫覺〉，頁 10925：「孫覺字莘老，高郵人。……登進士第，調合肥主簿。歲旱，州課民捕蝗輸之官，覺言：『民方艱食，難督以威，若以米易之，必盡力，是為除害而享利也。』守悅，推其說下之他縣。」

〔註234〕（宋）曾鞏，〈禿禿記〉，《元豐類稿》（四庫全書），卷十七，頁 4～5。

〔註235〕盧建榮，〈唐宋時期社會對兒童的態度〉，收錄於九十二年度第十二屆歷史研習營，《日常生活的經驗》（未勘），民 92 年，頁 336～337。

　　哲宗朝地方幕職州縣官，與牙佾勾結圖利的況更爲嚴重，如長編所載「諸縣令佐亦以撫字百姓，而計算息錢，均與牙儈分利」。〔註236〕另外又有王安禮向在青州，縱恣不法，節度推官倪直侯者，助紂爲虐之例。〔註237〕

（二）與同僚間的關係

　　儘管幕職州縣官爲一泛稱，亦有所謂的權力高低之別，彼此之間的相處，會有相互衝突或彼此合作的情況，分述如後：

（1）舉發不法

　　縱然大宋律令規定，州縣長官犯罪，僚佐有糾舉、上報之責，但不少記載裡，卻出現縣令坐贓，下級主簿可而代之的現象；可見縣令與主簿之間的關係，某種程度是有所矛盾與衝突。如《宋史》所載，欒崇吉在臨淄主簿期間，因該縣縣令坐贓，進而取而代之。〔註238〕

（2）勾心鬥角或相互告發

　　當利益衝突發生時，多亦衍生出幕職州縣官彼此勾心鬥角等情形。如宋太宗時期，竇偁與賈琰皆爲幕職州縣官，但賈琰假言矯誕，使皇帝出竇偁爲彰義軍節度判官。〔註239〕又如神宗元豐四年（西元1081年），潁州團練推官郭時亮，告發山陰縣主簿，妄造符讖，指斥乘輿之事，使得余行之遭陵遲處死之例。〔註240〕

〔註236〕《長編》，卷三百六十六，哲宗元祐元年二月癸未，頁8803。

〔註237〕《長編》，卷四百五十六，哲宗元祐六年三月丁丑，頁10924：「殿中侍御史岑象求言：『王安禮向在青州，縱恣不法。節度推官倪直侯者，助其爲惡，掌公使出納不明，及發露，遂匿其籍，陽爲尋訪，終不獲。穢濫不悛，吏民具知。請下本路體量，果有實狀，乞致之法。』詔本路轉運司體量以聞。」

〔註238〕《宋史》，卷二百七十七，列傳第三十六，〈欒崇吉〉，頁9441：「欒崇吉字世昌，開封封丘人。少爲吏部令史，上書言事，調補臨淄主簿。會令坐贓敗，即命崇吉代之。」

〔註239〕《長編》，卷二十一，太宗太平興國五年十一月戊午，頁481～482：「賈琰便佞，能先意希旨，偁常疾之。上與諸王宴射，琰侍上側，頗稱贊德美，詞多矯誕，偁叱之曰：「賈氏子巧言令色，豈不愧於心哉。」坐皆失色，上亦爲之不樂，因罷會，白太祖出偁爲彰義節度判官。」相關史料亦可參見《宋史》，卷二百六十三，列傳第二十二，〈竇偁〉，頁9097～9098。

〔註240〕《長編》，卷三百十二，神宗元豐四年四月壬申，頁7565：「詔前追官勒停人越州山陰縣主簿，太原府教授余行之陵遲處死。先是，行之以廢黜怨望，妄造符讖，指斥乘輿，言極切害。定州教授、潁州團練推官郭時亮詣闕告之，知定州韓絳即收行之付獄。詔開封府司錄參軍路昌衡就邢州鞫之，行之伏誅。」

（3）相互包庇不法行為

縱然幕職州縣官間有相互舉發之責，但部份幕職官，明知到同僚貪贓枉法，卻不將事情據實呈報，如：洺州司法參軍劉安世，明知司戶參軍貪贓枉法，卻未將事實告轉運使；縱然事後因良心發現，忐忑不安，但在閱讀完揚雄《法言》所謂「君子避礙則通儲理」之語，心中亦逐漸釋懷。〔註 241〕透過該案件，間接顯示出幕職州縣官僚佐間的另類相處之道。

二、幕職州縣官與胥吏及民間豪強

現存官箴書裡，留下大量地方官與胥吏相處事跡，藉相關官箴裡，可反映地方官如何控制狡猾的胥吏，與地方官的任官之道。〔註 242〕至於幕職州縣官在面對胥吏與豪強的相處，值得進一步討論。

（一）受豪強、胥吏刁難

雖然宋代入仕管道，較歷朝多元；但官戶、士人或富有人家，多成為地方豪強或形勢戶。而這群人除了影響地方施政外，僅仗勢自己的財力威脅官府、魚肉鄉民外，〔註 243〕並利用諸多管道，延宕租稅，〔註 244〕必要時更與胥吏勾結，及逃漏稅。至於這些地方豪紳的惡劣行徑，總讓地方官有芒刺在背之感；儘管官府有心解決，但各豪橫會藉由各種方式，處心積慮阻礙地方施政，並擅長以各種手段，收集地方官的缺失，待時機成熟，呈報上級官府與朝廷，使州縣官反被調職。〔註 245〕

〔註 241〕《宋史》，卷三百四十五，列傳第一百四，〈劉安世〉，頁 10952：「登進士第，不就選。從學於司馬光，咨盡心行己之要，光教之以誠，且令自不妄語始。調洺州司法參軍，司戶以貪聞，轉運使吳守禮將按之，問於安世，安世云：『無之。』守禮為止。然安世心常不自安，曰：『司戶實貪而吾不以誠對，吾其達司馬公教乎！』後讀揚雄法言『君子避礙則通諸理』，意乃釋。」

〔註 242〕柳立言，〈從官箴看宋代的地方官〉，《國際宋史研討會論文集》（台北：中國文化大學，民 77 年），頁 393～417。本文亦收錄於《宋史研究集》，第二十一集，頁 117～154。

〔註 243〕梁庚堯，〈豪強與長者：南宋官戶與士人居鄉的兩種形象〉，《新史學》，第 4卷第 4 期，民 82 年 12 月，頁 45～95。

〔註 244〕《涑水記聞》，卷六，〈胡順之〉，頁 109：「胡順之為梁浮縣令，民臧有金者，素豪橫，不肯出租，畜犬數十頭，里正近其門輒噬之。繞垣密植橘柚，人不可入。每歲里正常代之輸租，前縣令不肯禁。」

〔註 245〕關於豪強在地方的研究，可參見梁庚堯，〈南宋官戶與士人的城居〉，《新史學》，第 1 卷第 2 期，民國 79 年，頁 39～84；或見〈豪強與長者：南宋官戶與士人居鄉的兩種形象〉，《新史學》，第 4 卷第 4 期，民 82 年 12 月，頁 45～95。

　　整體環境裡，宋代官員受到三年一轉遷，及磨勘轉遷制度裡，規避本籍所限，〔註246〕導致不少州縣官不熟習地方事務，促使不少初調赴地之官，需要時時請教於下級胥吏。倘若州縣官得胥吏或豪強兩者聯手，官員則會反受其害。

　　如《長編》所載，眞宗天禧四年（西元 1020 年），地方縣尉麻士瑤，聚歛恣橫，任意殺害范辛等三僕役，之後又收買諸多胥吏與郡守，使官府不敢審理該事。縱然有鎮海節度推官孫昌，不懼強權，憤其凶惡，允以訊理，但麻氏則不斷派人行刺孫昌外，又派人騷擾其族人，迫使孫昌不堪其擾，送其族人寓居他郡。之後節度推官孫昌，反被麻士瑤與王圭等人誣告貪贓。〔註247〕

　　在當時眾多文臣眼中，常批判狡吏蒙蔽上級長官之弊，如轉運使姚鉉則認爲：諸路官吏或強明蒞事、惠愛及民者，律定教條，可除胥吏的煩擾。〔註248〕但實際上胥吏與豪強間的請託、脅持，終使州縣官推動政令窒礙難行。〔註249〕此外，豪強與胥吏勾結，除影響地方施政外，更導致地方獄訟出現諸多舞弊。如：慶曆六年（西元 1046 年），王存調嘉興主簿，擢上虞令，但卻發生地方豪強殺人，賄賂州縣胥吏，更改其獄訟，讓犯法之人逍遙法外。〔註250〕

〔註246〕關於宋人的避籍制度可參閱：朱瑞熙，〈宋代官員回避制度〉，《中華文史論叢》，第 48 輯，1991 年，頁 155～172。

〔註247〕《長編》，卷九十五，眞宗天禧四年四月丙申，頁 2188～2189：「丙申杖殺前定陶縣尉麻士瑤於青州，其兄大理評事致仕，士安削籍配隸汀州。……初，士瑤祖希夢事劉鋹爲府掾，專以掊克聚歛爲己任，兼幷恣橫，用致鉅富。至士瑤累世益豪縱，郡境畏之，過於官府。士瑤素帷簿不修，又私蓄天文禁書、兵器。姪溫裕先有憾，常欲訟之，士瑤懼，乃繫之密室，命范辛等三僕更守，絕其飲食，數日死，即焚之。又嘗怒鎮將張珪，遣家僮張正等率民夫伺珪於途中毆殺，棄其尸。頃之，珪復蘇，訟於州，典級輩悉受士瑤賂，出其罪。承前牧宰而下，多與亢禮，未嘗敢違忤。及鎮海節度推官孫昌知臨淄，憤其凶惡，有犯必訊理之。士瑤常聲言遣人刺昌，昌乃送其族寓於他郡，每夕宿縣廨，列人嚴更爲備。士瑤復與王珪誣告昌不公事，又借同邑人姓名買場務。」

〔註248〕《長編》，卷四三，咸平元年八月辛卯，〈言諸路官吏事奏〉，頁 914～915：「京西轉運使姚鉉上言：『諸路官吏或強明蒞事、惠愛及民者，則必立教條，除其煩擾。然所更之弊事，多不便於狡胥，俟其罷官，悉藏記籍，害公蠹政，莫甚於茲。應知州府軍監、通判、幕職、州縣官，於所在有經畫利濟，事可經久者，歲終書歷，替日錄付新官，俾得遵守，不得妄信下吏，輒有改更。若灼然不便，州以上聞，幕職以下聞於長吏，俟報改正。』」

〔註249〕《宋史》，卷三百二十一，列傳八十，〈陳襄〉，頁 10419～10420：「襄舉進士，調浦城主簿，攝令事。縣多世族，以請託脅持爲常，令不能制。」

〔註250〕《宋史》，卷三百四十一，列傳一百，〈王存〉，頁 10871：「慶曆六年，登進士第，調嘉興主簿，擢上虞令。豪姓殺人，久莫敢問，存至，按以州吏受賕，豪賂他官變其獄，存反爲罷去。」

（二）幕職州縣官與胥吏的矛盾

在北宋身爲地方佐官的幕職，面對下層胥吏犯法時，能秉公處理的例子並不多，大部分資料都顯示幕職州縣官與胥吏勾結的情形。反觀太祖建隆年間，周渭解渴白馬主簿，縣大吏犯法，渭即斬之的例子較少；〔註251〕而筆記小說《折獄龜鑑》裡，更記載著諸多狡猾的吏胥，趁縣令赴任之初，誘使縣民數百人到縣庭告狀，使縣令不堪其擾，厭煩理事，導致事權就落入吏胥之手。〔註252〕

儘管有鐵面無私的幕職州縣官，但亦不乏州縣官，受利益所驅，與下級胥吏掛勾，相互狼狽爲奸的案例，如眞宗大中祥符九年（西元1016年）江南提點刑獄王長吉所言：

> 南安軍上猶縣僧法端忿漁人索賣漁直，遂令僧守肱殺其院狗，即白官誣漁人盜去。縣遣里胥捕漁者并父，繫送院中，守肱毆殺之。又賂縣典集者保，掩捕漁者二弟，並殺之。又以刃傷漁者母。因以殺獲　賊聞於縣尉汲濟，濟受吏請求，驗尸之際，令主者隱麀縛之跡，並其家老幼荷校送軍。縣令孫凝覆視，又以老眊爲吏所周。〔註253〕

藉由王長吉所言之事，獲知僧人殺狗，誣賴漁人盜去，之後僧人私下賄賂胥吏、耆保及縣尉汲濟，縣尉受胥吏知會略在驗屍之際，隱瞞死者麀縛之跡。縣令孫凝覆審該案件，又以老眊爲下級吏所誤導判決。

地方政策執行上，有時會出現幕職州縣官，夾在上級知州，與下層之胥吏對立中，頗難自處的情形，有些幕職州縣官，選擇依法辦案，不偏頗任何一方，如：司理參軍姚仲孫，在擔任許州司理參軍之際，明辨其枉，釋放受冤枉的胥吏，捕獲兇手，才使事情得以和平落幕。〔註254〕

〔註251〕《宋史》，卷三百四，列傳六十三，〈周渭〉，頁10055。

〔註252〕（宋）鄭克，《折獄龜鑑》，卷八，〈葛源書訴〉，頁481：「葛源郎中，初以吉州太和簿攝吉水令，他日令始至，猾吏誘民數百訟庭下，設變詐以動令，如此數日，令厭事，則事常在吏矣。」或見王安石撰，《臨川集》，卷六十九，〈葛公墓誌銘〉。

〔註253〕《長編》，卷八十七，眞宗大中祥符九年八月丙申，頁2007。

〔註254〕《宋史》，卷三百，列傳五十九，〈姚仲孫〉，頁9970：「姚仲孫字茂宗，……擢進士第，補許州司理參軍。民歸馬氏夫被殺，指里胥嘗有求而其夫不應，以爲里胥殺之，官捕繫辭服。仲孫疑其枉，知州王嗣宗怒曰：『若敢以身任之耶？』仲孫曰：『幸毋遽決，冀得徐辨。』後兩月，果得殺人者。」

但有時縣尉等州縣官，明知胥吏貪贓受賄的前提，亦包庇下級胥吏，加害百姓。如真宗大中祥符三年（西元 1010 年）吉水縣尉范世昌在任，戶長彭昉告縣典王雅受贓，縣尉獲知事情，卻連杖戶長彭昉，導致戶長受杖而亡。〔註255〕整體案件裡，明顯看出縣尉范世昌放縱吏人。縱然最後胥吏遭到提點刑獄司查辦，但整體事情裡，州縣官是有可能胥吏站在同一陣線，成為壓榨下級戶長與百姓的劊子手。

（三）與豪強、胥吏間的合作

地方權力運力裡，幕職州縣官的位階較胥吏、豪強高。正史裡常有幕職官、豪強與胥吏三者合謀，妥善治理地方的情況。如王濟補龍溪主簿時，縣有陂塘數百頃，為鄉豪斡其利，會歲旱，濟悉導之，分漑民田。〔註256〕但對富家巨室而言，願意與州縣官合作，在出粟減糶，使飢者獲濟，免於盜患興盛之患，威脅其安全、財物。〔註257〕

幕職州縣官與胥吏，除因利益相互合作外，對於胥吏的眷屬也會妥善撫卹，如：

> 劉恕調鉅鹿主簿、和川令，發強擿伏，一時能吏自以為不及。恕為人重意義，急然諾。郡守得罪被劾，屬吏皆連坐下獄，恕獨恤其妻子，如己骨肉，又面數轉運使深文峻詆。〔註258〕

透過劉恕撫卹屬吏之妻等案例，間接得知幕職州縣官與胥吏間的關係，並非為全以「利益」為考量，亦存有溫馨、彼此照顧的一面；又如武安軍節度推官趙抃為法吏辯護之例，〔註259〕也足以佐證幕職州縣官，有時也會為下層胥吏辯護。

〔註255〕《長編》，卷七十三，真宗大中祥符三年正月壬申，頁 1651～1652：「壬申，權判吏部銓王嗣宗等言：『吉水縣尉范世昌在任，戶長彭昉告縣典王雅受贓，世昌連杖昉三次致死，顯庇下吏，不容論訴，吉州止坐公罪，贖銅九斤。望自今幕職、州縣官非理決人致死，具案奏裁，仍令本路轉運、提點刑獄司察舉，責懲殘暴之吏。』」詔可，世昌仍不得與官。」

〔註256〕《宋史》，卷三百四，列傳六十三，〈王濟〉，頁 10066。

〔註257〕《宋史》，卷二百九十八，列傳五十七，〈司馬旦〉，頁 9905：「天大旱，人乏食，眾盜剽散，富家巨室至以兵自備。旦召富者開以禍福，於是爭出粟，減直以糶，猶不失其贏，飢者獲濟，盜患亦弭。」

〔註258〕《宋史》，卷四百四十四，列傳二百三，文苑六，〈劉恕〉，頁 13118。

〔註259〕《宋史》，卷三百一十六，列傳七十五，〈趙抃〉，頁 10321～10322：「趙抃字閱道，衢州西安人。進士及第，為武安軍節度推官。人有赦前偽造印，更赦而用者，法吏當以死。抃曰：『赦前不用，赦後不造，不當死。』讞而生之。」

但處於知州與胥吏中間，立場頗感爲爲難；知州、胥吏與低階文官三者間的關係，相當弔詭。常在利益的驅使下，三者和平共處彼此合作，但當因利益消失後，又出現相互對立。大抵幕職州縣官會因上下兩股壓力，從夾縫中求生存；在面對上下兩者間，其態度相當的多元。

三、幕職州縣官的社會形象

前輩學者對胥吏、〔註 260〕監當官之形象研究，〔註 261〕皆呈現負面的形象居多，然幕職州縣官之位階，立處地方長吏與胥吏間，財物施行上受長吏監督。實際工作裡，又需受下層胥吏所輔助。但北宋不少文官仕途飛黃騰達之前，皆有幕職州縣官經歷，故令筆者相當好奇當時幕職州縣官的社會形象。

（一）幕職州縣官之工作難為

現存之文集、奏議，及宋代州縣官之「廳記」及「題名記」，顯示「幕職州縣官」的實際工作；自唐代始，地方文官常將任官事跡，登載於辦公廳舍，形成「廳記」與「題名記」以作爲警惕、訓誡及流傳之用，〔註 262〕自北宋中期後，相關廳記與題名記，除記載該職官之設置意義外，對施政困難部份。

如元豐元年（西元 1078 年）劉攽〈開封府南司判官題名記〉，紀錄著宋初州府判官的設置目的與員額等情形：

> 舊京府皆置少尹二員，及他官領尹事，則少尹更爲判官，與推官二員通掌府事。四員者，名品雖小，殊無分職也。國家太平日久，生齒增息，京師至三百萬家，盜賊獄訟，文移簿籍，十倍于初，故府官力有不暇給矣。治平三年，始詔增置判官一員，領使院事，民間

〔註 260〕林煌達，《北宋吏制研究》，國立中興大學歷史學研究所碩士論文，民國 83 年 6 月，頁 162～198，〈吏制與政治及社會經濟關係〉，林煌達，《南宋吏制研究》，國立中正大學歷史學系博士論文，民國 90 年。
〔註 261〕雷家聖，〈宋代監當體系之研究〉，國立師範大學歷史所博士論文，民國 93 年元月，頁 270～277。
〔註 262〕（宋）蘇頌，〈江寧縣令題名記〉，《蘇魏公文集》（《四部叢刊初編》本），卷六四，頁 1～2：「題令題名。舊無其傳。某始到職，以非便民先急之務，而未遑經營也。……某于是歎曰：昔之居官者去而留名氏、紀歲月于府寺，豈特好事者爲之哉，是亦有謂爾。斯獄也以令之官寺，乃得致訟之歲月，因版籍而後知民之情僞。版籍雖具，而民不能言其歲月；縣令雖去，而民猶能言其爲治之迹。是令去而題名于後，不爲無益于治理也。」

　　謂之南司，自是府事始分。盜賊獄訟，北官主之，南司惟文移簿籍
　　是察。于是事舉無留，而官得休息暇逸云。〔註263〕
由劉攽所言，瞭解開封府判官之設置，乃隨著地方事務卻日趨繁瑣，增加幕
職州縣官之編制；而自英宗治平三年（西元1066年）起，地方分南北判官二
人，北官主盜賊獄訟，南司則管文移簿籍視察。
　　但也是自北宋中期起，文人認為地方州縣官位卑權低及縣令難為，如：
　　夫縣令官雖卑，其所負一縣之責，與京朝官知縣等耳。其吏胥人民
　　習知其官長之拜，伏於太守之庭，如是之不威也。故輕之；輕之，
　　故易為姦。
　　此縣令之所以為難也。〔註264〕
據蘇洵所言，隱喻的點明州縣縣令，位卑受輕視及縣令施政難為之問題。但
蘇洵也指出若地方縣令施政威嚴，縱然職位卑微，亦需擔負地方之責。但與
京官、知縣相較，由於縣令位階職等較低，需伏於太守之庭，如此造成縣令
失其威嚴，胥吏輕視之因，使縣令在施政上更為棘手。
　　英宗治平元年（西元1064年），沈括〈邢州堯山縣令廳壁記〉亦登載著
縣令為地方百里之官，主管萬戶之家等情形。反觀諸多時期，朝廷的政令是
往往無法貫徹地方，進而產生「上不得專達於天子，下不得實養國中之善士」
等現象。〔註265〕在當時文官眼中，若能得志於此，亦可謂賢，但因選授較輕，
為文人所輕，間接導致州縣官人才逐漸流失，使胥吏更左右逢源，上下其手。
　　對縣級主簿之描述，在王禹偁〈單州成武縣主簿廳記〉則載：
　　主簿之任，在名品間最卑冗。然臺府寺監洎郡縣皆署焉。總而言之，
　　縣主簿又為卑冗之魁者，是以古人或恥之。噫，士君子學古入官，
　　不以位之高下，身之貴賤，在行乎道、利乎民而已矣。〔註266〕
依據上文所載，州縣主簿在地方的位階甚卑，甚至為古代人所恥，因而王禹
偁在廳記裡，亦勸士大夫為官，不該僅著重位階高低與出身貴賤，並勸士大
夫在擔任地方文官時，應該以「行道、利民」為首要，而不該為改官奔競，

〔註263〕（宋）劉攽，《彭城集》（北京：中華書局，叢書集成初編，1985年），卷三
　　　　二，〈開封府南司判官題名記〉，頁435。
〔註264〕蘇洵，〈上皇帝書〉，《歷代名臣奏議》，卷三二，頁6-1。
〔註265〕（宋）呂祖謙編，齊治平點校，《宋文鑑》（中）（北京：中華書局），卷八一，
　　　　沈括，〈邢州堯山縣令廳壁記〉，治平元年，頁1163。
〔註266〕王禹偁，《小畜集》，卷十六，〈單州成武縣主簿廳記〉，頁221～222。

而忽視人民之福祉；而南宋趙汝邁〈常熟縣主簿題名記〉，則載主簿在地方工作除掌縣邑簿籍勾稽之事，糾正縣正之事外，亦管理縣內戶籍之升降、產稅與去留，縱然事務相當繁瑣，但一有不慎，則受墮吏、奸民所害。〔註267〕

對於北宋縣尉之論述，可參見張景〈河南縣尉廳壁記〉所載：

> 縣尉能禦盜，而不能使民不爲盜。盜賊息，非尉之能；盜賊繁，過不在乎尉矣。……故曰：「能與過，不在乎尉，在時政之得失爾」。若夫平鬪訟，憚兇狡，惟盜是禦者，尉之職也。苟失其人，則貪殘誣枉，民不勝弊反甚於盜焉。今郡縣至廣，能稱其職守者幾何人哉！〔註268〕

據史料所載，地方縣尉主要工作在於禦盜，卻無法使民不爲盜。地方盜賊平息，非縣尉之所能，盜賊繁，亦非縣尉之所過；造成北宋中後期地方盜賊盛行，在時政缺失及州縣官所用非人所致，迫使百姓不勝其弊，反趨於盜。

此外，徐次鐸所做〈常熟縣尉題名記〉亦提到：

> 縣有尉，居丞簿下，然號劇曹與縣令埒，歷代選用常艱其人，強者作聰明，苛察操切以擾吾民，弱者不勝任，縱奸長惡以害吾民，其當官以威畏稱職聞者，異時以之。宰邑刺史司察一道，皆可判然，迎刃而解。〔註269〕

可見縣尉在地方位階，在縣丞主簿之下，在時人眼中視爲擾民害民之官。而幕職州縣官工作內容相當繁瑣，除擔任地方長官僚佐外，有時因爲所在區域差異，負責校閱軍隊與運送糧草等事務。

最後透過穆修，〈送魯推官赴南海序〉一文，看出幕職州縣官工作之難爲：

> 人之佐，其難矣哉！夫令而行之者，其長之所專也；從而輔之者，其佐之所守也。凡政有害於公，有悖於理，知而必言，此已所可爲爾；言而必從豈已之所能哉？苟上無必從之勢，則政有必失之患，爲之佐者罪先及之，故爲：『人之佐，其難矣！』〔註270〕

〔註267〕趙汝邁，〈常熟縣主簿題名記〉，收錄於（明）錢穀撰，《吳都文粹續集》（四庫珍本初集），初九，頁 23：「邑令丞而次有簿，古職員令也。掌凡邑之簿籍勾稽之事，糾正縣內之治外，此無責職若甚簡；然豈知戶籍有升降，產稅有去留，悉關筆削，一有不謹，則墮吏、奸民且受病矧。琴川繁劇甲于中吳，去臺府繞三舍，遠財賦、分督牒、訴委決、檄命驅馳，靡日不殷，職亦未爲簡也。」
〔註268〕《宋文鑑》，卷七七，張景，〈河南縣尉廳壁記〉，頁 113。
〔註269〕（宋）徐次鐸，〈常熟縣尉題名記〉，收錄於（明）錢穀撰，《吳都文粹續集》，卷九，頁 23-1。
〔註270〕（宋）穆修，〈送魯推官赴南海序〉，《穆參軍集》（四庫全書本），卷中，頁 12～13。

相關言論間接呈現出擔任幕職州縣官之苦處、難爲，除遵從上級意見外，於言論建言時，也需考量其影響與及結果。若言論不當，亦恐得罪上層長官，也由於身爲幕職之難，使得不少幕職州縣官，以得過且過的心態，等待升遷考課。

（二）史書裡的幕職州縣官形象

史書裡常有幕職州縣官，爲求政績壓迫胥吏，讓百姓屈打成招，如熙寧四年（西元 1071 年）楊繪所言：

> 即宜申命監司，使通下情，勿令失所，則政之遠近，各得其宜矣。
>
> 今若束明百姓來訴，則罪知縣，臣恐畿縣令佐懲創其事，先威以嚴刑，脅以利害，俾民不敢復訴，壅塞民言，得爲便乎？〔註271〕

透過楊繪所言，地方監司設置之目的，在革除人民不敢上訴、壅塞民言之弊，同時藉由上述言論，間接顯示出地方縣令、佐官爲求功效、治績，先威以嚴刑，脅以利害，使地方人民不敢復訴的問題。

熙寧八年（西元 1075 年）也有「鄂州新城縣令曹登爲手實之法，趣功過甚，措置苛酷。」〔註272〕而朝廷面對地方州縣官趣功過甚，措置苛酷導致損民等現象，僅能委託本路按察使、採訪使、轉運使，及監司等官員入地方考察，以免州縣官位求功，暴吏殘虐之現象。

此外，幕職州縣官改官心切，除容忍胥吏欺侮人民，對受害者製造僞證等情形。如眞宗大中祥符二年（西元 1009 年），縣尉安起，捕無辜百姓三人，誣以其爲盜，進而在公人嚴刑逼供、拷掠數百後，損其踝骨，但又怕他人發現屈打成招之事實，因而僞作文狀，妄稱其踝之損，乃父兄毆擊所致。〔註273〕《夷堅志》裡亦載「縣令吳邈，欲邀功，盡取達圭以下十二人送獄。劾以強盜殺人。」〔註274〕至於《長編》裡，也顯示出不少幕職官，爲求改官績效，

〔註271〕《長編》，卷二百二十三，神宗熙寧四年五月庚戌，頁 5435。

〔註272〕《長編》，卷二百七十一，神宗熙寧八年十二月壬寅，頁 6644。

〔註273〕《長編》，卷七十二，眞宗大中祥符二年八月庚寅，頁 1627～1628：「審刑院奏議法寺所斷：夏縣尉安起，捕百姓三人以爲盜，面令公人拷掠百數，加非理刑，破其踝骨，而本縣令不知；其人既傷，所由司僞作本人狀，言其踝損皆父兄毆擊致然，非官司也，法寺斷令、尉公罪，仍以本司及公人爲首。上令知院事劉國忠讀其案節，上曰：「面行拷掠，豈專由公人邪？」國忠始言合作私罪，當免二官，於是再拜待罪，詔釋之。」

〔註274〕（宋）洪邁，《夷堅志》，乙集（北京：中華書局，1985 年），卷四，〈張文規〉，頁 23。

不惜賄賂吏人，竊取斷案之例。〔註275〕

綜觀上述幕職州縣官的形象以負面爲多，推究其因，主要應與官場「輕外官」現象所致，迫使州縣官汲汲營營於改官，而無心治理於州縣事務。大抵眞宗朝前，仍有官員願意擔任幕職，如試校書郎知襄州鄧城縣張逸，頗負盛名，知州謝泌加以引薦之後；皇帝召見之際，特問所欲何官？逸則對曰：「母老家貧，願得近鄉一幕職官。」〔註276〕

自北宋中後期以後，京官自願擔任幕職之例，日益遞減。由包拯於慶曆三年（西元1043年）曾奏：

> 臣聞古之所重，爲民父母者，縣令耳；今之所賤而不能振起風教者，亦縣令耳。蓋擢用之際，未精其選。凡其清流素望，或稍挾權勢之人，即苟謀他官，恥爲縣道。〔註277〕

上述言論，可知導致縣官遭其他文官所輕視之原因，乃因入仕管道的多元，及擢用未精所致。由於縣令爲他官所輕視，故使得他身爲州縣縣令等官員，不擇手段的謀求轉遷，無心於地方治理。

仁宗慶曆五年（西元1045年），張奎更上〈乞嚴禁騷擾役人奏〉，指出地方官壓榨百姓的現象：

> 今一役于官，但百色取辦。縣官修創廳宇，則責以土木磚瓦工匠之費；巡尉下鄉，則責以人從酒食排辦之費；賓客金過，則責以醮馬夫腳之費，甚至主產時新之物，苟有一毫可以供溪壑之欲者，無不獵取。〔註278〕

透過史料顯示出州縣官爲修創廳宇，將修葺之費，轉嫁於民；此外也反應出縣尉、巡檢等官員，下鄉親擾百姓，任意索取排辦之費、及醮馬夫腳費的等弊端。至於韓維的〈論救濟饑民箚子〉，更記載著指出州縣官怠忽職守，使百姓流離失所等情形：

> 州縣官不早爲體察存養，致百姓流去本土，轉更失所，所至州縣既無儲蓄之備，比至勸誘人戶及奏聞朝廷得物救濟，流民已是饑困，

〔註275〕《長編》，卷二百十二，神宗熙寧三年六月丁亥，頁5160：「判刑部劉瑾舉權柳州軍事判官宋諤試刑名，中書言諤嘗試律，賂吏人，竊斷案欲許。」

〔註276〕《長編》，卷一百二，仁宗天聖二年七月己亥，頁2362。

〔註277〕（宋）包拯，〈上仁宗豈非縣令不得爲長吏〉，《宋朝諸臣奏議》，卷六十八，頁749。

〔註278〕（宋）張奎，〈乞嚴禁騷擾役人奏〉，收錄於《宋會要輯稿》，食貨六六之三八，慶曆五年二月二一。

又處置散給飯粥或失所宜，便致枉害人命。〔註279〕

南宋理學家朱熹，對州縣官編制亦有所感，並提出「州縣官碌碌，民無所告訴。兼民情難知，耳目難得其人，看來如何明察，亦多有不知者」。〔註280〕以朱熹的言論，也許可獲知整體宋幕職州縣官給時人的觀感及形象，於處理事務上，常庸庸碌碌，不曉民情，導致百姓有口難言，有怨無處可申訴之窘境。但實際上這些佐官的存在，在當時人民眼裡，亦恐無法明察秋毫。

哲宗年間，幕職州縣官給人的印象更為惡劣，如呂陶〈奏為繳連先知彭州日三次論奏棄買川茶不便并條述今來利害事狀〉所云：

> 通判、知縣、簿、尉、監官計賣茶息錢，與牙子等均分，隳喪廉恥。……
> 通判係按察之司，令佐皆在縣令之上，今來卻計所賣茶貨，與牙人
> 等均分息前，虧損廉潔，略無愧恥。〔註281〕

由上述史料得知地方長官、判司簿尉及監當官原本身為人民保母，反淪為詐取民脂民膏的劊子手，大莫在北宋末年，州縣官員道德淪喪，甚至出現與地方牙人分利等現象。

地方施政中，州縣官、胥吏及人民三者，因權力位階的差異，導致層層剝削的弊病，促使百姓生活日趨貧困，借貸度日，如《長編》所載：

> 臣以為舉天下之民，空乏不足者十之六七，粗足者既不就貸，空乏
> 者願給而病於難償。寬之則逾期不輸，而令、佐有虧失之責；急之
> 則追呼督責，縲紲鞭笞，無所不至。……又況舉天下之縣令，寬厚
> 通明、嚴於馭吏、勤於恤民者，固不易得。制馭少緩，斂散之際，
> 滯留追呼，乞取侵擾之弊，搔擾百出。異時掊斂好利之臣，又繼之
> 以強抑多散，襲前日之患，遐方窮壤，無所控告。〔註282〕

也許這段史料裡，含有舊黨人士批評新黨之偏見，但先忽略政治鬥爭之因，該段史料呈現的是哲宗元祐元年（西元 1086 年），縣令等州縣官為地方稅賦，強行侵擾百姓的現象，導致使地方人民以借貸度日，生活困苦的實景。

藉由諸多散片段的史料，彙集出北宋幕職州縣官的形象，在真宗朝之前，可見京官願求幕職，但自仁宗朝起，文官選授制度的腐敗，導致文人輕視幕

〔註279〕　（宋）韓維，〈論救濟饑民箚子〉，《歷代名臣奏議》，卷二四四，頁 17。
〔註280〕　（南宋）朱熹，《朱子語類》，卷第一百一十二，禾子九，〈論官〉，頁 2735。
〔註281〕　（宋）呂陶，〈奏為繳連先知彭州日三次論奏榷買川茶不便并條述今來利害事狀〉，元祐元年閏二月，收錄於《淨德集》（四庫全書珍本別輯），卷三，頁 2。
〔註282〕　《長編》，卷三百八十一，哲宗元祐元年六月甲寅，頁 9286。

職州縣官。這種觀念的形成，影響到州縣官為改官不擇手段。此外史料裡也顯示幕職州縣官形象的改變，相關史料呈現北宋地方州縣施政上人民遭到層層剝削的現象。

本章小結

本章主要探討幕職州縣官之來源及實際工作，以顯示幕職州縣官在地方施政裡的各種樣貌；其次，幕職州縣官主要為地方長官之佐官，工作相當多元與複雜。與唐末五代之幕職州縣官相較，北宋地方幕職州縣官較具專業化與職業化等傾向。

至於幕職州縣官升遷改官，除繼承唐朝文官考銓標準「四善十二最」外，神宗時期將升遷考課改為更為具體；哲宗元祐年間，又改以「四善」、「五最」，做為磨勘的依據；縱然相關降黜升遷有規定可循，凡遭遇黨爭州縣官之「司戶參軍」，常淪為政客左遷之所至於幕職州縣官地自處，在面對上級長官，與下級胥吏豪強，有各種面貌。但藉由幕職州縣官的自處，呈現出州縣權力運作裡動態的一面。但層層剝削的前提，終究使百姓蒙受其害。

較特殊的是北宋文官對於幕職州縣官的看法，乃隨著時間變異，也有轉變，大抵自仁宗朝起，文官輕視地方幕職，使身為權力末稍的幕職州縣官，為求改官不擇手段。倘無法改官者，即與胥吏、牙人等輩，魚肉鄉民，侵擾百姓，儘管朝廷屢屢頒佈相關禁令，如此惡性循環下，亦恐成為北宋末年盜匪盛行的導火線。